兰州大学“双一流”建设重点项目
中央高校基本科研业务费资助项目

本卷主编　陈艳　焦燕妮

西北传薪

郭维屏教育论集

郭维屏　著

The Commercial Press
2019年·北京

图书在版编目（CIP）数据

西北传薪：郭维屏教育论集 / 郭维屏著；陈艳，焦燕妮主编 .—北京：商务印书馆，2019
（兰大百年萃英文库）
ISBN 978-7-100-17841-9

Ⅰ.①西… Ⅱ.①郭…②陈…③焦… Ⅲ.①教育—文集 Ⅳ.①G4-53

中国版本图书馆CIP数据核字（2019）第198379号

XIBEI CHUANXIN
西北传薪
郭维屏教育论集

郭维屏　著
陈　艳　焦燕妮　主编

商　务　印　书　馆　出　版
（北京王府井大街 36 号　邮政编码 100710）
商　务　印　书　馆　发　行
天津旭丰源印刷有限公司印刷
ISBN 978 - 7 - 100 - 17841 - 9

2019 年 11 月第 1 版　　开本 787×1092　1/16
2019 年 11 月第 1 次印刷　　印张 21½

定价：70.00 元

出版说明

兰州大学有着悠久的办学传统和厚重的学术积淀，是我国西部地区人才培养和学术研究的重镇。百十年来兰州大学集中了一大批海内外一流学者。他们在兰州大学执教讲台，调查研究，著书立说，留下了大量作品，铸就了兰大一个辉煌的时代。

商务印书馆以“昌明教育、开启民智”为己任，秉持“引领学术、担当文化”的精神，百廿年来始终重视文献的整理与研究。

适逢兰州大学百十年华诞之际，借校方策划《兰大百年萃英文库》之机，商务印书馆编辑出版兰大先贤的著述，集中再现国内早期西部学术研究的丰硕成果。其中不少作品曾由商务印书馆出版，此次有幸接续前缘，实属难得。

百余年栉风沐雨，百余年砥砺前行。愿兰州大学与商务印书馆这两所百年文教机构，能够继续携手并进，为繁荣中华优秀学术文化贡献力量。

商务印书馆编辑部

2019 年 10 月

前　　言

西北有高楼，上与浮云齐。

1909年，金城兰州，白塔山下，甘肃法政学堂在清末新政中应运而生。历经百十年，校名几易，文脉薪传及至兰州大学。萃英门内，芝兰竞秀；积石堂前，群贤云集；白虎山下，灼灼华光。陇原撷萃英，西北育兰大，吾校虽瘦，必肥华夏！

1928年，时逢并校更名为兰州中山大学之际，校址之南的古城西门亦改题为萃英门，寄寓群英荟萃，培育英才之厚望。值辛树帜校长掌国立兰州大学之时，文、理、法、医，学者咸集，农、林、草、牧，皆有所长。学人各有风骨，唯“自强不息，独树一帜”之精神品格，已奉为吾校诸辈笃志厉行之本。先贤甘于清贫，坚守奋斗，成就百年兰大盛名。其巨椽之著作，蔚成菁菁兰大学术宝库；其思想之厚积，筑实莘莘学子精神根基。筚路蓝缕，以启山林，唯有珍视先贤的学术遗产，萃英文脉的独特品格方得垂之久远。

顾颉刚先生在《积石堂记》中曾以“导河积石”喻学术反哺之理，有言“兰州大学居大河之滨，关门于墙北，不数武即闻之声，师生所饮无一滴非取诸河者，饮水思源，讵可以忘积石”。兰大得高原厚土之育，常怀学术报国之心，回馈乡梓之愿。《兰州大学校讯·发刊词》曾题：吾校在西北，实为高等教育之极边，为文化国防最前线。因肩负建设西北之重责，以故中国西部的学术研究，多由此发轫策源。及至当代，庠序厚藏，亦得以再续辉煌。

《兰大百年萃英文库》，意在把兰州大学的学术遗产，经后学之手，掸去尘埃，还原其本真和历史的温度。文库涵盖哲学、历史、语言、文学、文献、考古、政治、经济、法律、民族、社会、教育、边疆等学科，彰显兰大人文社会科学的特色和气派。寄望文库的出版，能为传承百年萃英学术传统，繁荣中华优秀学术文化，铸牢中华民族共同体意识，构建中国特色哲学社会科学有所贡献。

《兰大百年萃英文库》编委会

2019年10月17日

编辑说明

《兰大百年萃英文库》，主要选取兰州大学早期人文社科领域知名学者之代表性著述，辑录而成。由于作者各异，作品发表和出版时间先后不同，收录的文献体例存在较大差异。搜集、整理、校勘和编辑的体例，陈列如次：

一、本文库遴选之作者与著述，在相关学术领域具有一定的代表性，在学术研究方向、方法上独具特色。编委会与相关领域专家共同选取最优之底本，予以录文、校勘、注释。

二、以人物列卷，收录其著述、演讲、诗词、信函、回忆等，大体按发表时间先后为顺序，局部按主题编排。每卷主编撰写“导言”，介绍本卷作者和作品，说明整理的情况。编者所加注释缀以“——编者”，与原注相区别。

三、总体遵循“存原复真”的原则，尊重所据版本。因时代局限，个别地方，或做注释，或略做删节。字迹漫漶无法识别者，以“□”代之。对图、表，修复、核对后收录，原稿缺者、无法修复和有误的，不再补入，但加编者注说明。

四、人名、地名、民族名称等，基本保持原貌，未做统一处理。与现今通用名差别较大者，或在脚注中予以注明，或径改为现行通用写法。

五、本文库使用简化字和现行规范标点。异体字、通假字等以规范字为准，个别有歧义的，加脚注予以标注说明。纪年、度量衡单位等，一仍其旧。数字、数值，局部统一，个别段落略有调整，得体即可。

目录

导　言｜陈　艳　焦燕妮　/ 1

生产教育｜郑　序　郑通和　/ 9

自　序　/ 11

第一编　总　论

第一章　生产教育的发生　/ 14

第二章　生产教育的意义　/ 16

第三章　生产教育的目的及与他种教育之区别　/ 19

第二编　县区内生产教育之实施法

第四章　本地生产状况之调查　/ 24

第五章　生产教育实施方案之编拟　/ 25

第六章　生产教育经费之筹划与支配　/ 26

第七章　生产教育之行政　/ 27

第八章　生产教育师资之训练　/ 28

第三编　各级学校内生产教育实施法

第九章　幼稚园内生产教育之实施法　/ 32

第十章　乡村小学校内生产教育之实施法　/ 34
第十一章　城市小学校内生产教育之实施法　/ 37
第十二章　中学校内生产教育之实施法　/ 41
第十三章　初级职业学校内生产教育之实施法　/ 47
第十四章　民众学校内生产教育之实施法　/ 52
第四编　生产教育与家庭教育及社会教育
第十五章　生产教育与家庭教育　/ 56
第十六章　生产教育与社会教育　/ 59
第十七章　实施生产教育应有的农业知识　/ 61
文论类　记　忆　/ 89
自我之研究　/ 117
社会化教学法之研究　/ 126
婴儿教育的重要及幼稚师范生之责任　/ 139
纪念孔子要效法孔子的教学精神　/ 149
甘肃学院教育系改办师资专科之计划　/ 153
西康之教育　/ 157
绥远之教育鸟瞰　/ 189

复兴民族与小学教育　/ 200
新疆之山脉与地势　/ 206
青海民族分布状况　/ 222
二十二年甘肃灾情调查　/ 230
西康之产业（金沙江东）　/ 243
《新西北》创刊词　/ 280
如何考察西北　/ 282
开发西北谭　/ 288
开发西北问题　/ 296
促进西北文化事业以便进行开发案　/ 301
抗战建国与西北青年之责任　/ 303
欢迎上海国货商家到西北去　/ 306
兴修西北公路与开发玉门石油　/ 313
兰大现况　/ 321
兰州大学的过去现在与将来　/ 324
后　记｜陈　艳　焦燕妮　/ 329

导言

一

郭维屏，字子藩，教育家、书画家、西北问题研究专家。清光绪二十八年（1902），郭维屏先生出生于甘肃省武山县，五岁时因家贫随父母迁居兰州，父亲以卖水为生计供他读书。他先后就读于兰州贫儿小学、皋兰县立高小、兰州第一师范学校。1920年，作为当时甘肃省少数的官费生，进入武昌高等师范学校学习，1924年考入北京师范大学教育研究科。

1926年北京师范大学毕业后，郭维屏先生先后任北京女子两级中学、北京师范民治中学、畿辅大学教员。1929年因心理学家谢循初先生介绍，他赴上海任暨南大学教授，并兼任私立大夏大学及上海法学院教授。抗战爆发后上海沦陷，暨南大学南迁至广州，他又转任上海同济大学讲师兼训导长。在此期间，郭维屏先生加入抗日救国会，同京沪西北人士发起“西北问题研究会”，主办《西北问题》（季刊），宣传抗日救国、开发西北。随后他参加了陇海铁路局发起的“陕西实业考察团”和开发西北协会主办的“西北考察团”，先后赴陕西和察绥考察。

1937年，郭维屏先生出任皋兰县自治实验县县长，并在1938年春转任甘肃学院教育系主任、教务长。1940年西北师范学院筹建期间，他为选定校址，多方奔走交涉，并极力推荐北京等地的知名教授到西北师范学院任教，为甘肃的师范教育打下了坚实的基础。1946年，郭维屏先生任国立兰州大学教授、总务长、秘书长，并兼任甘肃省参议会副议长、国民党甘肃省党部执行委员等职。1949年后，他到甘肃省博物馆工作，于1981年被聘为甘肃省文史研究馆馆员。1981年11月，郭维屏先生因病在兰州逝世，享年80岁。

二

郭维屏先生在教育学、西北问题、民族问题、国画等方面均有建树，一生著述颇丰，在学界有“郭西北”之称，著有《中华民族发展史》《生产教育》《西北情况》等著作和大量论文。他的学术生涯与中国近现代历史进程息息相关，当国难降临、民族危机之时，他秉持教育救国的理想，积极推动西北教育特别是高等教育的发展，在国内较早关注西北问题和边疆开发，期望通过研究西北、开发西北寻求抗日救国的方法。新中国成立后，他专攻国画创作，1957年与甘肃著名画家范振绪、郝进贤等集体创作长12米的《红军长征图卷·甘肃段》。

郭维屏先生早年关注教育心理学研究，发表了《记忆》《自我之研究》等理论文章，从心理学、哲学的角度切入，分析如何在正确认识自我的基础上，找到适合个体的学习和教育方法。随着教育实践的加深，他开始逐渐探索结合国情研究中国教育，力图通过对中国教育现状的考察和把握，找到适合中国国情的教育发展途径，实现教育救国，教育强国，发表了《社会化教学法之研究》《西康之教育》《绥远之教育鸟瞰》《复兴民族与小学教育》等文章。《西康之教育》《绥远之教育鸟瞰》二文，为郭维屏先生在西南和察绥考察后撰写的教育报告，内容涉及各类学校的基本信息，数据详实，研判入理，解决方案得当，是研究民国时期教育状况的珍贵材料。

郭维屏先生为甘肃高等教育发展精心筹划，不辞辛劳，倾注了大量心血。在这方面，他不仅是躬身实践者，也是理论探索者，撰写了不少文章，如《甘肃学院教育系改办师资专科之计划》《兰大现况》等。师范教育也是郭维屏先生关注的重要领域，所撰的《婴儿教育的重要性及幼稚师范生之责任》等文，希望通过培养师范人才，改善当时的教育现状。

抗战时期，郭维屏先生在甘肃学院教育系任教，特开设“生产教育”一课，推行“以增加物资生产而支持长期抗战”思想，使青年学子对生产教育有深刻认识与研究。《生产教育》一书即是郭先生开设课程时所撰的教材。

郭维屏先生是国内较早关注西北问题的学者。他在《开发西北问题》一文中说：“开发西北是复兴民族、巩固国防的唯一出路。开发西北问题中最重要的是经济问题、人才问题、开发的计划与进行的步骤问题。”相关方面的研究，一是向外界介绍西北的自然与人文等基本情况，他认为开发西北应避免空谈，这就要切实掌握西北的基本情况和真实状况，在此基础上才能提出切实可行的开发计划；二是就西北开发着手，对兴修交通、资源开发、灾情救济等提出具体的意见。他在1935年撰写的《兴修西北公路与开发玉门石油》一文，指出了资源开发与交通建设并行的辩证关系，修路为驰车之便，而汽车汽油却须仰给外国，且西北道路遥远，汽油运价尤其昂贵，故玉门油田之开发实为必要。

三

1933年郭维屏先生结束陇海铁路陕西实业考察，于当年12月返回兰州，任甘肃学院教授，是为郭维屏先生首次在兰大任教，但为时不长，郭先生即返回南京就职。1938年，朱铭心任甘肃学院院长，他与郭维屏先生同为北京师范大学校友，故再次聘请先生为甘肃学院教授兼教务长、教育系系主任。《生产教育》一书就是郭先生在甘院期间所撰的著述。

郭维屏先生在甘肃学院、国立甘肃学院和国立兰州大学时期一直在兰大任教。国立兰州大学校长辛树帜先生与郭维屏先生都是武昌高等师范毕业，是先后同学的关系。郭维屏在暨南大学任教时，武昌高等师范同学会常在京沪开会，与辛校长常有见面机会。当辛树帜得知自己将担任国立兰大校长时，立即给郭维屏先生写信，请先生看在老同学的份上给他帮助，办好兰州大学，为地方培养人才。国立兰州大学甫一创办，郭维屏先生即任秘书长兼总务长，主管文书组、出纳组、庶务组、会计室、设计组。辛校长在京沪等地商聘教授，购置图书仪器时，郭维屏先生负责让萃英门内各机关迁出，将静观园等房屋腾出给兰大使用，协助辛校长做好院系调整。在国立兰州大学起步阶段，为建设发展学校，郭维屏先生负责向教育部催发建筑费用，不辞辛苦，多方奔波磋商筹款，购置各类基建材料，主持修建了国立兰州大学时期的“三山堂”“五岳堂”。

郭维屏先生任教多年，为人师表，治学严谨，对学生们的教导也是孜孜不倦，关心备至。他的学生彭道麟（甘肃学院毕业生）回忆：“他十分爱护学生，每当我们晚上休息入寝后，他总要来宿舍查看一番，问寒问暖，并再三叮嘱，冬季生火炉取暖要严防煤气中毒，直至夜间10时熄灯以后，他才放心而归。”在任国立兰州大学总务长时，“主管学校的后勤和行政事务工作，他关心同学生活，尤对伙食方面，每周必亲自检点，作出周详的安排，并亲临饭厅检查饭菜。”①

在甘肃学院和国立兰州大学任职期间，郭维屏专心教育的同时认真分析学校的现状和发展，1948年发表文章《兰大现况》，文中从国立兰州大学的规模、建筑、设备、教授和学风五个方面阐述了学校发展的基本情况，他认为兰大人踏实肯干，具有诚朴和吃苦耐劳的精神，指出兰州大学责任重大，要担起复兴和发展西北文化，沟通东西文化的重任。

---

① 彭道麟：《纪念郭维屏老师诞生100周年》，载郭春海主编：《郭维屏纪念文集》，2002年，第151页。

四

本书主要收录了郭维屏先生的著作一本及相关文论23篇，主要涵盖了教育学、心理学、西北问题三个方面。《生产教育》是先生在甘肃学院教育系任教时将往日研究编成讲义，形成的专著，由甘肃学院印刷出版。目前，据编者了解，此书除郭维屏后人处有一存本外，只在甘肃省图书馆西北文献室有存本。因当时甘肃学院经费和人力有限，此书的印刷质量不高，有不少错漏，特别是不少外文单词存在错误和印刷不清的问题，也难于考证，我们对一些实在无法考证的外文单词采取了模糊处理，用“□”代替或径直省去。

本书收录的郭维屏先生的著述基本是他在20世纪30—40年代的学术成果，也是他中年人生历程的一个侧写。郭维屏先生一生勤奋务实，积极进取，注重调研，深入基层，了解民众疾苦，积极为地方和国家建设献言献策。他在建设和发展兰州大学上的功绩永远值得兰大师生怀念！

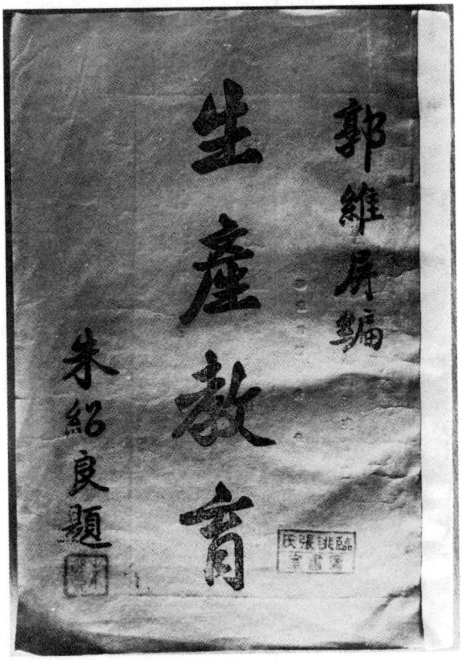

生产教育*

*本书为甘肃学院之教材，于1939年11月由甘肃学院印行，现藏于甘肃省图书馆西北地方文献室，现据甘肃省图书馆藏本校录。

——编者

郑 序

教育事业应随地方性与时间性之不同，而异其设施。在今日中国抗战时期，教育之设施，应注重普及教育、生产教育与国防教育，三者之中，尤以生产教育为主干。古人有富而后教之训，今人又以富教合一为言，生产教育为普及教育之先导。近代战争系一切精神物质力量之总决赛，离物质不足以言国防，生产教育乃国防教育之基础。近年国内各级学校，已知生产教育之重要，逐渐见诸实施。顾以坊间缺乏关于生产教育之专著，致实施者无所依据，往往事倍功半，诚憾事也！兹者友人郭维屏君积多年研究与教育之经验，著《生产教育》一书，都八万余言，于生产教育之理论，则探本穷源，叙述明晰，于各级学校及家庭社会实施生产教育之方法，则条分缕析，不厌求详。读此书者，归而施之于家，施之于校，施之于社会，莫不切合需求，获事半功倍之效。吾知此书之作，必将大有贡献于今日中国之教育也。循诵之余，欣佩无已。

中华民国二十八年国庆纪念日

郑通和序于甘肃教育厅

自 序

生产教育之重要，国人多已知之，抗战以来，因物力之大量消耗，海口之遭敌封锁，与夫长期抗战物资需要之迫切，政府当局以及一般教育之理论与实施家，更趋重于生产教育之途径。民国二十七年春，甘肃学院教育系设有生产教育一课，其目的在使该系同学对于生产教育有深刻之认识与研究，俾能努力倡导推行以增加物资生产而支持长期抗战，用意至善！嘱余主讲是课，遂慨然承诺，惟遍觅坊间，难得关于生产教育有系统之著作，以充教本。爰检箧中，得曩在暨南大学所用旧稿，整理补充，编为讲义，借供学生课堂研讨之纲领。惜自抗战以来，交通阻塞，参考书报，极为缺乏，以致许多欠缺，一时无法补充完备。初稿印就，友好同志，诸多索阅，学校所印有限无法应付。遂于本年二次付印时另外加印，借供一般注意生产教育同志之参考，至附录一节，因印刷仓促，未及改正，故讲义中仍有编章之分，只好于将来印书时，再为更正。又原稿经郑厅长西谷、沈主任亦珍诸兄校阅一遍，颇多指正。西谷兄惠赐序文，尤为心感；教育系同学陈浩，帮助抄稿，费时不少，并志于此，以表谢忱！尚希阅读诸同志，不吝指正，严格批评，俾有机时修正补充，则幸甚矣！

中华民国二十八年双十节

编者序于甘肃学院

第一编　总论

第一章 生产教育的发生

“生产教育”是最近中国教育上一个极新鲜的名词，引起了教育界许多人的注意与同情！无论是教育方针、教育计划、教育理论，直接、间接都以生产教育为中心。生产教育何以能轰动一时？何以在最近才能诞生？

中国生产教育的发生，不外两种原因，一是受世界教育思潮之激荡，一是为本社会经济需要所逼迫，兹分别述之如下：

一、从世界教育思潮看

教育应该重视生产劳作，古代的大教育家斐斯太洛齐（Pestalozzi）、福禄培尔（Frobel），即已主张。不过到了近世，大家更为注意，德国有凯欣斯太纳（Kerschensteiner）的生产劳动主义的教育学说，俄国有勃朗斯基（Blonsky）的生产学校说，美国有杜威博士（Dr. Dewey）的教育即生活，学校即社会之说，他们不仅仅作理论的鼓吹，而且多亲自实验。例如凯欣斯太纳所创设的劳动学校，阿斯特来施所创办的生产学校，哈因（Hagn）在柏林郊外所办的园艺劳动学校，美国巴克提华盛顿（B. Washington）所创办的黑人学校，均注意于生产劳作，所有学校的房屋、器具、仪器、用品等大都由学生自行建造。这种注重生产劳作的教育思潮，在英、法、日都非常盛兴，影响到了中国，于是最初有所谓职业教育、农村教育，其后政府有大学停办文法，多办理工各院的规定，最近一般前进教育家，更大声疾呼地提倡生产教育！

二、从目前中国社会的需要看

目前中国社会最大的毛病是贫穷，因为贫穷得太厉害，所以国家不能巩固，社会不易发展，人民难以谋生，使整个国家民族之前途陷于悲惨厄险的境界之中，这种贫穷的原因析而言之，约有三种：

（一）受了资本帝国主义的剥削

中国因为生产落后，所以受了资本帝国主义者经济侵略的害最大，自清末至今，对外贸易，除同治末年至光绪初年间有出超外，五十年来均为入超，据海关调查，由民国元年至二十年，输出金额已达六十万万以上，且历年输出金额，渐次增加，以目前情形推测，此后二十年中，更不止六十万万元之入超，长此以往，中国前途，将更陷于绝境，此不可不急谋补救者！

（二）受不良政治及内战的影响

民国以来残余军阀，连年内战，兵匪不分，四处扰民，各地农村不为战争破坏，即遭匪盗掠劫，农民不能安居于农村，农业生产遂愈趋衰落。加以政治不良，为官吏者，多知刮民膏血以自肥，对于农田水利，毫不过问，任其废弛，一遇水旱，遂成巨灾，以致农村破产，农民庐舍荡然，流离失所，国家前途，受其影响，遂日形穷蹙，此不可不急图补救者！

（三）受过去不良教育的影响

中国教育上传统的错误思想，是把"劳心"和"劳力"分开，劳心者治人，劳力者治于人；治人者，便是只知消费、不知生产的闲暇分子，劳力者便是埋头苦干、不识之吾的生产分子。知识分子不事生产，生产分子毫无知识，结果消费多而生产少，自古以来，中国就没有十分富过，由清末至今，学校诞生以来，每年虽有大批的毕业生制造出来，但他们都是分利的而非生利的，他们的程度愈高，知识愈富，消耗量也就愈大，同时他们在社会上愈得不到职业，而学校日趋发达，所制造的毕业生亦逐年增加，因此学校毕业后，变成无业游民的数量也大增。这般高等游民绝不能稿项黄馘，老死布褐，于是社会上加添了许多不安现象和变乱的危机，此不可不急谋补救者！

如何抵抗资本帝国主义者的经济侵略？如何改良政治灭除内部的互相摩擦？使入超减少，农村复兴？这固然要靠国家整个的实业计划，经济政策和政治的改革，但是关于推行实业计划经济政策所需要的各种专门技师、工程、设计人员，各种机器用品的制造人员，和发展农工商业所需各项资格之劳工训练，不能不仰给于教育。同时一般教育家也深感觉到过去偏重人格教育、文雅教育、自由主义教育的结果，造出了许多游手好闲、坐糜廪粟、遇事兴风、扰乱社会的消费专家，于是不得不改弦易辙，另谋出路，因此才发生了这个最新鲜的名词——生产教育！

第二章　生产教育的意义

何谓生产教育？生产教育的意义若何？许多学者见解颇不相同，现在略举数种于下，以作我们研究的参考。

一、俄国教育学家勃朗斯基（Blonsky）对生产教育之见解

博氏对生产学校所下的定义是："生产学校是把学校作业建筑在有经济意义的生产劳作上面，因为只有如此，才能使儿童认识实际的经济历程，亦因为只有如此，才能使儿童自己在其不把劳动当成游戏的时代，而能乐于实际有用的劳动。"他这种生产学校的意义与普通劳作学校的意义是显然不同的。因为一般劳作学校所做的工作，不一定是有经济的价值，其目的多在帮助发展学生的心身而已！他主张生产学校应当把学校的劳动建设于经济的生产的劳动的基础上面。他认为实行劳动生产教育的目的，是在使生徒从各种对象及自然力中制作于人们有益的东西。劳动生产教育之主要任务，在使儿童体得工具的使用与技术的运用，而劳动教育的方法，在使儿童于劳动生活中从事身体的组织的练习，以熟练于征服自然的武器之使用，以适合于人类的要求与需要，总之博氏之生产教育，乃是以机械工业为最上目标之产业的社会的教育。

二、德国教育学家奥士特来斯（Paul Oestereich）对于生产教育之见解

奥氏于1920年曾约中等学校之教师，组织"彻底的学校改革联盟"，打破传统的教育思想，根据新时代的精神，以改革德意志的教育。他所倡导的是生活学校或生产学校，他以为这种教育是直接间接均具备实际生活的形式，而与实际生活保持密切的关系。在这学校内，设有作业室、游戏室、食堂、农场、牧场等，经营与实际生活同样的生活。就其目标言，是一种生活学校，但就其方法言，又是一种生产学校，因为他一反过去消费主义的教育，而使生徒于其作业中，生产生活之必需品。凡学校之所生产，均与生活直接有关的，不是奢侈品，不是牟利品，其目的所在，是要造就生产的人格圆满的人。他更主张学校不应像旧式的与家庭分离，学校应是师生父子之共同生活团体，在完全的社会生活中，养成完全的人格。

三、卡瓦洛（Kaweraw）对于生产教育之见解

卡氏为德国的教育家，也是学校改革新联盟中的有力分子。他的生产学校的思想，很受马克思的影响。马氏曾谓将来的教育之萌芽，将从工场组织而发生，即是达到某种年龄以上，教学与操练，必须将与生产的劳动联结起来，就是说教育的活动上应以生产工作为根据，使儿童学习的技能与生产的劳动结合为一。因此卡瓦洛认为生产学校之目的，是在共同生活之中发挥各个儿童的特性，由此以进于自己实任及经济的生产劳动之教育。即谓生产学校，是一方着眼于教育之经济价值，同时又以教育的劳动为中心而组织之学校。劳动中心的劳动学校虽然在德国已由凯欣斯太纳氏倡导并实行了，但主张生产学校者，他们尚不以为满足，他们要使劳动学校更为生产的、经济的，又更为教育的、创作的，而企图经济与教育在实际活动上能打成一片！

四、生产教育的两种合理的解释

生产教育是以教育的方法配合国家的经济政策产业计划以达到生产之目的，上述的各学者，对生产教育之解释已很详细，且各有其特殊见地，我们总合各家的见地和我们的意思，认为生产教育的意义，可作下列的两种解释：

（一）就狭义方面说：一般人谈到生产，便联想到生物的畜养种植与制作，说到生产教育，便联想到农工知能的养成，所以认为生产教育，是以教育方法训练生物的培养、采取和制作等生产知能及关于生产品贸迁方面应有常识之灌输，为物价之调查、估计，合作之组织，商贩生活之改良，借以增进人类一切实际需用品的质量的，其实施方法大抵以劳作科中之农事工艺及商务实习等项为作业的范围。

（二）就广义方面说：生产教育，在增进人生各种生活需要的利益，不限于如上所述直接生产的，凡是关于生活需要范围以内的一切事物的增进皆是。所以生产教育的真义，是运用教育的力量，以促进关于生活需要范围以内之一切事物，以增加人类幸福的。如利用厚生之生产的劳作习惯，生产的知略行使，生产的方策采用，生产的道德观念之训练，均为生产教育之条件，所谓生产教育，实际上应含蕴在全部教育的意味之中，并要与国家整个的经济政策实业计划处处适当地配合起来。

第三章　生产教育的目的及与他种教育之区别

关于生产教育的意义，上章业已说过，是运用教育力量，促进关于生活需要范围内之一切事物，以增加人类的幸福。现在我们根据第三次全国代表大会所通过的中华民国教育宗旨，做个具体的分析，又可发现生产教育的几个具体目标，而这些目标，非用生产教育的手段，都不容易实现，兹分别述之如下：

一、生产教育的目的在充实人民的生活

人民生活要充实，必须将人民的衣食住行一类的生活条件，尽量使之满足。要满足这些条件必须利用教育方法，去改造自然，制御自然，利用自然，但如何改造自然？如何利用自然？如何制御自然？这都非生产教育不可！

二、生产教育的目的在扶植社会的生存

社会是个有机的组织，构成社会的各个分子是人民；人民的生活，都能充实，社会便日趋于安定；社会安定，便能使社会上各种生产事业更形发达。因为在不安定的社会里，生产事业，不时都遭破坏，难期发达。同时社会生产贫乏，影响个人生活不安；个人生活不安，便使整个社会发生种种问题，这种问题的解决，只有提高社会生产；提高社会生产，非生产教育不可！

三、生产教育的目的在发展国民生计

国民生计之宽裕与贫乏，全视国民生产能力之若何，国民生产力大，能将国内一切宝藏开发，一切富源利用，则国家虽小，亦可致富，国民生计，自然亦不成问题。但是如何才能增加国民之生产能力，则非生产教育不可！

四、生产教育的目的在延续民族的生命

民族是由同血统、同语言、同风俗习惯、同宗教信仰的各种人群组合成的，它的生命的存在和发展，也必须靠衣食住行等一类的物质条件，如果这些物质生活的条件不足，便难以延续其民族的生命。所以民族生命的重心，全在民族生产力，但这种生产力的养成，非靠生产教育不可！

生产教育之目标，已如上述，但许多类似生产教育之教育名词，如生活教育、民生教育、职业教育、劳作教育等，每易与生产教育混淆，往往将生产教育，即认为是职业教育、劳作教育、生活教育或民生教育。其实民生教育、职业教育、劳作教育、生活教育，在界说上各有其特征，效用上各有其价值，不能混为一谈，兹将其重要区别列举如下：

一、生活教育与生产教育

教育上重视生活，过去有斯宾塞尔（Herbert Spencer），最近有杜威博士，斯宾塞尔认为教育应该注重人的生活尤其应该准备人的将来的生活，他把人的生活分析成五种活动：

（一）关于直接自卫的活动；

（二）关于获得生活的需要而间接自卫的活动；

（三）关于养护与教育儿女的活动；

（四）关于社交及政治的活动；

（五）关于满足闲暇娱乐的活动。

教育的目的应该发展这些活动，俾儿童将来毕业后能满足这些需要。能满足这些需要的教育，才算是完全生活的教育。杜威博士则更进而提倡教育即生活之说，以为教育的本身，就有生活的价值，不只是将来生活的预备。真的知识和经验，都是由实际生活中得来的。没有生活，便无所谓教育，生活与教育，应当打成一片，不能分离，我们如何生活，便应如何教育。总之斯杜两氏的生活教育，都着眼在儿童生活的本身，以满足儿童身心上各方面合于生活条件之需要为主。生产教育则偏重于利用厚生，增加生产，以满足其个人与社会生活之共同需要为目的，其重要区别即在于此。

二、职业教育与生产教育

上古时代，人皆自耕而食、自织而衣，是一种自给自足的经济时代。其后人口增加，知识进步，人类欲望发达，需要亦繁，以前自给办法不行，于是有农工商贾各种分业，应运而生，这便是职业的起源。起初的职业，形式也很简单，所以父传之子，子传之孙也够了！其后渐繁，便有徒弟制度发生，职业上的技术，都由师傅传授。至于近代，职业门类更多，所需技术愈专门，愈精细，因此便创设职业学校，以实施专业训练。所以职业教育是训练职业上的专门人才，使对于某种职业，具有特殊的技能与知识，毕业后做有益于社会的生产事业，以获得个人的生活需要。生产教育，则在训练其对于一般的生产事业，能发生普通的兴趣、习惯、道德、知能及改革创造的精神，并非训练某一种专门的特殊知识与技能，使将来在社会谋一种专门之职业，此即其重要之区别。

三、民生教育与生产教育

民生教育，即三民主义中之民生主义的教育，民生主义的要义，包括平均地权、节制资本以及实业建设、劳工保护、农民银行、周恤废疾、养老育儿、普及教育种种事业，民生主义的教育，自然也注意于此。但最重要者为平均地权与节制资本。故民生主义教育的主要目标在训练学生使对于平均地权、节制资本等民生问题的要策有相当的认识与信仰。生产教育，则在养成生利分子，提高生产率，以满足人民生活上的各种需要为目的，此其重要之差别。

四、劳作教育与生产教育

劳作教育，含义甚广，古代的斐斯太洛齐和近代的凯欣斯太纳等，均注意提倡。它发生的背景，是因不满于空虚、抽象、专重符号知识的文雅教育。所以利用校事、家事、农事、工艺等各种作业，训练学生，使养成劳动与平等互助合作的精神，发展学生创造与计划的能力，增进学生对于生产事业的兴味与能力，以达到手脑并用、体智双全之目的。生产教育则在养成富有经济意义的生产的劳作习惯与智略行使方策，以提高生产效率，满足人类的生活需要，其主要之差别在此。

第二编　县区内生产教育之实施法

第四章　本地生产状况之调查

一、由县政府、农会、工会、商会等，合组“生产状况调查委员会”。

二、调查范围如次：

（一）本地最重要农产品之类别、产额、价格、销售情形等。

（二）本地最重要手工业，或机器工业之出品、产额、销售情形等。

（三）本地最重要之商店类别、商业现状与趋势等。

（四）本地妇女最重要之职业与副业等。

（五）本地与邻县区之交通情形。

三、由调查委员会分组拟定各种调查表格，其节目以简要清晰为妙。

四、各组聘请或招集若干调查员，其资格如下：

（一）各县农村之村长。

（二）各工会商会职员，或会员。

（三）中小学教师，教育局及教育会之职员或会员等。

五、各委员及调查员均为名誉职，必要时得酌支旅费。

六、整理及统计所搜集之资料，统计工作若繁时，可选中学高才生任之。

七、报告结果，其内容应包括下列各项：

（一）本地最有价值与最需要改良之农产品。

（二）本地最缺乏而亟应介绍或创设之工业或农产品。

（三）本地最需要训练之商业服务员或店员。

（四）本地最有价值而最需要训练之妇女职业或副业。

八、各项职业之价值，应以下列标准为依据：

（一）经济价值，即产品之销售力。

（二）社会价值，即伦理标准，如某地箔业虽盛，因系迷信，不应提倡。

（三）国际贸易上之价值，调查结果，应与海关报告对照之。

（四）国防上之价值，如钨矿业之开发等。

九、改良本地各项产业之建议。

十、调查时间应在暑假，即在次学年开始前两月，以一月或月半完毕为妙。

第五章　生产教育实施方案之编拟

一、组织“生产教育实施方案编拟委员会”，内教育专家两人，农、工、商、妇女等会代表各一人，教育局长为当然主席，共七人。

二、方案应包括下列各部分：

（一）实施生产教育方针。

（二）实施生产教育之场所。

（1）在普通学校内实施生产教育之方案。

（2）在职业补习学校内实施生产教育之方案。

（3）在各级职业学校内实施生产教育之方案。

（4）在社会教育上实施生产教育之方案。

（三）经费之支配。

（四）师资之罗致与训练。

（五）在限定时间内实施生产教育应达到之最低标准。

三、编制方案之原则如下：

（一）根据地方生产实况与特殊需要。

（二）集中经费人才于少数事业上之试验，不求规制宏大，只求事事专精。

（三）方案应有伸缩性，使办学人员有回旋斟酌之余地。

（四）方案之完成，可分为若干时间上之阶段，如第一年、第二年、第三年、第四年、第五年计划等。

（五）使办学人员与生产职业界人，有通力合作机会（在方案编制与推行上合作）。

四、方案编定后征求教育界专家及职业家之意见与批评。再修正通过，呈报教育行政之上级机关，请求批核。

五、公布并随时加以修正。

第六章　生产教育经费之筹划与支配

一、由县政府、商会、工农等会，共同宽筹办理生产教育之经费，其来源有下列几种：

（一）地方政府指定某项税收之一部分。

（二）地方政府给予学校公产，如荒地、荒山等，由学生垦殖，其出产售款之一部分，可作为办理生产教育之经费。

（三）产业团体，自由认捐或募捐之款。

（四）关系法团捐助之款（如某地办瓷校，可由当地瓷业团体认捐，办当铺徒弟补习教育，则由当铺业主认捐之类）。

二、上列各款，由地方政府及法团共组董事会保管之。

三、县教育局除原有之生产教育经费外，应由下列方法增筹经费：

（一）节省行政费（教育局长、各级学校行政费）及普通学校经费之某部分用以发展生产教育。

（二）学校工作室产品售款之一部分，由教育局收管。

（三）使教师与学生时作募捐运动。

上列各款由教育局保管之。

四、经费之支配可依据下列之比例：

（一）职业补习教育之经费 30%。

（二）职业学校之经费 20%。

（三）普通学校劳作室设备补助金 10%（学校应自筹教局允补助之数目）。

（四）社会生产教育之经费 10%。

（五）师资训练之经费 10%。

（六）研究及实验费 10%。

上列比例，可依地方之需要与办理成绩改变之。若补习教育需要最大，办理成绩最佳，其经费即占全数百分之五六十亦可。

五、经费之支配，由“生产教育实施方案编拟委员会”决定，其方案由教育局长执行之。

六、地方政府及法团共组之董事会，有查账之权利及义务。

第七章　生产教育之行政

一、在县教育局内应设生产教育科，或专员主持其行政事宜，专员任务如次：

（一）视察普通学校内之劳作教学。

（二）辅导职业补习学校与职业学校之教学。

（三）编拟预算与决算。

（四）教学实验与表演生产技术之研究等。

（五）训练师资。

二、教育局内生产专员之资格如下：

（一）农科专门以上学校毕业，且有两年以上之经验者（有教学经验者更佳）。

（二）工科专门以上学校毕业且有工业上之实际经验者（有教学经验者更佳）。

（三）在初级或中级职业学校任实习教师两年以上者。

（四）大学教育科毕业，且有农事或工业知识者。

（五）在中小学校曾任劳作教师三年以上者。

三、教育局应设“生产教育设计委员会”，由地方政府、农、工、商、教育等会代表各一人，职校教师，及普通学校劳作教师之代表三人及教育局长组织之，后者为当然主席。

四、生产教育设计委员会之职务如下：

（一）联络产业界与生产教育办学员之活动。

（二）拟定改革生产教育之计划。

（三）讨论及通过“生产教育实施方案编拟委员会”所草拟之方案。

（四）通过关于本地方实施生产教育之一切规程。

五、设计委员会委员均为名誉职，任期一年，得连任。

六、教育局长及生产教育专员之职务，在执行教育法规与设计委员会决议案。

第八章　生产教育师资之训练

一、实施生产教育需训练之师资如下：

（一）幼稚园及小学校之劳作教师或助手。

（二）中学校之劳作教师或助手。

（三）初级或中级职业补习学校之技能教师，或助教。

（四）初级和中级职业学校之技能教师或助教。

（五）社会职业教育教师。

二、各种教师之训练标准如下：

（一）小学校之劳作教师或助手。

（1）由农会推荐技术最精良之农匠或园艺匠若干人，予以三个月之训练。

（2）课程分两部：（a）识字教育，教以在教学上最需要之文字。（b）

教授法训练，授以最需要的教学原理，并示以客观的模范（仪器画）。

（3）受完三个月训练后，分发各乡村小学校为“试教生”，在执教之余暇，应随同小学生上课，习国语、作文、算学、自然、公民等。

（4）试教时在教材编制及教学法上，受小学校长之辅导。

（5）试教一年后成绩优良，可升为“助手”，两年后，成绩优良升为教师。

（6）由工会推荐技术最精良之木匠、铁匠、陶匠若干人，受三个月训练。分发各市小学校为试教生，其训练标准等，略如上述之农业的劳作教师。

（二）中学校之劳作教师与助教。

（1）由工会推荐技术最精良之木匠、铁匠、陶匠若干人，受六个月之训练，课程分三部：（a）识字教育。（b）技术教育，包含用器画、图案画等。（c）教授法与学校劳作室管理法等。

（2）六个月训练后，分发各中学为“试教生”，同时于教学之暇，随同附近小学校之学生上课，补习普通学科。

（3）试教生在教材编制及教学法上受“劳作教师”之指导。

（4）劳作教师之训练标准，已有教育部之规定；关于劳作理论与用器画方面，由劳作教师负责；关于劳作技能与实习方面，由试教生担任。

（5）试教生任职两年而有特殊成绩者，可升为助手；助手任职又五年后，且能修学高中课程者，可升教师。

（三）初级职业学校及补习学校之技能教师或助教的训练标准，略如小学劳作教师或助手之标准，唯技术方面应有更高之标准。

（四）中级职业补习学校及职业学校之教师，或助教的训练标准，略如中学劳作教师或助手之标准，唯技术标准则应更高。

（五）社会职业教育之教师训练标准，略如中级职业补习学校技能教师的标准，唯除技能和常识两方面外，须有演说和宣传之能力。

三、上述各类教师或助教应有下列各种进修办法：

（一）乡村小学校之劳作教师与助手，中初级职业学校及补习学校之农业技能教师与助教，乡村社会职业教育之教师等，于暑假中由教育局介绍往各省农业专门学校、各大学、各研究机关附设之农事试验场，实习两个月，由教育局和所属学校津贴其旅费，实习三年（每年两月）以上，有特殊成绩者，学校得酌加其薪金。

（二）城市小学校之劳作教师与助手，中初级职业学校及补习学校之工业技能教师与助教，城市社会职业教育之教师，于暑假中由教育局介绍往各地大工厂实习两个月，实习三次以上，且有特殊成绩者，所属学校得酌增其薪给，又实习时由教育局或所属学校津贴其旅费。

（三）各类学校教师或助教参加暑期学校之教育学的讲演时，由教育局或所属学校津贴其旅费。

（四）各类学校教师助教，任职五年后，若入专门以上学校，加深研究其关系学科时，得领全薪一年，一年后仍须回所属学校服务。

（五）各类学校教师或助教应组“工业研究委员会”“农业研究委员会”等，使地方产业之进步与学校课程及活动发生密切之联系。

四、商业及家事科技能教师之训练标准，与进修办法，略同于上述各类之标准与办法。

第三编　各级学校内生产教育实施法

第九章　幼稚园内生产教育之实施法

此种生产教育，为最间接的准备的职业教育，亦可称为劳作教育。

设　备

一、每幼稚园，不论在城市或在乡村，最好有一方亩（合631方公尺）地之校园。其有关于劳作教育之设备如下：

（一）鸡笼、兔箱、鸽箱等各一，备儿童学习养鸡、兔、鸽等之用。

（二）二方尺之地块约五十个。每生领地一块，上竖一木牌，书该生姓名，由其锄土、灌水、施肥料，种花、豆子、花生等。

（三）木制鱼缸（高一尺直径两尺）两三个，内养金鱼等。校园布置略如下图：

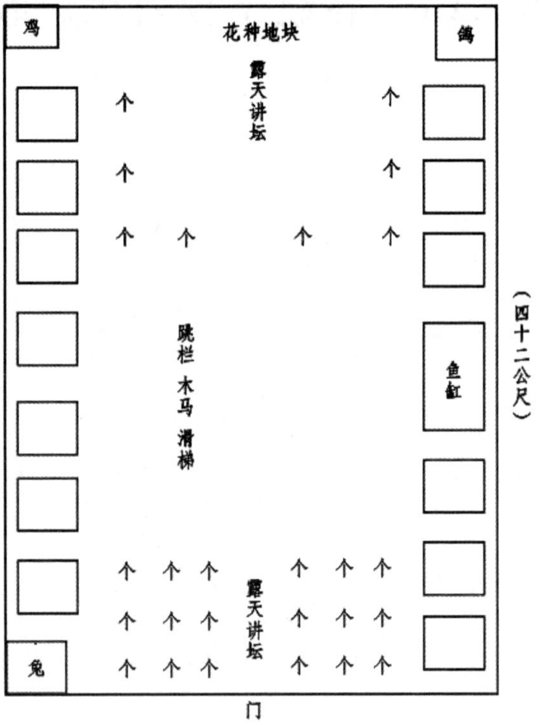

幼稚生以露天上课为原则，师生各携带小椅子，坐树下谈话。

二、福禄培儿及蒙特梭利式的恩物，有一大部分是形式的、呆板的、毫无意识的东西，应即废除，而代以略有生产意味的玩物或模型。

（一）关于农业的玩具或模型，如铁制小锄头、铲子、犁具、镰刀、灌花喷壶等，木制小风车、小水车、磨谷机、舂米器、水桶等，泥制牛、马、羊、鸡、狗、猪的模型等。

（二）关于工业的玩具和模型，如木制的小纺车、小织机、桥梁、房屋、土车、帆船等，铁制或泥制轮船、火车、飞机等。

（三）关于商业的玩具和模型，如木制或铁制的算盘、天秤、升、斗、钱币、柜台、店房等。

（四）关于家事的玩具和模型，如泥制小杯、盘、碗、碟、茶壶、火炉、土灶等，铁制的小锅、罐、铲、刀等。

三、玩具和模型以自制为原则，由教师协同工匠制造，使儿童从旁观察，随时添造。在开办之初不必求其完备，高级幼稚生所制模型之佳者亦可存留备用。

活动或课程

一、故事或谈话应注意下列各项：

（一）发明故事，如火的发明，种植的发明，蒸汽机的发明，飞机的发明等。

（二）问题讨论，如“红儿”怎样帮助他的母亲烧饭，“平子”怎样帮助他的父亲种菜，小宝宝吃的苹果是哪里来的，小孩穿的衣服是怎样做成的等。

（三）动物的故事，如小牛自述耕田的经验，小羊自述它跪乳的意义等。

二、观察或旅行。

（一）观察和把弄上述关于农业、工业、商业、家事的各种模型和玩具。

（二）观察和认识：（1）农业的原料，如稻、黍、稷、麦、菽、白菜、菠菜等。（2）工业的原料与熟货，如棉纱、布匹、绸缎等。（3）商业的货品等。

（三）观察本地各种生产活动。如参观"张先生"种花生，"李先生"织夏布，"王先生"卖油糕等。

三、制作或劳动。

（一）校园种花，每生领二方尺大的地皮，种花、豆子、花生等。

（二）饲养鸡、兔、蚕、鸽、鱼等。

（三）抟泥做农业和工业上各种最简单的器具及物品等。

（四）编织和烹饪等活动的表演。

四、歌舞或游艺。

（一）音乐。歌颂渔、樵、耕、做工、经商的快乐。

（二）动物歌。如牛、羊、马、鸡等自唱每日的工作与生活等。

（三）跳舞。注重农民的土风舞。

（四）表演。表演农民、工民、商民的各种生活与劳作。

五、节假日游艺会之举行亦应有提倡生产之节目。

六、课程编制教学法，最好采用设计教学法。

第十章　乡村小学校内生产教育之实施法

学校行政

一、设立"劳作教学设计委员会"，内本地农人代表三人，工人代表三人，工匠代表一人，家长代表二人，小学劳作教师或校长为当然主席。除主席外，委员任期为三年，每年改选三分之一，委员均为名誉职。

二、委员会的职务如下：

（一）调查本村生产状况，侧重与小学劳作教育有关之一部分。

（二）供给和改造劳作教学之教材与课程。

（三）捐助小学校劳作设备与原料之一部分。

（四）编制小学劳作教学之预算。

（五）改良小学校之劳作教学法。

（六）指导学生之有生产意味之课外活动。

（七）评判学生之劳作成绩。

三、乡村小学校最好不用工友，一切打扫、清洁、挑水、烧茶等工作，均由校长教师率领学生操作，以养成其劳动的习惯与态度，学生在五十人以上时，得用一工友以资协助。

设　备

一、每个乡村小学至少应有空地三亩以上，备学生实习农事之用，内分下列各部：

（一）畜牧部。应设有鸡笼、鸽箱、蜂箱、猪栏等。

（二）菜蔬部。应辟空地之一部，分为三四个菜圃，俾学生种青菜及花草之用。

（三）谷类部。应辟空地一部，分为小稻田或麦田，以备实习种谷之用。

（四）水产部。应开养鱼池塘一两个，以供学生实习养鱼之用。

（五）森林部。应设植树的苗圃一个，以供学生实习育苗之用。

二、特制自六岁至十岁儿童能运用的小农具，如锄头、镰刀、铲子、犁具、磨谷器、舂米器、风车、水车、水桶、鱼网等，以便儿童使用。

三、设立简单之劳作室，其内容如次：

（一）陈列部。陈列各种农产品，本地工业品，各种有关生产的玩具及模型等。

（二）木作部。设置许多小木作凳及特制之小刨子、锯子、锉子、凿子等若干具。

（三）金工和陶工所用最简单之器具。

（四）织工所用之最简单的器具。

课程与教法

一、小学第一年课程，以混合教学为原则。即以乡土的生产教材为中心，由教师和学生共同讨论、观察、计划、执行、批评，而不必区分科目按时讲授。如研究本村稻田时，教学生绘画田亩沟渠等，即是地理科与图画科的教学。教学生观察稻草形状与种植法，即是自然科的教学。教学生讲述种稻法或做简单的笔记，即是国语科与作文科的教学。教学生测量田亩之大小或计算收获之多寡，即是算术科的教学，教学生认识谷食和民生国计之关系，即是社会科的教学。教学生知道神农树艺五谷的故事即是历史科的教学。不分科目讲授而将各科尽量纳于一个中心问题之下，是为混合教学，至于乡土的生产教材，约分下列各项：

（一）乡土的农业，如研究本地谷类、菜蔬类、牲畜类等。

（二）乡土的林业，如研究本地荒山、树林、果木等。

（三）乡土的小工业，如关于陶业商店等。

二、混合教学的步骤如下：

（一）提出研究的问题。

（二）参观或讨论。

（三）做笔记与批评。

如某生提议要知道怎样种花生，大家讨论赞同后，决定要参观张先生种花生。于是由教师率往参观，请张先生讲种的方法，学生发问，张先生回答。参观完毕，回校再讨论，前后做长约五十字的笔记，如不能写字亦可不做。

三、从第二学年起，依照教育部标准课程方面，可分若干科目，但每科教材之一部分，应和生产保持密切之联系，兹略述之如次：

（一）图画。使学生绘画本地谷类、蔬菜、花果、牲畜、树木等形状，耕地、打渔、舂米、饲牛、打铁等活动。

（二）自然。使学生观察本地气候、水土、物产等。

（三）社会。使学生观察农民之家庭与社会生活。

（四）唱歌。使学生唱秧歌、劳动歌等。

四、劳作科每周上课及实习时数，可增至四小时，其主要活动如次：

（一）种五谷、青菜、花草等活动的实习。

（二）养牛、羊、猪，笼兔、蜂等活动的实习。

（三）植松树、竹叶等树之活动实习。

（四）木作。做极简朴之椅、桌、水桶、箱子等。

（五）陶工。做极简朴之砖、瓦、罐、碗等。

课外活动

一、开本校劳作课之出品展览会，应请本村居民及家长到校参观，由学生招待，回答观众之问题。其成绩由"劳作教学设计委员会"评判其优劣。

二、开本村农产展览会，由评判员品定其优劣，并给奖章，如本地养猪最肥者、养鸡最大者、种橘最好者，均给以各种奖章，以示鼓励。

三、开本村手工业品展览会，陈列木器、陶器、纺织品等，其评判办法如上。

四、开生产技术表演会，遇有小学师生发明新农具或技术时，可请村民到会观其表演，以资提倡。

第十一章　城市小学校内生产教育之实施法

学校行政

一、组织"劳作教育设计委员会"，内有本市技术精良之木匠、铁匠、陶匠、纺织匠之代表各一人，家长代表三人，劳作教师一人，小学校长为当然主席，共九人。除主席外，委员任期为三年，每年改选三分之一，均为名誉职，必要时委员会之工匠代表，得略支车费。

二、委员会之主要职务如下：

（一）调查本市生产进步之概况侧重与小学劳作教育最有关之一部。

（二）捐助学校内劳作室设备与原料一部分。

（三）编制学校内劳作教学之预算。

（四）改造劳作教材与课程。

（五）改良劳作教学法。

（六）指导学生之有生产价值的课外活动。

（七）选用劳作科教课书。

（八）评判学生之劳作成绩。

三、委员会至少每月开会一次。

四、学生数在百人以上者，得用工友一人。三百人以上用二人，五百人以上者用工人三名。校长教师应率学生做打扫教室、收拾教具、清除校园、挑水烧茶等工作，以养成其劳动之习惯与态度。

设　备

一、每个城市小学应有半亩以上之空地。备学生实习种花、种菜、养鸡、养鱼之用。

二、特制六至十二岁儿童能运用之小农具。

三、设立规模略大之劳作室，其内容如下：

（一）陈列部。

（1）本市各种工业品之样本。

（2）本市重要工业应用之机械与模型玩具等。

（3）重要工业原料（农业品）。

（4）学生最优良之劳作成绩品。

（二）木作器具。木作机若干把，持制之小刨、锯锉等若干把。

（三）铁工器具。铁炉一个，铁砧若干，锤若干个。

（四）陶工器具。杌及制坯器若干具。

（五）纺织器具。纺车、织机、织毯机若干具。

（六）烹饪器具。灶、炉、锅、铲、碗、筷等器若干具。

四、若一小学，力不能设一劳作教室时，可联合同区内或同市内三个以上小学校，共同组织一“中心劳作教室”，其办法如下：

（一）中心劳作教室之设备，由关系学校分别担任，依学生人数为比例。

（二）劳作原料费半由学生担任，半由各校依学生数目之多少分别担任。

（三）地点应附设于较为适中之一校，以便他校学生每周走习。

（四）可终日利用教室自早八时至下午五时止。

（五）关系各校应共同负管理教室之责。

课程与教学法

一、第一年课程，以本城生产教材为中心，其教法以混合为原则，内容如下：

（一）本地之主要工业，如纺织、铁工、地毯、木作业等。

（二）本地主要之交通工具，如电车、马车、汽车、人力车、帆船、轮船、飞机等。

（三）本地主要公共事业，如自来水、电灯厂等。

（四）本地主要商业机关，如银行、钱庄、当铺、商店等。

二、混合教学的步骤为：

（一）问题提出。

（二）参观与问询。

（三）讨论。

（四）做笔记。

三、第二年起依教育部标准课程分若干科目，但每科教材之一部分，仍须和本地生产保持相当之联络。举例如下：

（一）图画。使学生绘画工业机械产品活动等。

（二）自然。使学生研究工业原料等。

（三）地理。使学生讨论工业原料的出产地与运输所经过之地方。

（四）历史。教以工业发明故事，使学生做历史战争模型等。

（五）算术。计算本地工业品产额及商店营业盈亏状况。

（六）国文。使学生口述或笔记本地工业状况等。

（七）唱歌。使学生习唱劳动歌等。

四、劳作课，每周上课及实习时数可增至四小时，其主要科目与年级上之分配如下：

第一年级	最简单的农作与陶工	男女同习
第二年级	陶　工	男女同习
第三年级	木　工	男女同习
第四年级	木　工	男　习
	纺　织	女　习
第五年级	铁　工	男　习
	纺织与烹饪	女　习
第六年级	铁　工	男　习
	纺织与烹饪	女　习

课外活动

一、开学校劳作科成绩展览会、本城工业品展览会、新机械表演会等，其办法与乡村小学者略同。

二、使学生组织各种以研究生产关系为宗旨之会社。

三、各城市小学毕业生应于暑期中赴乡村小学校内住宿，并做两个月农事的义务劳动，始得领受毕业证书。

第十二章　中学校内生产教育之实施法

学校行政与组织

一、中学校以准备升学为其主要目标，劳作教育在中学而为一种文化训练。

二、中学校以少设为原则，可将原有中学之半数改为职业学校。

三、初中三年施行普通文化训练，其中劳作训练，应占重要地位，高中三年施行准备的专业训练，分文实两科，文科毕业生可升入大学文、法、教育等学院，实科毕业生可升入理、工、医、农等学院，或各种专门学校。劳作教育在高中文科内仍为一种文化训练，但在实科则为一种准备的专业训练。

四、组织“劳作教学设计委员会”，内有本地技术精良之木工、铁工、机械、陶工、织工、电业工、印刷工等代表各一人，劳作教师及助教共三人，中学校长为当然主席，共十一人，除主席、劳作教师外委员任期为三年，每年改选三分之一，均为名誉职，但委员会之工匠代表得酌支半费，每月至少开会一次。

五、委员会之主要职务为调查生产进步，捐助及采购劳作设备与原料，编制预算，改编课程，选定教本，改良教法，指导课外活动，评判学生成绩，介绍生产机关之参观与实习等。

六、学生数目在百人以上者，雇工友三人；三百人以上者，用四人；五百人以上者可雇五人。校长及教师率领学生从事于一切打扫工作，以养成其劳动的习惯与态度。

七、学校商店与饭堂等，由学生经营以练习其商业知能，教师则辅助监督。

八、学校一部分文书及行政事宜由高级学生轮流任之，减裁之薪，可增劳作设备。

九、校舍器具电灯之修缮工作，由高级的精于劳作技术的学生，酌量分任，以减少学校行政费及精练学生之劳作技能。

设　备

一、校园占地一亩以上规制略如城市小学校之校园。

二、陈列室。

（一）本地重要工业机械模型之图画。

（二）工业品。

（三）工业原料。

（四）学生成绩。

（五）关于本地生产状况之各种表解。

三、木工劳作室以同时能容学生二十人做工为准，其器械以尽量采取或改造我国固有木作器具为原则。必要时始购西洋式机械。下表为一设备完善之木作室。

双人木作机（带钳子及柜子）	10个	蟹形夹木	10个
木作机用的刷子	5把	螺旋起子	5个
储藏柜	1个	山头钻子	2个
临时陈列柜	1个	1寸长小钻子	20个
学生用衣帽柜	1个	教师用方桌、椅、铃	各1个
黑　板	20个	字纸篓子	1个

续表

擦板布	3 个	磨刀石	2 个
T 字形黑板两脚规	1 个	刨子	20 个
三尺长规尺	2 个	2 尺长锯	4 个
四寸长规尺	20 个	9 寸长锯	10 个
伸缩小规尺	20 个	铁锤子（1 斤重）	10 个
铁片口两寸宽的大刨子	5 个	木锤子	10 个
刀口半寸、1/4 寸、3/4 寸宽凿子	每种 20 个	螺旋钻子	3 个
刀口 1/8 寸、2/8 寸、5/8 寸宽小凿子	每种 5 个	钳　子	2 个
笋穴凿子	4 个	双柄刨刀	6 个
大夹木板	2 个	曲口铲子	10 个
锉子（5 寸）	10 个	图板与 T 字规尺	20 副
曲口刨刀	2 个	铅笔两脚规	24 个
花纹刨刀	2 个	锯木机	1 个
犁　刀	2 个	木作旋机	1 个
木　尺	24 个	钉子、胶水、砂纸	各若干

木作器之重要者（如锯、刨、凿等）最好由学生自备，装入手提木箱内，上课时提来备用，下课后，可提回家修理器皿。

四、简单之铁工劳作室。

个别铁工机 20 个，焊作机 1，手提熔炉 1，焊炉 1，铁砧子 2，大铁锤 3，凸面锤和平面锤各 2，火钳 2，竿状凿子、圆形凿子各 2，斧头桩 2，举目桩 1，漏斗桩 1，小吹管 20，蟹钳 10，圆嘴钳 6，方嘴钳 6，切线钳

6，纽钻 24，大切铁刀 1，铁丝尺 1，画线铁针 10，木槌 10……

五、简单陶工劳作室。

六、简单纺织工劳作室。

七、简单印刷工劳作室。

八、家事劳作室。

九、用器画室。

十、上述各种劳作室，不必全设，应视本地工业状况，如本地出夏布则设一颇完善之纺织劳作室，多置夏布纺织机；如本地产瓷器，则设一颇完善之陶工劳作室。

十一、各劳作室应尽量采用或制造我国原有之机械，在新工业极发达区域内之中学校始可购置西洋新器械。

十二、各劳作室内器具之一部分应由教师辅导学生自己制造。

十三、若学校经费困难可设木工与织工的混合劳作室，余不必设。

十四、若同区有数中学，可联合设“中心劳作室”，或分别设备，混合上课。

课程与教材

一、劳作学科分必修与选修二种，其分配如下：

初中一年级	生产机关参观	男女必修	每周 2 小时
初中二年级	农事实习	男必修	每周 2 小时
	家事实习	女必修	每周 2 小时
初中三年级	木　工	男女必修	每周 2 小时
	铁　工	男必修	每周 2 小时
	纺　织	女必修	每周 2 小时
	陶　工	男女选修	每周 2 小时

续表

高中一年级	用器画	文实科男女必修	每周2小时
	中外木工	实科男女必修	每周2小时
		文科男女选修	每周2小时
	中外陶工	文实科男女选修	每周2小时
高中二年级	中级铁工	实科男必修	每周2小时
		文实科男选修	每周2小时
	中级纺织	文科女选修	每周2小时
		实科女必修	每周2小时
	中级家事实习	文实科女必修	每周2小时
	印　刷	文实科男女选修	每周2小时
高中三年级	生产机关内容之实习	实科男女必修	每周2小时
	高级铁工	实科男必修	每周2小时
	高级纺织	文科女必修	每周2小时
	中级印刷	文实科男女选修	每周2小时
	中级用器画	实科男女选修	每周2小时
	劳工法	文实科男女选修	每周2小时

二、上述各科须加说明者为：

（一）本地生产机关之参观，由劳作教学设计委员会中之工匠代表介绍往本地各生产机关参观。其步骤如下：

（1）阅谈与讨论。

（2）实地参观。

（3）讨论与阅谈。

（4）记录与批评。

（二）本地生产机关内之实习，由劳作教学设计委员会之工匠代表介绍往本地各生产机关实习，如实科男生则宜往铁工厂或电机厂实习，女生则往纺织厂或纱厂实习。学生实习时，如普通工匠一样，须严守工厂内一切规则，否则依该法严处。又学生实习，以不妨厂中生产效率为原则，成绩优良者，得酌支薪金。

三、科目之设置应侧重本地生产状况，如本地纱厂发达，则在中学校课程内多设纺织学科；如本地著名木器，则多设木工学科。其他劳作学校以少数为宜，即不设亦可。

四、一切劳作学科包含下列活动：

（一）团体的工作，如三五人合做书柜，或全班合办学生商店等，其步骤如下：

（1）由学生共同商定欲造之物；

（2）由高才生计划作图案；

（3）分配工作和执行；

（4）批评。

（二）个别的工作，如学生独做一铅笔盒，其步骤：

（1）由教师和学生合订工约；

（2）学生依课程标准逐件制作；

（3）每周内学生自制劳作工作进行的速度表；

（4）每日由教师检验学生成绩。

（三）实际工作如学生为学校修理房舍、木器、电灯等，或印刷文件刊物等。

（四）实习的工作。在工厂及商店中实习。

五、凡团体和实际工作之教授，以采用设计教学法为宜；凡个别和实习的工作之教授，以采用道尔顿制为妙。

六、劳作学科应和普通学科（数、理、化、史、地、国文、唱歌、图画等）保持相当的联络。

课外活动

一、使学生组织各种以研究生产技能与关系为宗旨的会社，如纺织研究会、木器研究会、景泰蓝研究等。

二、开学校劳作科成绩展览会、本地工业展览会、新机械表演会等。

三、凡初中高中三年级生应于暑期赴乡校住宿，并做两月之农事义务劳动，始得领受毕业证书。

第十三章　初级职业学校内生产教育之实施法

学校行政与组织

一、县内初级职业学校之设立应以适合本地生产之特殊需要为目的。如本地产糖，则应设立初级糖业学校，故在初级职业学校内侧重关于糖业之学科与训练。又如本地瓷业发达，则应设初级瓷业学校等。

二、初级职校之校址应在本地重要农场或工厂附近。如糖校应设在本县最良蔗田或糖厂附近，可充分利用农场或工厂之设备与人才，厂中技师可充教师，学校学生可充厂中工人。

三、初级职校之入校资格应注重实际经验，年龄限制应有伸缩性。入学年龄自十二岁至十六岁不等。毕业于四年义务小学者，须在关系产业内有四年以上实际经验，毕业于五年制之完全小学者，须有两年以上之经验，始得入学。又在关系产业界有五年以上之经验或在十六岁以下，其普通教育与义务小学毕业生有同等程度者亦须入学。

四、初级职校之修业年限自一至三年不等。

五、组织“职业教育设计委员会”。

六、委员会之职务为调查关系产业之进步，编拟预算等。

七、学校之生产机关如农场、林场、商店等组织及行政，一如校外生产机关之组织及行政。如校厂之管理，应由学生于教师指导之下协力担任之，内分若干组，有经理组长、工程师、技士、工头、工人等。

八、为节省经费，少用工友。

九、为裁减学校行政人员起见……

十、为节省经费校中建筑修缮……

初级职校之种类极多，兹略述初级农校之设备、课程、活动等如下：

初级农校之设备（学生百人）

一、农田三十亩（每亩六十方丈）其分配如下：

（一）私田学生百人，每人领地三方丈，共三百方丈，合地五亩。在私田内，学生可自由种植蔬谷花果等，其出产亦为学生特有。

（二）公田学生分组合耕，出产为学校公有。

二、公田内所种之物应适合各校设立之主旨与地方之需要，如蚕桑学校应种桑，糖校应种蔗等。公田二十五亩，以二十亩种主要植物，其余种其他谷类或蔬类等。

三、面积约五千方丈之荒山若干座，杂种有经济价值之树。

四、面积约六十方丈之苗圃一个。

五、大小花房若干。

六、养牛所一个，可容五至十四匹不等。

七、马厩一个，可容马五至十四匹不等。

八、猪栏一个，可容猪十余头。

九、鸡栅、兔笼、鸽箱等各若干。

十、农具。锄头五十把，镰刀百把，其柄涂以三种不同之色分为三队，以鼓其竞争工作之心理，他种用具亦可加色别之。

十一、校用农具应尽量采用国货，或改造固有之器械。

十二、一部分农具应由教师辅导学生自造。

十三、鱼池若干，以便养鱼之用。

十四、谷仓及储藏室若干，以便储谷及各种农产品。

十五、牲畜病院及隔离室一个，以便医治及防传染。

十六、农具制作及修缮室一个。

十七、陈列室一个，以便陈列各种农产品。

十八、校舍、教室、工厂四壁遍贴我国著名之农学家躬耕及哲学家之画片，如神农、老子、长沮、桀溺、孔明、王通等之肖像及耕图，引起学生之兴趣。

十九、幻灯片与画图表示西洋新农具之构造与运用及各国耕种之状况等。

二十、制服。师生在校内校外均穿短装以便工作。

二十一、初级农校设备可与邻近之中小学合作。

课程与活动

一、课程应求简单，可分为下列各种：

（一）文化学科，如国文、数学、图画、地理、历史、党义、音乐、体操等。

（二）基础学科，如化学、物理、动植物学等。

（三）专业学科，如耕种、造林、畜牧园艺、病虫兽医、农业经济、农作实习等。

二、各学科之分配如下表：

	学科名目	每周时数	学科名目	每周时数
第一年级	党　义	1	国语或作文	3
	数　学	2	地　理	2
	历　史	2	音　乐	1
	图　画	1	体　操	2

续表

第一年级	化　学	2	物　理	2
	动　物	2	植　物	2
	耕种学	2	农作实习	10
每周时数为34小时				
第二年级	党　义	1	国语及作文	2
	音　乐	1	体　操	2
	耕种学	2	畜牧学	2
	造林学	2	园艺学	2
	病虫与兽医	2	农业工程（制修农具）	2
	农作实习	12		
每周时数为30小时				
第三年级	国语及作文	2	体　操	2
	耕　种	2	畜　牧	2
	造　林	2	园　艺	2
	水　产	2	病虫与兽医	2
	农业工程（筑路与水利）	2	农业经济（合作制□）	2
	农作实习	10		
每周时数为30小时				

三、初级农校之文化课程应注重乡村环境与需要。

（一）国语及作文，应选关于讨论农事及描写乡村生活与风景之诗文，作文题亦应采此类。

（二）党义，侧重乡村自治之理论与实施。

（三）史地，注重乡土地理与历史。

（四）数学，田亩测量、记簿、度量衡、保险制产之价。

（五）图画，描绘当地动植物、菜果花畜艺等。

（六）音乐，注重本地之山歌农事之诗韵。

（七）拳术舞蹈等。

四、初级农校之基础学科应注重该学科与农事之关系，如化学应注重本地土壤与肥料之分析，物理应注重农具之制造与改进，以及有经济价值之动植物等。

五、初级农校之专业学科，应与农作实习保持密切之关系，如耕种学应与耕作实习取得联系。使理论可用于农场，同时农场之实习活动又能证明或修正课堂上之理论。

六、实习包括种谷、蔬、花木、畜牧、杀虫、制肥料、筑路、灌溉等。

七、农业实习的方式有下列几种：

（一）团体的工作，由一级或一班学生担任种地若干，其步骤：

（1）全班商定欲种之物；

（2）高才生计划；

（3）分为蓝、白、红、黄等组，分配工作；

（4）各组执行工作；

（5）记录及批评，是即设计教学。

（二）分别的工作，由学生自种田三方丈，或分别学习一串活动，后者步骤如下：

（1）师生合订工作；

（2）学生依工约进行工作；

（3）学生自制其每周工作进度表；

（4）教师每月考验学生成绩一次，是为道尔顿制。

八、农村经济学，应侧重农村合作社之组织，集体农场之规划等。

九、上述诸学科，可归并为若干科目，使课程益加简单。

课外活动

一、学生自由组织以研究生产技能与关系为宗旨之会社，如园艺、种棉、新农具、农村合作研究所等。

二、学生在教师指导之下，开下列之展览会：

（一）本校农产展览会，设计委员会，评判其优劣。

（二）本地农产展览会，设计委员会，对优者并给以奖励品。

（三）新农具展览会等。

三、教师和学生组织“农村改进会”，以改进本地生产技术与条件为目标，如分布优良种子、修理沟渠、开凿水井、介绍新农具等。

四、若可能时，学生于毕业前赴城市参观与农业有密切关系之工厂或商店，如参观纱厂，即可知本校出棉之优劣；调查各粮食店，便知本校农产品之适合买者之需要否等。

第十四章　民众学校内生产教育之实施法

一、乡村民众学校，可附设于乡村小学内，或祠堂庙宇内。在识字、生产、卫生、文艺四种教育中，应以生产教育为中心。

二、乡村民众学校，可充分利用乡村小学校，或初级农业学校之一切设备，同时可借用学生所有之田亩，为实习之场所。

三、教师可由乡村小学或初级农校劳作教师兼任之。

四、设备及器械之一部，应由学生自造之。

五、平民千字课中应增加有关生产知识技能之课文。

六、置“巡回农事电影”，在各校轮演，以增进农民知识。

七、设“巡回农具车”，使民众看或购租，并售种子等。

八、设“巡回农业书库”，推往各村，任农民启阅。

九、乡村民众学校内之学生，每年须做十日农事义务劳动。如在本村祠堂公田内，学生可种稻麦，荒山上造林，收获之谷即可归仓，积谷以备荒年之取用。

十、此外民众学校学生，每年须做十日之建设的义务劳动，即在本村修路、筑堤、建堡、浚沟或助民众改建清洁之住宅等。

十一、组织“民众学校实业同学会”，以改进生产能力为目的。

十二、与他法团共组生产合作社，或“集体农场”。

十三、与他法团合开本村或本乡之“农产品展览会”。

十四、与他法团共同组织“观光团”，赴他乡参观农场或新村，或赴城市考察有关农业之工厂与商店。

十五、在戏剧唱本音乐上亦尽量提倡劳动精神。

十六、城市民众学校内生产教育之实施法，与乡村民众学校者略同。

第四编　生产教育与家庭教育及社会教育

第十五章　生产教育与家庭教育

生产教育的实施，在家庭教育方面，亦须加以注意。因为：（一）如果是六岁以下未进学校的幼稚儿童，身心上是富有可塑性的时期。各种活动，影响于一生颇大，对于生产兴趣的培育，在这个时期，也是最容易见效。（二）如果是六岁以上已入学校的儿童，则无论通学住宿，和家庭接触的机会都很多，假使学校方面，努力于生产教育的实施，而家庭方面却毫不顾及，即难免一曝十寒之弊。从这两点观察起见，就可以明了家庭教育，亦须注重于生产的训练。

至于实施的方法，则只需适合儿童的心理，利用他们种种的自然活动，相机施教就是了。现在就儿童各种活动性质的不同，分间接和直接两方面，列举如下：

一、间接的方面

关于这一类的活动，如玩具、故事、游戏、看图、歌唱等都是。此种活动，本来和生产不发生直接关系，不过是家庭间实施生产教育利用此种儿童爱好的活动，于间接中训练其生产的兴趣、知识、技能……罢了。兹将此种活动，分述如下：

（一）**玩具**　玩具如果制作得适当，则颇有教育的价值，如（1）可以养成儿童的欣赏能力。（2）可以养成儿童的自动能力。（3）可以启发儿童各种的知识。故幼稚教育家福禄培尔、蒙特梭利等，对于幼稚儿童之教育均颇注意于恩物的利用。家庭间要实施生产教育以训练儿童，则对于儿童最喜欢玩弄的玩具，尽可设法利用，譬如泥做的农夫、渔翁、耕牛、猎犬，铅皮做的锄头、小钉耙等，都可以培养儿童对农业的兴趣。不过现在玩具店里所卖的，大都只顾到能讨小孩子的欢心，很少教育的价值，至于要含有生产意义，那更加是谈不到了，这是我们很希望一般玩具制作者有以设法改进的。

（二）**故事**　小孩子非常欢喜听故事，所以他们常常围聚在一处，此述彼聆，毫无倦容。小孩子尤其欢喜要求父母、哥姊、先生等讲述故事，因为他们讲得比小朋友更婉转动听。那么儿童对于故事既这样的欢喜，故事在儿童教育上究竟有无何种价值？我想，大凡是研究儿童心理和儿童教育的人都知道故事的价值，是可以愉快儿童生活、增进儿童智慧、培养儿童想象、涵养儿童品格、训练儿童发表的。那么故事材料如果能选取含有生产意义的，当然对于儿童生产的兴趣、知识、理想、人格、创造等各方都有一种陶冶作用。

（三）**游戏**　据一般儿童学者说："儿童时代，差不多除游戏、吃饭、睡觉以外，几乎没有其他的事情可做。儿童肚子饿了，便想吃东西，吃饱了，便想游戏，游戏疲倦了，就想睡觉。"所以可以说儿童时代，完全是一个游戏时代，儿童教育者，应利用此种游戏本能相机利导，以发达其身心，则游戏在教育上之价值，于此可见。现在家庭教育既须注重于生产训练，则当然也可以利用游戏的活动，以达到训练的目的。

（四）**看图**　小孩子最富于欣赏能力的，尤其是对于图画的欣赏，更有兴趣。我们常常看到小孩子在字纸篓里找到一张残缺不全的洋袜上或花露水瓶上的商标画，竟足供他半天或一天的消遣。他们每次欣赏图画的时候，总是自然神往的，集中了精神去体会，在这样的体会之中，便发生教育的作用，于儿童的心理上，有所陶冶。譬如见了狼虎一类的猛兽图，便容易引起尚武的精神；见了清风明月一类的风景画，便容易引起一种恬静的情绪。那么如果见了渔、樵、耕、牧一类的图画，当然也会引起他从事渔、樵、耕、牧的兴趣。故家庭间对于儿童欲注重生产训练，关于儿童欣赏的图画材料，亦须注意选择，采取含有生产意义的才为适宜。

（五）**歌唱**　小孩子很欢喜歌唱，大概在婴儿时期，牙牙学语之先，已经会听、会唱了，所以歌唱实在是儿童生活中的重要活动。至于儿童歌唱的价值，大概不外乎欣赏艺术与陶冶性情。所谓陶冶性情者，普通都认为限于涵养儿童温柔敦厚的美感，和发展儿童活泼快乐的天性的。实际上，还不止此，因为歌词的意义，很有影响于儿童，如果确有价值的歌词，颇可发展儿童的生活与想象，譬如家庭中能选取“滴自己的汗，吃自己的饭，自己的事自己干，靠人靠天靠祖上，都不算是好汉！”“小蜜蜂，嗡嗡嗡！采蜜采得多，才可过寒冬。”一类的歌谣，供给儿童歌唱，实颇有生产的价值。

二、直接的方面

关于这一类的活动，是直接有关于生产的。虽然小孩子身心没有发达到相当时期，似乎不可叫他从事直接生产的工作，然而要知道小孩子的生活里面，原有许多的自然活动是具有直接生产的价值的。此种活动，在儿童学的观点上讲起来，是儿童天性的发挥，在经济学的观点上讲起来，则为直接生产的工作。所以这种活动是毫无妨碍儿童身心发达的，现在把它分别举述如下：

（一）**栽植**　我们常常看到一般小孩子把苗秧拿在庭园中或屋前、屋后栽植，尤其是对于蔬菜、瓜、果等类更欢喜，他们栽植之后，往往勤于灌溉，如果一棵苗秧被种活之后，便觉得无限快慰。有时不懂家庭教育的父母对于此种活动，无故干涉，小孩子们还要偷偷躲躲地在僻地里种植，于此可以见到小孩子对于栽植草木，本来是特具兴趣的，做父母的假使去无故干涉，则反致戕贼了儿童的天性，所以小孩子种植草木，父母应积极地指导和勉励，以发展他生产的兴趣和技能，并直接得到生产的效果。

（二）**畜养**　这也是孩子们十分欢喜的事，我们常常看到他们很愿意和小鸡、小鸭做伴，并替它们喂食和处理住所；年龄稍大的儿童，对于看牛、牧羊，也很高兴。此种活动，实在是人们生产工作的基本兴趣，做父母的应该善为利导，使充分发展。

关于家庭教育，欲实施生产训练应行注意之点，已如上述，唯上列所举各点，不过梗概而已，其他如家庭环境的布置，一切用具的设备，家人的服装、言论、举动，在足以使儿童耳濡目染，发生深切的影响，故亦须加以注意。

第十六章　生产教育与社会教育

我国生产的落后，现在已臻于十分严重之境，假使只希望教养小孩子来挽救，那“无异挹西江之水，再苏涸辙之鱼”了，所以提倡生产教育，欲使社会生产率之提高，于最短期间能见到效果，则必须社会教育机关多负责任，所以我们深信今后社会教育机关的工作，应全体总动员，向生产教育的途径上努力谋进展。

至于社教机关之设施生产教育，其应有目标，略举如下：

一、人人务正当职业。

二、事事用科学方法。

三、处处兴合作运动。

我们要达到这几个目标，究竟应该用怎样的方法呢？这是还要加以研究的，现在就研究所得，列举于后：

一、调查　调查是各种事业入手的第一要著，因为根据了调查所得的实际资料，才可以确定进行的方针，而不致蹈“空中楼阁”之弊。例如各区内民众职业的种类和比较，失业者的人数和原因，平均每人所有耕地的面积，平均每人每天生产的价值，各项物品产额等，均应详加调查，并有确切的统计报告。

二、研究　现在中国社会生产既如此落后，而原因的所在，以及改进的方法，当然须加以研究，所以从事社会教育者，应努力研究农工业的各种学说，根据我国社会急需及固有的方法，并参以欧美学说，务使研究所得的结果，能与民众的实际生活相依并进，以增进国民的生产效率。

三、职业指导　职业指导人在欧美各国已很风行，而且已见到相当的成效，然我国则尚在萌芽时期，现在还很少注意到这个问题，这未始不是形成生产落后的原因之一，所以社教机关，应赶快负起职业指导的责任，举办职业训练班及职业补习学校。前者是招收没有职业的民众，予以职业训练，后者是招收有职业的民众，补习有关职业的科学，以及其他应有的各种普通之职业知识。

四、职业介绍　职业介绍与职业指导有同样的重要，在文明各国，均已积极提倡，如日本职业介绍所，差不多已遍设全国，有公立的，有私立的，全国不下三百余所，我国此种机关似只有一二处，实属职业界之缺陷！社教机关应负责设法提倡，如对于被介绍及请求介绍者之姓名、籍贯、年龄、性别、介绍职务、介绍状况等，均须有详细的记载，以供考查研究。

五、提倡副业　副业虽然不是一种主要的职业，然而如果能够经营得当，却可致富，所以很值得提倡。社教机关提倡副业着手处的工作，是要使各该区内每家至少有一种以上的副业，如养蜂、养鸭、养鱼、养鸡、养鸽、养猪、养羊以及家庭工艺、妇女工艺等，并将该项副业收入确数，详细调查。如某种副业，利益不多，或甚至亏本者，应指导民众，设法研究改进。

六、举行各项展览会　各种事物的改进，必须互相地比较与竞赛，展览会的价值，就是在陈列各种物品，于比较竞赛的意味之下，以求大众的研究或观摩，而使其相互促进。社会教育机关，欲改良生产事业，增进生产效率，则关于农产品或工艺品等的展览会，亦应定期举行，以增进观众的生产知识与兴趣。

七、介绍农业新方法　是项工作，在传统思想十分牢固的乡村里面，觉得非常重要，因为他们只知道墨守陈法一些没有改造的精神，所以社会教育机关对于选种、施肥、除病虫害、浇水、造林及新式农具之使用，农产品之制造等方法，随时向农民介绍，以求生产量的增进。

八、注重科学常识 民众科学知识之落后，已为中国生产事业上之最大症结，故注重民众科学常识，实属当务之急，凡民众学校、通俗讲演、民众教育馆等，均应以科学常识为重要材料，并介绍关于科学常识的图书报章等供民众阅览。

九、提倡合作事业 合作事业谁都知道是现在中国社会中的一种新兴事业，而且谁也承认这是发展农村经济的唯一良策，在社会教育的立场上说，更有热烈提倡之必要。故社教机关，对于信用合作、生产合作、消费合作等，均应切实提倡，使民众获得经济上的种种便利。

以上各种事项，我们要促其一一实现，不是要怎样花钱的事，只要一般社教人员有一种热忱和决心，便不怕没有相当的成效。所以很希望社会教育机关，对于业务进行，于生产事业方面，具有热烈的意同。并努力提倡！

第十七章 实施生产教育应有的农业知识

实施生产教育唯一的期望，既在增进社会的生产率，则对于农业的改进，当然不可一刻容缓的，所以实施生产教育者对于农业方面，至少须具有下列各种最低限度的知识：

一、关于栽培方面

（一）果树类

（1）梨树类

a. 苹果 苹果还有一个名称叫作柰，种植的地点，适宜于温带凉冷之地，所以北方出产的最为著名，我国河北、山东、甘肃一带，均有栽植。开花发芽，须有华氏二十度以上的温度，果实发育期间，应有华氏五六十度的温度，苹果的一年生苗木，就可以栽植，或先把苗木种在苗圃里，二三年内，做成一定的树形，然后移植。凡苗木是远地运来的，根多损伤，不宜即行种植，须将苗木埋入土中，六七日后，等它发出了白色的新根，然后取出移植。栽植的距离，大概以二十尺至三十尺为适宜。栽植的时期，则春季较宜，不过温暖的地方，应该在秋季种植。施用的肥料，在树的幼小时期，应多施氮素肥料，催促它生长，到了结果时期，则重用钾素肥料，再配加适量的磷素及氮素，已经腐熟的堆肥，容易使果实发生黑点或污点，人粪尿容易损坏果的品质，都不可用。苹果的病害，有腐病、黑星病等，虫害，有棉虫、蠹虫等。腐病是生在枝干上，开始的时候，是淡红色的斑点，到后来枝叶渐变黑色而枯死，防除的方法，在发芽前后及结果时期，撒布波尔多液，枝干的病部用刀削去，拿些黑煤油涂在上面。黑星病在果面上发出黑点，可用波尔多液驱除。棉虫，是一种白色棉状小虫，可用石油乳剂洒布。果实上的蠹虫，只须挂袋防除。

b.**梨**　梨，我国汉武帝时，已多栽培，现在河北、山东、山西、甘肃、新疆等处，种的很多。它的气候是宜于温带凉冷之地的；土壤以排水良好的黏质土壤为最宜。梨树的繁殖，用接木为最宜，普通多是接在野梨上的。一年生的苗木，便可栽植，栽植的距离，大概在五尺至一丈之间。肥料，大约每株梨树用人粪尿五十斤，堆肥九斤；每梨园一亩，约需豆饼三百六十斤，或堆肥一千二百斤，豆饼六十斤，骨粉六十斤，稻草灰十斤。梨的病害，有黑星病、赤星病、腐病等。黑星病和腐病的防除法和苹果相同，赤星病的病菌，多生在叶里，是一种流苏状物丛生的赤点，防除的方法，可用波尔多液撒布。虫害，有介壳虫、梨虱、心蠹虫、木蚍等。介壳虫寄生在枝干和果实上面，防除的方法，要算用氰化钾气熏蒸最有效。梨虱是群聚在新芽、新梢及结果枝上，防除的方法，用氰化钾气熏蒸，或撒布石油乳剂都可以的。木蚍，是微小的害虫，潜居在叶里，使叶发生白点，可用石油乳剂驱除。心蠹虫，吃果实的心，可提前挂袋防除。

c.**枇杷**　枇杷是暖地的原产，故我国东南各省栽植很多，尤其是太湖的洞庭山最著名，土壤要算砾质土壤排水良好者最适宜。繁殖，以接木为宜。接木的时期，在四五月之间。砧木用实生苗或榅桲都可，接着后隔二三年始可栽植。栽植的时期，应在三四月之间。肥料的用量，平均每一株树，约需氮素五十钱，磷素四十钱，钾素四十钱，普通堆肥十五斤，人粪二十斤，豆饼二十两。病虫害很少，病虫仅有褐斑病、灰斑病等。虫害仅有象鼻虫、桑天牛、桃蠹等，害处很轻，尚不致大损果品。

（2）柑果类

柑果的种类很多，如普通所见的柑橘、甜橙、文旦、柚、蜜橘、福橘、金柑、香橼、柠檬、佛手、柑等都是。此种柑果，均为温热地带的原产，不过耐寒之度，由种类的不同而稍有差别：如文旦、柠檬等类，最喜高温，柑类、蜜橘类稍能耐寒，柚类则零下四摄氏度，尚不致有何妨害。土壤，柑橘宜于地形倾斜的砾质土壤，橙类，宜于较平坦的砂质土壤。柑果类的繁殖，以接木为宜，接木的方法，芽接、枝接都可，以柚、枸橘、文旦等之实生苗作砧木，用枸橘的，树成矮性，结实早，丰产而又耐寒。用柚的，果大味甜，不过发育不良，不易接活。柑果类于幼小时，需要多量的氮素、磷素、钾素的肥料，到开花结果后，还要渐次增加。据实验的结果，磷素充足，则果实的品质良好，树干强健，糖分增加，钾素充足，可以中和土壤的酸性，增加病虫害的抵抗力。柑果类的病虫害最著名的，病害有疮痂病、煤病等。虫害有螟蛉、蜜柑蝇等。疮痂病，就是普通果实上疣斑，防除的方法，只要在新芽开绽的时候和落花之后，洒些波尔多液。煤病，就是枝叶上黑色的薄膜，防除的方法，只要注意流通空气日光，勿种在阴湿的地方。螟蛉是凤蝶的幼虫，食害树叶，可在幼虫时用石油乳剂驱除。蜜柑蝇的幼虫，要食害幼果，防除的方法，只要烧弃落果，搜捕成虫。

（3）核果类

a. 桃　桃性喜温暖气候，栽植的地方，不可过湿，所以土壤应选砂质或砾质。桃的繁殖，须用接木，接后一年，便可成苗，苗的栽植时期，春秋都可，种后三四年即可结果。施用肥料，大概氮素肥料不宜太多，磷素、钾素及石灰，则宜多用。桃的病虫害极多，所以有十桃九蛀之称，最著名的病害有炭疽病、缩叶病等。虫害有桃蠹虫等。炭疽病，发生在果实幼小的时候，被害的果实，干枯坠落，防除的方法，挂袋为最有效。缩叶病发生在桃叶上，使叶片皱缩成畸形，防除的方法，一种是把病叶摘去，一种是从开花十日前至落花为止，撒布波尔多液三回。桃蠹就是最普通的蛀虫，幼虫在落花时侵入果肉，到七八月的时候，再侵入他果，防除的方法，以挂袋最为有效。蚜虫，寄生在叶里，吮吸树液，使叶成畸形，防除的方法，可在发芽时撒些石油乳剂。

b. **樱桃**　樱桃宜于种在稍冷的地方，土壤可不要十分选择，不过最好要种在排水良好的砂质或砾质土壤，因为表土过湿，易生树脂病而枯死。樱桃大都是接在实生苗上的，一年以后，便可栽植，栽植的距离，至少须为一丈的正方式。施用肥料，于秋季时，应多用堆肥等迟效肥料，发芽前和采果后，施以人粪尿等速效肥料，并兼施适量的石灰，以增进其来年开花结果的力量。病虫害最著名的，病害有树脂病、穴叶病等，虫害有叶蜂、实蝇等。树脂病，是细菌寄生的缘故，树干各处生黏液状的物质，驱除的方法，只要把病部刮去，并撒以波尔多液。穴叶病，在叶上发生褐色小点，致病部干燥脱落，渐成小孔。防除的方法，于发芽时撒些波尔多液，被害的病叶，都剪去烧掉。叶蜂的幼虫，卷叶造巢，群聚肆害，可用除虫菊石油乳剂驱除。实蝇的幼虫蚀害果肉，害处很大，晚生种更甚，所以应该多种中生种或早生种，被害落下的果，便把它烧掉。

c. **李**　李用接木繁殖，拿李或桃的实生苗做砧木，芽接或技接都可以的，接着之后，便可栽植，栽植的时期春秋都可。肥料和樱桃相仿，钾素的需要较多，普通每亩用堆肥六百斤，人粪尿六百斤，豆饼三十斤，骨粉四十五斤，木灰八九十斤。李的病害，以袋果病为最，虫害有蚜虫、果蠹虫等。袋果病，生在果实幼小的时候，被害的果，不能发育，变成畸形，中空无核，形如袋囊，防除的方法，在冬季和开花之前，各撒波尔多液一次。蚜虫、果蠹，和桃树上的一样，防除的方法亦同。

d. 梅 梅，我国各地均有栽植，因为它的气候土壤，可不必十分选择。梅的繁殖，我国都用实生法，外国，则除改良品种以外，都用接木繁殖。接木的方法，芽接在八九月，枝接在二三月，接着后隔二三年方可移植，移植的时期，春秋都可。栽植之后，须应时中耕除草，兼施肥料，需用的肥料，和桃树相仿。梅的病害有炭疽病、膏药病、锈病、叶肿病等。虫害有蚜虫、尺蠖、蛅蟖等类。炭疽病和桃树上的相似，不过病是发生在叶上的。膏药病生在枝干上，防除的方法，可用波尔多液。锈病、叶肿病都生在叶上，防除的方法，可烧落叶，发芽前后，各撒石灰硫黄合剂二三回。蚜虫的防除法，和桃树相同。尺蠖、蛅蟖，可在幼虫时期捕杀，或撒石油乳剂，成虫时，可用诱蛾灯捕杀。

e. 杨梅 杨梅宜种在温暖湿润的地方，我国南部均有种植，要算太湖中洞庭山产的最有名，土壤以砂质、砾质为宜。繁殖的方法，播种、接木都可，不过播种生的，到结果的年期很长，故接木较好。接着以后，于当年八九月间便可移植。栽植后，可不用肥料，因为它的发育很盛。病虫害也很少，无须防除。

f. 枣 枣，我国各地均有栽植，北方河北的大名、正定，山西的临汾，南方浙江的金华产枣更有名。枣适于温暖气候和轻松膏腴而稍带湿气的壤土。枣树的繁殖，可利用萌蘖，因为枣树的根，蔓延地中，常常在各处生出萌芽，向地面发生茎叶，叫作萌蘖，把此种萌蘖分割栽植便好了。枣根蔓延生长之力很盛所以肥料可以不施。枣的生长强盛，病虫害很少，只有蠹虫的害较著，防除的方法，只要捕杀幼虫和烧除被害的弃果。

g. 胡桃 胡桃，我国河北、山东、山西、河南、湖南、四川等省栽培很盛，每年输出外国，价值数十万元。栽植的地方，应选择稍带湿气的黏质土壤。繁殖的方法，普通都用播种法，不过播种繁殖的，直根伸长，移植不便，必须在生育中用镰刀截断它的直根。接木法，虽手续较繁，然而可得良苗。胡桃的发育也很盛，不必用多量的肥料只要酌量用些人粪尿和堆肥便好了。胡桃的病害有斑点病，是细菌寄生而起的，在叶上发现一种黑色的斑点，防除的方法，只需焚毁落叶，并撒波尔多液。害虫有卷叶虫，应该设诱蛾灯杀它的成虫，再捕杀它的幼虫，并撒些石油乳剂。

（4）浆果类

a. **葡萄**　葡萄，好温暖干燥的气候，栽植的土壤最宜砾质、砂质的壤土。葡萄的繁殖，除扦插、播种等法外，普通都用接木法，接着后的苗木，便可栽植，或先栽苗圃中一二年后再行移植，移植时接木部分必须露在地上，防它生根。肥料宜用堆肥，大豆粕、木灰等；人粪尿不宜多用。大概每亩应该用堆肥一千二百斤，豆饼一百六十斤，米糠二百斤，木灰八十斤。病害最著的有黑痘病、炭疽病、露菌病等。虫害最著的有根蚜虫、卷叶虫等。黑痘病害果实叶茎等，炭疽病多侵害果实，露菌病则于叶上生不正形斑点。防除的方法，可在发芽前到落花止撒布二回波尔多液。

b. **柿**　柿是暖地的原产，然而除严寒的地方以外，其余都可种植，土壤可不加选择，不过种在便利排水的倾斜之地，比较平地所产的品质更好。柿大都是播种繁殖，不过播种繁殖的，不如接木的好，接木用君迁子做砧，切接或芽接都可以的。应施的肥料，据实验的结果，十二年生的柿树一株，约需堆肥三十斤，豆饼一斤，木灰二十两，人粪尿十八斤，此外石灰亦为柿树的必要肥料，其功效在于减去果实涩味。柿的病害有黑星病、落叶病等。虫害有刺虫、蜡虫、蠹等。黑星病发生于枝叶和果实上，起初是黑色小点，到后来渐次扩大，害处很大。防除的方法，自新芽开绽时起，至五月下旬止，每半月撒波尔多液一次。落叶病先在叶脉间发生黑斑，到后来叶子便脱落，应将被害的叶烧去，使下年不再发生。刺虫每年生二回，化蛹时于枝上作石灰质的硬茧，有害枝叶发育，防除的方法，幼虫期时，可用石油乳剂撒布。化蛹时则破茧溃杀。蜡虫是介壳虫的一种，身上有白色蜡质，群聚一处，吮啜树液，可用竹篦溃杀。蠹虫，侵食柿蒂部的果肉，故蒂部有虫粪积着，防除的方法，只需于发蛾时设诱蛾灯捕杀。

c. **香蕉** 香蕉，适于热带的地方，大概夏季平均温度有七八十度，冬季平均温度有六十度[①]左右的地方，都可种植。繁殖的方法，大部是分植它根部发生的蘖，在蘖长五尺的时候，便可掘起移植。所需肥料，每年春季每株各施豆饼一斤，此后更以人粪尿五六十斤，分三四回施用之。

香蕉的病虫害很少。只有一种芽腐病为害较著，这些虫要侵害幼叶、幼芽，三月的时候最多的。防除的方法，将病株连根周泥土一并掘起焚烧。

d. **荔枝** 荔枝适宜于温带较暖之地，故我国福建、广东、广西等省，种的人很多。繁殖的方法，有播种、插植、接木等。普通都用播种法播种的，在二三年后高达四五尺时，才可移植，移植之后，早者七八年，迟者十五年方可开花结果。施肥每年大约要二次，第一次在春季，第二次在冬季，肥料每株用人粪尿五十斤，豆饼一二十斤，堆肥五六十斤。荔枝发育强健，病虫害不易发生，可不必防除。

（5）坚果类

a. **栗** 栗是适宜于温带地方的，我国各地均有种植，大概以河北固安、良乡所产的最有名。繁殖的方法普通都用播种法，播种成长的并无十分变性，很可适用，播种的时期，春秋都可以的。肥料，则于每年二三月及八九月的时候用轮肥法，各用适当的堆肥及人粪尿。栗的病害，以干枯死及根腐病为最。虫害，则要算蠹虫、象鼻虫、樟蚕等最厉害。干枯病，发生在枝干上，先成褐色的隆起，到后来便朽腐起来，防除的方法，起初时将病部削去，涂以黑煤油，冬季则撒石灰硫黄合剂。根腐病，叶多黄落，枝梢衰弱，根部有一种白色丝状的东西生着，以致根渐渐腐败，防

① 此处应当指华氏温度。——编者

除的方法，可掘出病株的根部用石灰消毒。樟蚕欢喜吃栗的叶子，亦须捕杀。

b. 榛　榛，我国古时已有人种植，因为果实是很小的，所以现在种的人不多。繁殖的方法，普通都用插木。插木的方法，只要拿上年生的枝条，切成七八寸长，插在多湿的苗床里便会生根，经二三年后，便可移植。榛的发育很盛，可不要施肥，而且发育过度的时候，还须断根。病虫害也不易发生，可不防除。

（6）杂果类

a. 菱　我国种菱的区域，偏于东南部，因为菱是淡水生植物，而东南部气候温暖，河流交错，改良种很多，现今著名产地，当推浙江。菱的栽植，方法很简单，只要在三四月的时候拿老熟的菱，撒布在河里，菱沉到河底下，便会发芽生叶，到六七月的时候，便在叶脉间开花结果，它的发育，完全利用河底部的腐殖质及流水中溶存的物质做养料，所以不需要肥料。

b. 荸荠　荸荠，也有人称它乌竽或地栗，我国各处都有栽植。荸荠是种在水田中的，栽培的方法，在一二月的时候，耕起田土，到了三四月里，灌水耙平地面，把种茎埋在土中。发芽后，稍稍排去积水，六月中须除草一次，大约到秋末叶子枯萎后，便可采掘，肥料每亩约需堆肥一千斤，豆饼四十斤，草木灰四十斤，人粪尿一千斤，其中堆肥、豆饼、草木灰，都作基肥用。人粪尿，则半作基肥，半作补肥。

c. 莲　种莲的地方，不宜含沙砾，终年湿润，普通栽莲的田，叫作荷池或莲池。在三四月的时候，先排水深耕，再每亩以堆肥一千斤，大豆粕七十斤，木灰四十斤，人粪尿七百斤作基肥，经过了十多天，然后灌水，再把截来的藕秧平埋在四五寸深的泥里。莲的害虫有蚜虫，发现后应该就把它捕杀。病害，则有腐病，应该在花叶黄枯的地方，掘弃藕的一部，再埋些石灰。

d. 西瓜　西瓜喜欢高温干燥，栽培的时候，平均温度，须有五十至六十度[①]，土壤宜排水良好的肥沃壤土，而且一个地方，不宜连种数次，必须每七八年轮栽一次。栽培的方法，在春末的时候，做成畦，每距离四五尺作一穴，填些肥料，然后每穴播种子六七粒，发芽后，按时删除，使每穴只剩一株，此后用人粪尿七百斤分二次施用。西瓜的病害有露菌病，虫害有瓜萤等。露菌病生在叶上，初时生黄色不正形的斑点，以致枯死，防除的方法，在初蔓初生的时候，撒些波尔多液。瓜萤，是小型的甲虫，形状很像流萤，防除的方法，可撒石油乳剂。

e. 甜瓜　甜瓜，我国栽培很多，常见的种类，有金瓜、银瓜、青瓜、雪瓜、酥瓜等。栽培的地方宜日光充足和干燥的地方。土壤宜排水良好的砂质壤土。栽培的方法，在四月中做畦施肥，肥料每亩用堆肥七百斤，豆饼五十斤，草木灰四十斤，人粪尿三百斤，分布各穴。每穴播种六七粒，发芽后疏行二回，使各剩二颗，到六七月的时候，再用人粪尿六百斤作补肥，分二次施用。等到生了四枚大叶时候，摘去心芽，诱生四本的主蔓，此后尚须行相当的摘芽，以诱生侧蔓。病虫害和西瓜相仿佛，而且瓜萤的害处更大，防除的方法是相同的。

（二）蔬菜类

（1）果菜类

a. 茄　茄宜种在光日流通，和土壤干湿适中的地方，忌连作，所以必须四五年乃至七八年栽植一次。茄的生长柔弱，必须育苗，在二三月的时候，每六尺平方的床，撒豆饼屑二斤，木灰六斤，人粪尿三十斤，隔六七天，然后下种，发芽后，大叶生二枚时，应适宜疏行，此后须施用补肥三四回。病虫害最著的病害有枯折病、青枯病、黑点病。虫害有拟瓢虫、地蚕蛾等。枯折病发生在幼苗上，能使幼苗枯折，防除的方法，氮素肥料

---

① 此处应当指华氏温度。——编者

不可太多，播种之前，用木灰或石灰，撒在苗床里。青枯病发生后，新梢新叶，忽然枯凋下垂，防除的方法，禁止连作，改良排水，氮素肥料勿过用。黑点病，是果实上发生的黑色水斑，到后来便腐败脱落，防除的方法，只需烧弃病果。拟瓢虫，幼虫成虫，均食害茎叶，防除的方法，把它打落后撒以毒剂。地蚕蛾要咬断根部使植物枯萎，防除的方法，根周撒除虫菊木灰。

b. **南瓜**　南瓜宜种在干燥温暖的地方，土壤宜砂质的壤土。栽培南瓜，在三月中，先把种子浸在温水中，使它出芽后再播种在苗床里，到了五月里大叶生三枚时便可移植，栽植之后应常常施用堆肥、豆饼、人粪尿、草木灰、米糠等肥料，并摘心数次。南瓜的病害有露菌病、白绢病，虫害有瓜萤、圃蝇等。露菌病能使瓜叶枯萎，防除的方法，可撒波尔多液。白绢病，是一种绢状的白菌，能使茎叶枯凋，预防的方法，可在根边撒石灰或木灰。瓜萤是一种小型甲虫，食害果实，防除的方法，除捕杀外，可洒石油乳剂。圃蝇的幼虫，要侵食种子和幼芽，防除的方法，只需施用人粪尿时混以石油，或播种时在种子上部撒以砂土。

c. **冬瓜**　冬瓜宜种在高温干燥的地方，我国南方各省都可种植。栽培的方法，在四月中旬，把种子播在苗床里，到五月中旬便可移植，栽植的地方任何土壤都可以的。栽植后，酌量施用堆肥、豆饼、人粪尿、草木灰等，到大叶生出五六枚的时候，留四叶摘心，诱生四蔓，开花结果时，地下应铺些蒿草，防果实腐烂。

（2）根菜类

a. **莱菔**　莱菔还有一个名称叫作萝葡，是亚洲南部的原产。很容易栽培，春天种的，当年可以收获，秋天种的，下一年可以收获。栽培的方法，先整地作畦，再施以堆肥，人粪尿等作基肥，然后播种，发芽后，大叶已成二枚时，继续疏行一二回，此后每隔十五天，施补肥一回，并除去杂草。病害有露菌病及白腐病，虫害有莱菔蛴等。露菌病生在茎叶和花梗上，初生的时候，是一种灰白色斑点，到后来渐变黑色，以致枯死，防除的方法，须在发病之初收集被害叶烧去，再注意肥料的配合，勿多用氮素肥料。白腐病发生时，叶变黄色枯凋，防除的方法，将被害枝叶烧去。莱菔蟒食害蔬菜的叶，穿成小孔，防除的方法，撒布石油乳剂。

b. **芜菁** 芜菁，就是蔓菁，也有人称它做诸葛菜，各地都有栽植，江浙一带，腌做大头菜。芜菁的根比莱菔短，所以不必深耕。栽培的地方，应选择排水良好肥沃轻松的壤土，播种分春播、秋播两种，春播在四月上旬，秋播在九月上旬，下种后应注意疏行和施补肥。病害最著的有根瘤病，虫害最著的有芜菁蜂。根瘤病，是根部发生瘤块，致渐变黄褐色而腐败，防除的方法，勿栽湿地，有病株即掘起烧掉。芜菁蜂，食害菜叶，防除的方法，捕杀幼虫或撒布石油乳剂。

c. **甘薯** 甘薯是南美的原产，我国种的人很多，种的地方，须气候干燥、排水良好的砂土或壤土。种植甘薯，大概都是育苗的，育苗的方法，寒地用温床，暖地用冷床，先在苗床里面，撒布砻糠，然后拿做种的甘薯，放在糠面上，再覆些砻糠，大约经过二十六天的光景，便可发芽。在蔓长八九寸的时候，把它摘去，等到第二次发生的蔓，才可供栽植用。肥料应多用堆肥、人粪尿、米糠等。病害有黑痣病、软化病，虫害有卷叶虫、竽蟒等。黑痣病在块根上，能使全薯变黑色，防除的方法，勿栽湿地和选用无病的种薯。软化病，是在收获之后在茎根割断的地方呈灰色软化，致逐渐腐烂，故收获时须注意勿损皮部，并藏在干燥的地方。卷叶虫的幼虫卷叶为巢，有害枝叶发育，防除的方法，烧去卷叶，或洒毒剂。芋蟒是小型的甲虫，食害薯蔓和地下薯，如能行轮栽法，可减少此种害虫。

（3）茎菜类

a. **芋** 芋有水、旱二种，水芋须灌水栽培，旱芋可种在旱地上，不过也能耐湿，田边河边都可种植。栽培的方法，在三四月的时候，整地作畦，加些基肥，再播入种芋。一月后，渐渐发芽，到了六月下旬起，每月各行中耕和补肥二次。肥料应多用堆肥、人粪尿等。芋生育强健，病虫害绝少，仅有蚜虫，为害稍多，可用石油乳剂喷洒。

b. **慈姑**　慈菇是亚洲东部的原产，我国栽植已很长久。它地下的球茎，含淀粉很多，煮熟后有甜味和涩味，不过和着灰汁煮的，则煮熟后不仅无涩味，而且容易剥皮，栽培的方法，在三月下旬，把田土耕松再加些基肥，然后灌水耙平泥面，到四月上旬，再把种茎栽植，栽植后大约五月里可以发芽，此后须注意灌溉、除草、施肥。肥料应多用堆肥、人粪尿，施肥时必先排水。虫害只有蚜虫一种，发生后可灌田水，滴些石油，再用喷雾器喷水击落，然后排水冲去。

c. **姜**　姜，欢喜温暖的气候，又不能耐旱，种在砂土中的辛辣的味更强，所以蔬食用的，宜选择湿润的黏土。栽培的方法，在四月上旬，做成畦，然后每距离一尺，放置种姜一块，种姜分布后，用施基肥，栽植后约二十天才能发芽。施用的肥料，应多用堆肥、人粪尿、草木灰等。姜的病害有腐败病，虫害有粟螟虫、髓虫。腐败病能使叶部枯凋下垂，致地下茎亦腐烂，如能改良排水，勿连作，土壤消毒，则稍可预防。粟螟虫，食害姜茎，防除的方法，割去被害茎焚毁。髓虫的幼虫，寄生在姜的髓内，致茎叶枯凋，所以见了被害枝茎，应该就割下把它烧掉。

d. **马铃薯**　马铃薯原产南美洲，地下茎可作食料，或饲料。我国栽培未久，所以出产不多，性喜温凉干燥，各种土壤都可栽培。马铃薯的栽培，每年可分两次：四月下种的，六七月收获，八九月下种的，十月底收获。繁殖的方法，专靠块茎，埋种薯时，小型的薯，可把全薯栽植，大型的薯应加以分割，每块留下芽二三个，种植后隔二十天的光景，就可发芽，芽数过多，应该把它折摘。施用的肥料，应该多用堆肥、人粪尿、木灰等。马铃薯的病害有疫病、痂皮病，虫害有拟瓢虫等。疫病发生在叶上和块茎上，在叶上的，是一种不规则的黄色小点，在块茎上的，是从黑色而变为腐败，防除的方法，撒用波尔多液。痂皮病生在幼稚的块茎上，表皮上生不规则的褐色疣，防除的方法和疫病相同。拟瓢虫，是圆形的甲虫，食害茎叶，防除的方法，撒用石油乳剂或砒剂。

e. **百合** 百合，地下的鳞生，可供食用。性喜凉冷的气候，排水良好的砂质土壤，栽培最宜。繁殖的方法，普通用鳞片、珠芽二种。用鳞片繁殖的，秋季用鳞片埋在苗床中，到下年三月便能发芽。用珠芽繁殖的，在夏季时拿成熟的珠芽藏着，到九十月的时候播在苗床里，到了下年春天就能发芽。无论珠芽繁殖和鳞片繁殖，下种后都要隔二三年方可移植，所需的肥料，应多用堆肥、豆饼、人粪尿等。百合的病害有枯折病、腐败病、赤涩病，枯折病生在鳞茎、茎、叶上面，防除的方法，把病部掘起焚烧，并撒石灰。腐败病发生在鳞茎上，防除的方法，和枯折病同。赤涩病生在叶上，使叶枯萎，防除的方法，勿种在阴湿的地方，发生后，可撒波尔多液。

（4）叶菜类

a. **菘** 菘，性喜凉冷湿润，应种在有机物质丰富的黏质壤土，它的种类很多，如山东菜、黄芽菜都是。菘因为很能耐冷，而且发育茂盛，所以多直播。播种的时期，普通都在七八月，先整地作畦，然后施肥下种，发芽后，须疏行三四回，使每株距离各成一尺至一尺五寸，此后当随时中耕补肥，肥料应多用堆肥、豆饼、人粪尿等。菘类的病害有白锈病、褐斑病，虫害有粉蝶、金线蔬蚤等。白锈病侵害茎叶花梗，防除的方法，把病部摘去，发病之前，撒波尔多液。褐斑病在叶上作圆形或椭圆形的斑点，到后来便渐次枯死，防除的方法，把病叶摘除烧去，并撒波尔多液。粉蝶的青色幼虫，蚕食菜叶，防除的方法，捕杀成虫幼虫，保护寄生蜂。金线蔬蚤，是微小的甲虫，食害菜叶，防除的方法，用铅皮涂上黑煤油，放在畦的一侧，然后从另一侧拿草帚驱除，虫便跳去黏在油上。

b. **菠菱** 菠菱性极耐寒，四季都可栽培，应种在富有机质排水良好的壤土里。栽培的方法，先松土作畦，施以基肥，然后播种，隔十多天便可发芽。此后每隔半月，须中耕及施肥一次，施用肥料，应多用堆肥、人粪尿、草木灰等。菠菱生育强盛，病虫很少，有时叶上偶或发生斑纹，是病菌寄生的缘故，可撒铜皂液驱除。

c. **甘蓝** 甘蓝栽培的地方，宜低温凉冷、湿润肥沃的黏质土壤，可以轮作。甘蓝的栽培，必须育苗，播种的时期，春秋都可以的，普通都是秋播的，大约在九月下旬，播在冷床里，发芽之后，稍行疏行，到明年三月，便可移植。移植后，应随时中耕、除草和施用肥料，肥料应多用豆饼、人粪尿等。甘蓝的病害有黑腐病、根瘤病，虫害有地蚕蛾。黑腐病能使叶色变黑而腐败，防除的方法，多用木灰肥料和撒布波尔多液。根瘤病能使根部丛生瘤块，以致枯死，预防的方法，须将病根烧去，并在病地撒布木灰。地蚕蛾的幼虫，食害叶片，防除的方法，除捕杀幼虫外，更可设诱蛾灯杀它的成虫。

（5）豆类

a. **豌豆** 豌豆耐寒的力量颇强，应种在稍干燥的砂质土壤里，大约七八年轮栽一次，不过假使用石灰或木灰和在泥里，便可连作。栽培豌豆，多用直播法，播种的时期，寒地在春天四五月间，暖地则在十月的时候，在播种前，须施用基肥。所需的肥料，应多用堆肥、人粪尿、木灰等。发芽后中耕除草，须随时注意。豌豆的病害有锈病、炭疽病，虫害有象鼻虫、地蚕蛾等。锈病在茎叶上生细小的圆形斑点，防除的方法，须少用氮素肥料。炭疽病生在茎叶上和荚上，害处很大，防除的方法，播种后撒布木灰，发病时撒布波尔多液。象鼻虫食害种子，在五六月的时候熏以二硫化碳素便可防除。地蚕蛾的幼虫，侵害豆叶，防除的方法，除采卵和捕杀幼虫外，可设诱蛾灯以杀成虫。

b. **蚕豆** 蚕豆是中亚细亚的原产，我国种的很多。种子富于蛋白质，故为滋养的食品。栽培的方法，在十月下旬整地作畦，并施基肥，然后播种，发芽后，行中耕补肥一次，到了明年春天，如果发育不良，再行中耕补肥一次，此后如过于高长，可用镰刀割去它的梢部。蚕豆发育强盛，不可多用肥料，只需酌用些人粪尿和木灰就是了。病害有锈病、露菌病，害虫有蚜虫。锈病在茎、叶、荚上生褐色斑纹，到后来会渐渐枯死，防除的方法，须注意初发生时立即拔去烧掉。露菌病发生在叶上，成灰色或褐色的病斑，防除的方法，烧去病株，撒布波尔多液。蚜虫是绿色微小的蛀虫，可用石油乳剂防除。

c. **扁豆** 扁豆是亚洲南部的原产，宜种在轻松的砂质壤土里。种子除蔬食外，还可做馅。豆叶可做肥料或饲料。栽培的方法，在四月上旬作畦施肥，然后下种，发芽后，疏行一次，使每株各剩二本，此后须及时中耕补肥，至蔓生四五尺以上时，必须摘折以阻高长。所需的肥料，应多用人粪堆肥。病虫害与他种豆类略同，而蚜虫的害处更大，尤其要注意。

d. **豇豆** 豇豆原产印度，我国种的很多。在嫩的时候，可以全荚烹食。栽培的方法，先整地作畦，并施基肥，然后每距离一尺的光景，下种子四五粒，下种的时期，大概在四月上旬，发芽后，疏行一回，此后须按时中耕施肥，并设立支柱。

（三）谷菽类

a. **稻** 稻性温暖，最适于北纬三十度至四十度一带的地方，土质大概表土宜埴质壤土，心土宜砂质壤土。栽培的方法，先在秧田中松土灌水，然后播种。播种时，须使它很均匀，发芽后，须注意灌水施肥，大约一月之后，便可移插在田中，此后应注意除草、灌溉、施肥，除草的方法，行间可用钉耙，稻根边则用手拔去。灌溉后，最好使田中的水日浅夜深，则比较容易发育。肥料宜多用人粪尿及豆饼。害虫最著的是螟虫，防除的方法，焚烧卵块，或设诱蛾灯捕杀成虫。

b. **麦** 麦有大麦、小麦二种，大麦适于温带气候干燥的地方，小麦的习性和大麦相仿，不过比较能够耐冷，大麦应选择有腐殖质的轻松壤土，小麦则以黏质壤土为宜。栽培的方法，先耕耙田作畦施肥，然后下种，下种的时期，北方气候寒冷，则在二月，南方气候温和，则在冬初的时候，小麦的生长期比大麦长，所以播种期也应当比较早些。播种的方法，条播、点播都可以的。在生长期中，大麦宜施肥二三次，堆肥、人粪尿、油粕、鱼肥、过磷酸、石灰等都可用。小麦的肥料和大麦差不多，不过应多用窒素质和磷酸质。

（四）工艺作物类

a. **棉**　棉，我国南方北方所种的，都是草棉，草棉的性，宜高温而干燥的地方，忌暴风多雨。土壤以砂质壤土为宜。栽培的方法，在五月中把地浅耕，再拿堆肥、木灰等作基肥，把种子稍稍浸湿，涂些木灰，随便条播、点播都可以的，此后须行适当的间拔中耕，等到七八个侧枝的时候，便要摘心，大约播种两个月即能开花，再隔二月后便可收获。

b. **大麻**　大麻性喜温和湿润的气候，但不宜过湿，近收获期尤宜干燥，土壤宜肥沃的砂质壤土。栽培的方法，在四月上旬或中旬整地播种，播种后，再覆些薄土，大约经过八九天就能发芽，这时候应严防鸟类啄食。苗长二三寸的时候，应间拔二三次，然后再定植。定植时须疏密均匀，本高四五尺的时候，将每十株用绳缚成一束，以防风害。到七月中旬叶子稍变黄色，便可割取。

c. **茶**　茶性宜高温多湿的气候，凡热带多云雾的高山，和温带低湿而少霜害地方，都宜栽植。土壤宜砾质壤土或砂质壤土，而且要表土深并有适当的腐殖质和石灰质的，地势应倾向南方。茶的繁殖，有实播、压条、接木等法，普通都用压条。压条的方法，在冬季十二月的左右，攀茶树的枝条压倒在地下，压后须常常使泥土湿润，以便生根，大约二年后便能成苗，这时候可把它斫断移植。茶的生长期中，须常常中耕除草，每隔三年深耕一次，并施用堆肥，移植后第二年可采叶，第三年可全采。

d. **除虫菊**　除虫菊可制臭虫药、蚊虫香，及各种驱除害虫的杀虫剂，用途很大。除虫菊性颇强健，不问气候寒暖，土地肥瘠，都可生长，不过排水不良的地方切不可种。除虫菊的繁殖，有播种法和分根法两种。播种法有春播秋播，先作苗床，将土地深耕，面上加些筛过的表土，并将人粪尿作基肥，经三四日后便可下种，播种后，再筛细土覆着，经二十天左右可发芽，发芽七八日后，如有丛生不均之处，应行间拔，三四十天后，即行定植。分根法，是把种植后已在五年以上而根枝发育极盛的除虫菊，利用分根。分根的时期，暖地宜于十月，寒地宜于九月，可视根枝的大小，用利刃分割为二三枝或六七枝分别定植，定植后，应除草施肥。施用的肥料，堆肥、大豆粕、棉实粕、人粪尿、骨粉、过磷酸、草木灰等都可以的。种植后第二年便可开花，不过很少，第三年则大盛，可采下在太阳下晒干，研制药剂。

二、关于畜养方面

（一）兽类

a. **牛**　养牛的目的有两种：一种是役用的，如耕田、牵磨，一种是榨乳的，利益比第一种更大。牛的饲料，大约每日需牧草二十斤，麸皮五斤，磨碎的□玉蜀黍五斤。管理的方法，最当注意的就是牛舍，必使冬暖夏凉，舍内温度，须时常调节，地气干燥，光线充足，空气流通，给食除粪，都应该很便利。放牧是饲牛最重要的一件事，每日必须放牧一二次。给食的时间，每日三次最适宜，应时时更换饲料的品类，以免生厌。乳牛榨乳，每天可行二回或三回，榨乳室中应注意畜体牧夫的清洁，榨乳时应给些食料诱母牛勿扰动。

b. **羊**　羊的用途可作毛用或肉用，我国各地都有饲养，而西北各省尤盛。羊的品种很多，不过饲养的方法则相差不远。羊在一岁半后，便可繁殖，在秋冬时使它交尾，最为适宜，怀胎后五个月便可分娩，生后一周，使羔羊和母羊共放舍外，任意哺乳，月后即可断乳。羊的饲育，春、夏、秋三季宜放牧，冬天宜舍饲。饲料以干草、蒿秆为主，谷实、油粕、根菜等类为辅。羊的剪毛，每年一回，在夏天最为适宜。剪毛的方法，先用石炭酸的水，洗涤全身，经二三天干燥后再剪。

c. **猪** 猪性强健，能耐各地的气候风土，它的肉除煮食外，更可腌藏。脏腑、血液、皮毛、骨屑等也都有用途，它的粪是很好的肥料。一年以上的猪，可供繁殖，一年可繁殖二回，夏季、冬季是交尾适当的时期，怀胎后，约过四个月可以分娩。分娩时，舍内必须垫蒿草作产褥，如有死的小猪，应立即拿掉，勿使母猪吞食。猪的饲料，谷实、糠、麸皮及各种糟粕，庖厨、农场的废物、根菜、菜叶、牧草、树实等都欢喜吃的，遇有性质粗硬的饲料，应把它破碎煮熟或给少量的食盐，以加增食欲。猪的管理，最要紧的，就是注重清洁，一般人以为猪喜欢在污泥中躺卧，便当它是不清洁的动物，猪舍中就任它污秽，这是很错误的，因为动物没有一样不爱清洁的，而且猪是食用动物，更须注意清洁。

（二）鸟类

a. **鸡** 养鸡的目的，一种是卵用，一种是肉用，卵用更有利益。所以养鸡，实在是农家很好的副业，鸡的孵化，有自然孵化和人工孵化二种。如欲节省经济，可用自然孵化。自然孵化，是把鸡卵放在母鸡巢里，由母鸡伏着孵化的，巢内应多湿气，因为孵化最大的障碍便是干燥，大约经过一星期后小鸡便啄破卵壳挺身而出。孵化后的小鸡，在二十余小时内不可给食，到第二天，方可把熟卵卵黄切碎饲育，到第三天，则可喂以碎谷、麦粕、黍粒及煮熟压碎的根菜类，经二三月后，可用普通饲料，如清水、青菜、青草、动物质、石灰质等都不可缺。鸡舍内每日须扫除清洁，又须防止鸡虱的发生，大约每只鸡所占面积，须四平方至九平方尺为适宜，舍旁应设沙浴场、饮水器、食器、栖架，舍内应设受粪板和产卵箱等。

b. **鸭** 鸭的用途，也有卵用和肉用二种，和养鸡的利益相仿，不过鸭是游禽类，很欢喜在水中过生活的，故必须多河流、池塘的地方才宜于饲养。鸭的孵化方法，和鸡差不多，不过母鸭自己不会孵化，假使要自然孵化必须借用母鸡和其他的鸟类。孵至三十天左右，便可出雏。小鸭孵出后，过一昼夜才可给食，饲料须选择柔软而容易消化的东西，饲料最好的便是虫类，所以须常常使它游潜在水中或在草地上捕食，喂食时除供给普通之豆腐滓、饴粕、糠麸外，更须给以野菜、石灰、沙砾等物，假使养鸭的目的是在肉用的，那么等它成育略全，应闭在舍中不让它游泳，拿熟薯、玉蜀黍碎粒等一类饲料喂它。目的是在卵用的，应多给它吃田螺、青蛙、鱼虾，那么所生的卵必重大味美。

参考书籍

1. 张安国　劳动生产教育思潮及实施法　新中国书局　民国二十年出版

2. 吴守谦　小学生产教育的理论和实际　中华书局　民国二十三年出版

3. 中国生产教育问题　中国教育学会生产教育委员会著　民国二十四年商务印书馆出版

4. 朱浩文　生产教育　大华书局　民国二十三年出版

5. 陈东原　中国教育新论　商务印书馆　民国十七年出版

6. 张石樵等　农村工学教育实施　黎明书局　民国二十二年出版

7. 张石樵等　农村工学教育实施原理　黎明书局　民国二十二年出版

8. 古梅　中国教育与生产问题　教育研究　第三十八、三十九期　民国二十一年十月十一日

9. 廷工　生产教育的立场及其含义　广西教育周报　第一卷三十五期　民国二十一年十二月二十五日

10. 程时　谈谈生产教育　福建教育周刊　一百二十七期　民国二十一年九月五日

11. 常道直　生产教育之根本问题　东方杂志　三十卷十六期　民国二十二年八月

12. 嘉定县教育局　生产教育的研究　嘉定教育

13. 徐承煦　我们所要的生产教育　晨光　第二卷二十九期　民国二十二年十二月三日

14. 胡保良　生产教育的讨论　中华教育界　第二十七期　民国二十二年一月

15. 朱浩夫　生产教育概论　中华教育界　第二十一卷四期 民国二十二年十月

16. 章光涛　什么是生产教育　中华教育界　第二十一卷四期　民国二十二年十月

17. 叶元龙　教育生产时代公论　第一卷四十八期　民国二十二年二月二十四日

18. 常道直　生产教育之探讨　南京市政府公报　第一百二十九期　民国二十二年五月三十一日

19. 陶知行　生产教育　小学问题　第一卷四期　民国二十二年十月

20. 郭一岑　生产教育之意义及估定　东方杂志　第三十期　民国二十二年八月

21. 莫仲义　中国生产教育之动向　复旦教育学期刊　二卷二号　民国二十三年七月

22. 姚虚谷　小学校生产训练的研究　教育周刊　第一八九期　民国二十三年五月十四日

23. 小松　生产教育的展望　大公报　明日之教育　民国二十三年三月十九日

24. 沈因明　生产教育论评　东方杂志　第三十一卷四期　民国二十三年二十六日

25. 古梅　再论中国教育与生产问题　申报月刊　第三卷十期　民国二十三年十月十五日

26. 赵淦　生产教育的研究　青岛教育　第二卷一期　民国二十三年七月一日

27. 生产教育问题　中国农村　第一卷一期　民国二十三年十月十日

28. 高佣　生产教育　新中华　第二六期　民国二十三年三月二十五日

29. 郭一岑　生产教育之我见　大夏大学教育学会会刊　第一期　民国二十三年一月十日

30. 隐庐　小学生产教育之理论与实际　江苏月刊　第三期　民国二十四年一月一日

31. 清儒　职业教育与生产教育　教育兴职　第十五期　民国二十二年十一月一日

32. 胡守棻　生产教育与传统教育思想　东方杂志　第二十一卷三期　民国二十三年一月十六日

33. 林中人　从消费的教育谈到生产的教育　警醒　第一卷十二期　民国二十三年七月一日

34. 顾文梁　从生产教育推想到实用美术之必要　艺风　第二卷二期　民国二十三年二月一日

35. 陈达业　生产教育和政治教育　东方杂志　第三十一卷六期　民国二十三年三月十六日

36. 顾石君　生产教育与劳动　国师月刊　第五卷一期　民国二十三年二月二十八日

37. 明盛华　从教育生产化谈到劳工教育的重要　正中　第一卷三期　民国二十四年一月一日

38. 赵欲仁　小学校实施生产教育的两个原则　进修半月刊　第二卷一期　民国二十年十月十六日

39. 王晓梅　小学实施生产教育的我见　进修半月刊　第二卷一期　民国二十一年十月十六日

40. 俞子夷　贡献于试行生产教育的几点意见　进修半月刊　第二卷一期　民国二十一年十月十六日

41. 幻水　实施生产教育的先决问题　教育与生活创刊号　民国二十一年十二月十五日

42. 胡葆良　生产教育方法论　进修半月刊　第二卷一期　民国二十一年十月十六日

43. 张安国　生产学校之理论与实际　东方杂志　第八卷七期　民国二十二年四月三十日

44. 赵欲仁　师范教育的生产教育之基础　浙江教育行政周刊　第五卷

十四期　民国二十二年十二月九日

45. 吴守谦　小学实施生产教育的理论和实际　中华教育界　第二十一卷四期　民国二十二年十月

46. 蒋美华　小学校实施生产训练的理论与实际　江苏教育　第二卷九期　民国二十二年九月

47. 白桃　设施生产教育应有之认识　中华教育界　第二十一卷四期　民国二十二年十月

48. 谷鸿运　实施生产教育的三大难题　第四卷二十五期　民国二十二年四月二十九日

49. 黄炎培　陈鹤琴著　姜让一译　我国生产教育状况及初等教育之新进展　新文化　第二期　民国二十三年二月二十五日

50. 杜佐周　普通教育应该尽量生产化之理论探讨　湖北教育月刊　第一卷五期　民国二十三年一月

51. 张鑫　地方小学实施生产教育的注意点　温小教育杭州市小学生产教育实施办法　浙江教育行政周刊　四卷十三期　民国二十一年十一月二十六日

52. 陆振寰　小学实施生产教育的几种具体办法　进修半月刊　第二卷一期　民国二十一年十月十六日

53. 川沙县生产教育初步设施计划　教育与职业　第一四一期　民国二十二年一月

54. 浩然　介绍两种生产教育的民众学校　自觉　第二十五期　民国二十三年二月十六日

55. 江西教育厅一年来推行生产教育概况报告　江西教育　第十卷三期　民国二十三年六月二十一日

56. 皖教厅注重生产教育　时事　民国二十三年二月二十一日

57. 实行教育生产化各区设农场农校　武汉　民国二十三年二月二十八日

58. 三省总部提倡生产教育　申报　民国二十三年七月二十五日

59. 常导之　苏俄最新生产教育之概及其批评　苏俄评论　第五卷二期

民国二十二年八月

60. 常导之　苏俄最近新生产教育学说之概及批评　东方杂志　第十四卷一期 民国二十二年七月三十日

61. 涤尘　苏联的生产教育程序　中华教育界　第二十卷九期　民国二十二年三月

62. 李允谔　德国的生产学校　江教月刊　第二期　民国二十二年三月

63. 吴家煦　学校园艺设施及利用法　中华教育界　第五卷二期　民国五年一月二十五日

64. 朱元善　生产主义的理科教授　教育杂志　第九卷一期　民国六年一月

65. 王伯伦　从生产教育说到乡村师范教育之当前的件务　时事　民国二十年一月

66. 陶保良　失业问题与生产教育　皖教政人员养成所所刊　第一期　民国二十年五月

67. 陈东原　地方教育与地方生产　江苏教育　第三卷二三期　民国二十二年十二月一日

68. 朱浩文　师范课程内应增设“生产教育设施法”——学程之建议　中华教育界　第七卷十五期　民国二十二年一月二十日

69. 李旭　从生产教育谈到教育生活的统一　文化与教育　十二期　民国二十三年五月三十日

70. 江苏省小学教师半月刊　二卷九期　小学生产训练号　民国二十四年一月

71. 陈济成　教育统制与实施生产教育　大上海教育　民国二十四年一月

72. 欧元怀 复兴民族的教育　大学杂志　第一卷六期　民国二十三年一月一日

73. 江问渔　复兴民族教育问题　苏扬中小校刊　第七卷六期　民国二十二年十一月三十日

74. 蒋中正　复兴民族的基础　湖北教育　第一卷六期　民国二十三年二月

75. 张默君　民族教育与湖南人之救国责任　武汉日报　民国二十三年九月六日

76. 吴铁城　复兴民族与教育　新闻报　民国二十三年三月十八日

77. 胡汉民　陈立夫　刘庐隐　实施三民主义的乡村教育方案　浙江教育行政周刊　第一卷二十八期　民国十九年三月

78. 汪振声　为什么要实施三民主义教育　安徽省教育行政人员养成所刊　民国二十年

79. 戴季陶　三民主义之教育价值　浙江教育行政周刊

80. 邵元冲　教育与三民主义　建国月刊　第三卷一期

81. 丁养光　三民主义的教育问题　中央导报　第九卷十期

82. 汪精卫　教育与民生　广东省教育会杂志　第二卷六期　民国十四年四月

83. 惕忱　民生教育的建设　民众教育月刊　第一卷六期　民国十八年四月一日

84. 孟宪承　教育与民生　上海中学半月刊　民国十八年五月十六日

85. 暨大乡教实验区推行民生本位教育　申报　民国二十三年

86. 付葆琛　我国乡村教育家应有认识　中华教育界　第十八卷七期　民国九年七月

87. 高季和　丹麦农业教育之设施　教育与民众　第三卷六期　民国二十一年二月

88. 董时　乡下目前最需要什么样的教育　独立评论　第四十七期　民国二十二年四月二十三日

文论类

记　忆*

一、概　论

（一）记忆在人类生活中所占之地位

研究心理学者，多承认感觉为人类一切精神活动之基础，若无感觉，则所谓知觉、观念、想象、推理、判断等高尚的精神活动，均失所据，无由而生矣。然若仅有丰富的感觉，散漫的观念，而无记忆作用，保存已往，追忆过去，则此等感觉与观念在吾人脑海中，亦只如镜花水月，偶然一现。现过之后，便烟消云散，无迹可寻矣。夫当时之所感所知既不能连贯，又不能保存。更何来过去经验，及推理、判断、想象等作用乎？再就日常之实际生活方面言，劳心之人，对于记忆固极必要，即劳力之人，亦何尝能须臾离却记忆？挑水拉车，为劳役之至简单者，若无记忆，势必徘徊歧途不辨正道，生活上立刻发生危险矣。其他事业，可想而知。故记忆

* 原载于《心理》1927年第4卷第2期。——编者

之于人类生活，无论在精神方面，实际方面均极重要。唯其重要，故历来心理学者，对于记忆，莫不谈及，即近代行为派之心理学家，其讲习惯之养成，经验之再现，亦不能抛开记忆。是可知记忆在心理学上之重要，殊不亚于感觉也。

（二）记忆之意义

记忆之重要，已如上述，其意义究何如乎？此当就广狭二义分别言之：就广义言，凡过去之任何经验，能深印吾脑，保存勿失，随时呈现于意识阈内者，均可谓之记忆。见糖思甘，见盐思咸，即属此类。就狭义言，则不仅为过去经验之复现，且当其复现之时，恒伴有经验时之意识。换言之，即对于再现之经验能有确切之认识。如见糖盐时，不仅忆起甜咸之经验，且能忆及得此经验时之情景，并能识别此种甜咸口味与他种甜味咸味之不同。盖过去经验，若仅为机械之复现，则对吾人之行为殊无若何之影响，故心理学上所讲之记忆，多属于狭义的，即于保存，再现之外，尚有认识作用也。由是吾人可为记忆下一简单之定义曰："记忆者，乃对于某种事物、观念，或其他学习之材料，努力注意，反复练习，使在吾人脑膜上留有极深刻之印象；且与其他经验，互相联络，做牢固之保存，以后有用之时，能随时唤起，并能认定其为过去之经验，明确无误者也。"

二、记忆之要素

完全之记忆历程，必具有记忆（memorizing）、保存（retention）、再生（recall 或译回忆亦妥）、再认（recognition）之四种步骤。此四步骤，即记忆之四种要素也。兹分别详述于下：

（一）记　忆

记忆原为学习之一种，任何学习，必须以记忆为根据。有记忆，始能表示其已经学习。故记忆与学习间之关系至切，不能分离，研究记忆，即研究学习也，然如何方能学习或记忆？动物之学习，多借行动，所谓由行而学（Learning by doing）者也。其所用方法，多属试行错误（Trial and Error Method）。人类之学习有时虽亦用试行错误之方法，然此外更能用观察方法（Observation Method）分析动境（Situation），选择要点。使所遇之事物或学习之材料，反复熟习，在吾人脑膜上留有极清晰极深刻之印象。唯记忆时尚有数种重要条件，必须注意者，列举如下：

（1）记忆时须有适宜之环境与地点，应免除一切扰乱注意之事物。

（2）记忆时须有愉快之心理，乐观之态度，应免除疲倦忧闷之各种情形。

（3）记忆时当集中注意，反复练习；且应努力追忆过去之经验，使之彼此发生关系，造成丰富之联念，以便他日之追忆。

（4）记忆时当有强烈之自信心。对于所学之材料须有浓厚之兴味。其无意义者，当随时加入意义，以便记忆。

（5）记忆一种新材料时，最初之努力，当特别加大，而时间之早晚，精神状态之变化，尤当注意。

（二）保　存

保存，机能派的学者，认为是一种心理的历程。行为派的学者，认为是一种习惯行为的保存。且以为此种习惯与其他行为习惯之由筋肉或腺液反应而获得者相同。然就生理方面言之，记忆是在神经元的触处（Synapse）留深刻的印象，或造成强固的感应结（Bond）。保存便是将此印象或感应结，永久保存，使不致因废弃而消失。如是则记忆为动的心理历程，保存乃静的心理状态。保存之中，又有二义：心理之活动，固可保存。动作之技能，亦可保存。吾人读书、演算、认字、作文，或听他人之讲演，逾时追忆，犹历历在目，此即心理活动保存之明证。又若泅水、打拳、抚琴、打字，一经学会，日久不忘，此即动作技能保存之明证。虽然记忆之正面为保存，其反面即为遗忘。吾人对于过去经验之保存，是全数的，抑部分的？是永久的，抑暂时的？换言之，即吾人之经验，能否遗忘？若有遗忘，其情形又如何？此不可不研究者也。

1. 记忆之分量及保存之久暂

吾人对于极熟友人之名字，或最近所做之事件，往往不能记忆。此种事实之影响，遂使吾人对于记忆，发生怀疑。以为人类保存经验之能力，甚为薄弱，故对所记之事物，逾时即感遗忘也。实则吾人自呱呱坠地，以至老死，其间所有之经验，大抵均保存于下意识中，若非神经受损，绝不能完全消失。所谓遗忘者，亦不过暂时不呈现于意识阈内耳。其不呈现之理由，则因受他种观念之牵制或当时心绪不宁之影响。吾人对于苦忆不起之事物或人名，往往于睡梦中或心神安静时忽然记起。是即可证明吾人所有之经验，均保存于下意识中，绝未完全遗忘也。自近年变态心理学发达，益足以证明永久或全部遗忘之谬误。Freud, Mesmer Jenet, Corriat 诸人常利用析心术及催眠术以唤起被术者幼时之各种经验，用以治疗心理方面之病症，吾人记忆与保存能力之伟大，亦可想见矣。

2. 遗忘之情形

由前所言，知吾人之经验，只有暂时的遗忘，绝无永久的消灭，然即此暂时之遗忘，对于吾人日常生活上亦有莫大之影响，故当详加讨论也。

（A）遗忘之速度

任何材料之学习，大抵起初遗忘最快，以后渐迟缓，最后则无甚变化。Ebbinghaus 以无意字音（Nonsense Syllable）实验之结果，发现学习后第一小时，忘去所学之一半；一日后所忘去者，只三分之二；一月终所忘去者，尚不及所学五分之四。Radossawljeuith 及 Bean 用无意字音、诗文、字母等材料试验之结果，亦证明最初忘记甚速，以后渐慢；而据 Book, Rajall, Swift 及 Schuyler 诸人试验打字及抛球之结果，及发现感觉运动之联合（Sensori-motor connections），比较文字、诗句之记忆不易遗忘。在通常学习中，对于琐屑之材料，容易遗忘。普遍之原则可久保存。又材料之有意义而易与过去经验联结者，较无意义而凭机械的方法记忆者不易忘记。然无意字音有时因重复练习之次数太多，致印象过深，亦不易遗忘。关于遗忘，Bean 曾发现五种要素，解释甚详，胪举如下：

（1）遗忘律视乎所学材料熟习之程度（在开始遗忘之前）而定。过度之学习，每使遗忘较慢。

（2）遗忘视乎学习之方法而定，即视学习一种材料时，练习时间之集中与分散而定，大抵分散之学习，每使遗忘较慢。集中之学习，每使遗忘较快。

（3）遗忘律随习惯养成时所学之种类，或意念的学习中材料之种类而不同。如有意义之材料，较无意义者遗忘较慢。

（4）遗忘律随计算遗忘之方法而有不同。Bean 以为用再述法计算，则遗忘较快。若用再学法计算，则遗忘较慢。

（5）遗忘律随各人的个性而有不同。

（B）遗忘之利益

通常皆以为遗忘对于吾人，毫无利益。然人生活动，异常复杂，使每日所有之经验，无论巨细，全数保存，非唯事实难能，亦殊有害于人生。盖吾人在一定时间内，所能记起之事物，实属有限。设不能将琐屑无用之经验，抛入下意识中，则此琐屑之观念，常牵制其他之有用经验，使不能复现，故为害甚大。且平常经验中，有许多误谬之印象，若非扫除廓清，完全忘记，则此等错误之观念，常挟其先入之势，拒绝后来之真确的经验。故欲使记忆增进，保存牢固，尤须善于遗忘。西人谓由忘而记（Memory by forgetting）即此意也。

3. 妨碍保存之事项

吾人当记忆之时对于琐屑无用之经验，虽能尽量排除；然此外尚有他种原因阻碍记忆，使不易有牢固之保存。此类原因约有三种：

（A）倒摄之妨碍（Retroactive inhibition）

所谓倒摄者，即云吾人当记忆甲种材料之后，毫不休息，即继续记忆乙种材料。记后，又反而至甲。则所记忆之甲，势必颠倒损失，不能保存。例如吾人在一小时内，前半时读熟汉武帝之《秋风辞》，后半时又继续演习四个很困难数学问题。演习之后，叩以所读之辞，则完全不能记忆，此因吾人脑中之印象，必经一定之时间，始能牢固成立，或与旧有之各种观念，发生密切之联合。当其未固定及未密切联合以前，即学习他种材料，则先后之两种观念相互干涉，彼此牵制，所学结果自不易记忆矣。

（B）联念之妨碍（Associative inhibition）

任何学习中，若甲种观念与乙种观念间，已造成一种坚强之联合，则此联合常挟其先成之强固势力，使甲观念与其他之观念间，不易再生联合。例如学习字母时，先以 a 与 b，d 与 e，g 与 h 之间造成联合。当此等联合牢固纯熟之后，若再使 a 与 d，d 与 f，g 与 m 之间再生牢固之联合，则事倍功半，殊觉困难矣。

（C）同时学习二种材料之困难

吾人于同一时间，学习两种互相类似之材料，无论在动作方面，或思想方面，均易互相牵制，彼此混淆。所得结果殊难真确。例如在同时学习两种机键不同之打字机，或同时学习英法两国之文字，往往张冠李戴，谬误丛生。实验心理学家，尝令鼠同时学习二种形式不同之迷津（Maze），发现其学习时间及错误之次数，比较学成一种后，再学他一种者，多至数倍。且较之分别学习者容易忘记，可见同时记忆两种材料之困难矣。然在一种材料学习成熟之后，再学他种类似之材料时，则因学习迁移（Transfer of learning）之故，多所帮助。娴熟英文之人，学习法文时，每觉时间精力，俱多减省，即此理也。

（三）再　生

再生亦属记忆历程中之一种，即将以前所学，保存于下意识者，重复引起，使之再现于意识域中也。此种再生，必须有适当之刺激，方可由此观念而至彼观念，引起其所有之过去的经验。又当刺激强烈时，其唤起最易。刺激微弱时，其唤起较难。然亦视乎其学习及保存时之情况如何。若学习之次数不多，所得之印象不深，则保存不固。保存不固，则唤起时自多困难矣。通常再生时所易发生之困难，约有下列三种：

（1）情绪之妨碍

吾人追忆过去经验时，全靠理智之作用，而理智作用之强盛常在心气和平、头脑冷静之时。唯感情之势力，常能蒙蔽理智使失其作用。故在情绪强烈之时，往往不能忆起过去之经验。人当愤怒或悲伤时，询以三五之简单数目，辄不能答，即此理也。

（2）注意之扰乱

追忆任何经验或事物时，必先使心神安静，注意集中，始可。若环境纷扰，人声嘈杂，则追忆此种观念时，他种不相干之观念，常易羼入，使心绪纷乱，所忆之观念反不易再现。

（3）类似经验之淆混

此乃 Müller 及 Schumann 所发现。Shepard 及 Vogelsonger 亦相信此种再现之困难，甚为普遍。即谓吾人当追忆一种经验时，他种与此类似之经验，常相伴发生，彼此淆混，使所求之经验不易再现。例如吾人经验中已有三个 James。在吾人追忆心理学家 James 时，同时有 King James 及 Henry James 现于意识域内，则常生混乱，遂分别不清矣。

再生时虽常感上述之三种困难，然亦有三种方法，克服此种困难，使所追忆之观念，易于再现。

（1）吾人记忆一种材料后，应使其与他种旧有之经验，互相联结，保存强固。且应多给发现之机会。如此，则一种观念之忆起，可刺激其他，使之连续再现。

（2）学习任何材料之后，应与以相当之休息时间。俟精神恢复，印象牢固时，再做追忆，自少困难。若值情绪强盛之时，亦当暂停片刻，待心气和平，追忆庶可明确矣。

（3）当记忆一种事件时，对此事件，发生之时间、地点及其先后次序之关系，能分辨清楚，则再现容易而能明确矣。

（四）再　认

再生与再认，原有至切之关系，故再生之后，当讨论再认。再生将过去之经验，全部唤起，是供给材料。再认则将此经验，仔细考查，究竟在何时何地发生？其发生时之情形何如？与原有经验是否相同？故再认者，乃对于再生之材料上加以鉴别领纳之作用也。举例言之，吾人对于数年前之邻友，偶然晤面，虽觉似曾相识，然不能道其姓名，更不能忆起在何时何地相识。此等情况即为记忆之再生。若能进而记起某君曾与余作邻居，某年某月经某君介绍，余始与某君相识。此时一由观念而联想及于他种观念则往事历历宛如在目，此即再认之作用。记忆历程中，若无此一步骤，而仅止于再生，则对于人生，无若何之价值矣。

1. 再认之要素

过去之经验，至为复杂，当其再现于吾人意识中时，吾人何以能认识清楚？通常以为此有三种要素：

（A）联念之发生

吾人日常之各种经验，均彼此联合，构成一种组织。绝非散漫或孤立地存在。因是若一种观念，偶然唤起时，则与此有关联之他种观念，亦相继而起，互相帮助，彼此证明，自易认识。故当记忆时所造之联念愈多，则认识愈易，而认识之速度与真确亦愈增。倡联念说者即根据于此理也。

（B）熟习运动之兴奋

吾人对于使用日久之器物常发生一种熟惯之情感，故认识最易。设使所用之物偶然变异，即可由筋肉之运动方面，认识其差别。例如吾人所惯用之自来水笔，已有适当之动作反应，任何使用，均觉顺利。一旦误执友人之笔，因其动作有异，反应不顺遂立知其错误。倡动觉说（motor Theory）者，即以为吾人对于已往事物之所以能有明确之再认者，即因此种种轻微运动之刺激或意象使然也。

（C）熟习之情感

吾人对于一种事物，当十分熟习时，常伴有一种愉快之情感。反之，对某事物不甚熟习时，则感觉不愉快。在感觉愉快之时，其经验既为纯熟的，故比较不愉快时之经验容易再认也。倡情感论（Feeling Theory）者，即以为再认之来，由于伴有纯熟经验之快感。

2. 再认之形式

同一再认，可依其发现时情形之不同，分为下列各种：

（A）确定之再认

吾人见一花木，能认识此花木在植物学中，属于何种、何类、有何用途，曾在某植物学之书中学过。此种认识，明了确定，毫无隐约不清之处，故称为确定之再认。

（B）不确定之再认

吾人对于过去经验之再现，有时虽能认识；但只悉大概，不能详悉确定。例如吾人曾游庐山，以后见他人所持庐山某部风景之照片时，对此照景，虽认为是庐山风景之一部，然究属何部，则依稀仿佛，不能确定。此类认识，即为不确定之再认。

（C）熟习之再认

此种认识，不仅认识而已，且能感觉非常熟习。然因过于熟习之故，又往往不甚注意，致所认识者，多不确实。吾人对于极熟见之字，常忘其笔画，不能写正，即缘于此也。

（D）间接之再认

吾人对于一种经验之再现，有时不能直接有明确之认识，必待他种事件之证明，或他种经验之介绍，始可认识，故谓之间接的再认。

3. 再认之持久性

吾人对于过去经验之认识能力，亦常因所经之时间长久而减弱，绝非固定不变者也。据 Wolf 之实验，其减低之情形，恰如忘记之曲线，起初甚速，以后渐缓。惟据 Lehmann, Angell, Hayword 诸人所发现者，微有不同，彼等以为认识能力消失之快慢，与所记材料意义之有无及对于材料发生联念之多少有关。有意义之材料及联念发生较多之材料常较无意义而不易发生联念之材料，其认识力之消失为慢。

三、记忆之分类

记忆之分类，方法甚多，兹就其主要者分述如下：

（一）依记忆之方法分类，约有六种：

（A）机械的记忆（Mechanical Memory）

此种记忆法，对其所学之材料常频繁反复，为机械的记忆。吾人读加法表及乘法表时，即用此种记忆。

（B）人工的记忆（artificial memory）

此种记忆，即以人为的方法，使无意义之材料，具有意义，或联成韵调，使有音节，而便于记忆。

（C）论理的记忆（Logical memory）

此类记忆，材料之本身，即有意义，故与吾人之经验易于联合，可持久而不忘。

（D）观察的记忆（Observation memory）

此种记忆，即就自然现象及各种事物详加观察而记忆者，如地理博物等由直观教授而得之记忆是。

（E）联想的记忆（Associative memory）

此种记忆，即借联想作用而成。例如吾人学习一种功课时，笔记簿上所书之字，虽甚简单，然借此简单之数字，可依联想之方法，记得许多之重要材料。

（F）思考的记忆（Thoughtful memory）

此种记忆，乃由思索之力了解观念间彼此的论理的或直观的关系以记之。如听人讲演时，不记其言辞之如何，而记其所讲事实之内容及对于他事之关系。此类记忆最真确最有价值。

（二）依记忆之性质分类，有二种：

（A）有机的记忆

记忆作用，屡次反复练习之结果，在神经系上，造成极便利之通道，使有机体之保存能力，日增强固，成为一种习惯，永不忘记。吾人之遗传、习惯，以及各种本能，均如是得来，此乃广义的记忆之一部，为比较心理学上，所研究之重要问题也。

（B）意识的记忆

此类记忆，依意志作用之有无而分别。有意志者，如回想记忆等能动的记忆。无意志者，如再认追想等受动的记忆是。

（三）依记忆之时间分类，亦有二种：

（A）暂时之记忆

此类记忆，即谓吾人对于一种印象之保存，是暂时的，而非永久的。只能在短时间内，如昙花之一现。逾时稍久，即再现亦不完全，或竟全归消灭。

（B）永久之记忆

此即谓吾人对于某种印象，一入脑中，即永久保存，使不遗忘。保存后，对于所记之内容，又时常反复推考，努力铭记，故可历久不忘也。唯此永久之记忆，亦可分为二种，其在相当之时间内不忘记者，称为定期的记忆。其永远不能忘记者，称为终身的记忆。

（四）依记忆之内容分类，有三种：

（A）直观的记忆

此记忆中又包含感觉的记忆（如视、听、嗅、味等觉及温度觉、运动觉之记忆是），时间与空间的关系之记忆，外界物体与发现的事实之全体的记忆等。

（B）观念作用构成之记忆

此即由观念之分析或联合所发生之结果，而加以记忆者也。

（C）心情上各种作用之记忆

此即依自己对他人发生各种情感及情绪时之状态而记忆者，亦可称为精神生活之记忆。

四、记忆之方法

记忆之方法甚多，兹就普通的记忆及经济的记忆二类，分述如下：

（一）普通记忆之方法，有下列二种：

（A）机械的记忆（Rote Memory）

如以前之小孩读书，不解字句之意义，全凭诵授次数之多，以勉强牢记。此类记忆，记时颇费时间与精力，一旦记熟，则不易忘却。动物之学习，多用此法。

（B）理解的记忆（Rational Memory）

此类记忆，不专靠多次之盲目练习，勉强铭记。乃对于所学之各种材料，加以分析比较及选择诸作用。对类似者，各列为组。对有韵者，叶为律调。对机械者，加入意义；使与已有之经验，互相联络，便于记忆。此种记法，为人类所特有，时间精力均较前省；惟保存之久，有时不及前法。

（二）经济的记忆法，有下列五种：

（A）复述法（Recitation Method）

此法即谓吾人当记忆之时，将所记材料之各部分，时常回忆，或默诵，以考查其是否已经记住。例如读一篇文章时，专心一志，读数次后，即闭书默忆，看能记者有若干，不能记者有若干。以后读时，对不能记得之处，特别用力；或至该处时，增加反复默忆之次数。如此，则较之连续地读而不默忆者，所需之时间精力为省。Gates之试验，以十六个无意字音及五段言行录作材料，共计有一百七十个字。结果得表如下[①]：

学习之材料	16个无意字音		5段言行录	
	记忆百分数		记忆百分数	
	当时	4小时后	当时	4小时后
全　读	35	15	35	16
用1/5之时间复述	50	26	37	19
用2/5之时间复述	54	28	41	25
用3/5之时间复述	57	37	42	26
用4/5之时间复述	74	48	42	26

由此表结果，吾人可得下列三种结论：

（1）复习之时愈多，所记百分比之数目则愈大。

（2）用复述法学习之材料，可以持久。

（3）有意义之材料，用反复直读之方法，所得结果，较无意义之材料为佳。

（B）全部法与分段法（The Whole Method and Part Method）

全部法，即对所习材料之全部，一次学完。如读诗文时，自首至尾，一气读下。分段法，即将一篇诗文，分为数段读之也。据各心理学家实验之结果，知全部法较分段法学习之时间经济，且能保持久远。其理由为：（a）一次读完可以了解材料之全部，故兴味增加。若分段读之，则减少其兴趣。（b）一气读下，各观念之联络，前后相续，整齐一致，无支离断碎

① 此表见Gates《教育心理》二百七十页。

之弊。(c)全部读后，第一次读完时所得观念之次序与第二次再读时完全相同，故易于记忆。若分为数段，则各段之起落处均不相同，故难得统整的记忆。(d)全部读时，前后所用之力相同，故无过熟及不熟之弊。若分部读，则起首所读之数段，比较有趣，注意力较强，故常过熟。及至最后几段，则因时久疲倦，而不易熟习矣。然此亦当视其所读之材料而异。若所读为长篇诗文，材料过多时，则全部法不及分段法之好。因诗文既长，则欲一气读熟时，所费之时必多，读者往往因读久犹不能背诵，遂生厌倦之心。且一篇中各部之难易，殊不相同，用全部法，则易处过读，难处不读，故此时当采用分部法为佳。

理想之方法，当依材料之分量，分为适宜之段落。先用全部法，读数次，以悉全篇之大意。及已熟习，再用追忆法或复述法，考查困难部分之所在。然后将此部特别提出，用分部法熟读各部，逮能成诵时，再将全篇由首至尾，联成一气，用全部法熟读数次，即可成诵矣。如此，既可节省时间精力，又可保持永久。(实验见后“全部法与分部法之实验”)

(C)时间分配法(Distributed and Undistributed Method)

吾人当记忆一种材料时，其时间分配之长短，及所学次数之多少，均与其效果有密切之关系。分配不当，则耗时费力，所得殊微。Ebbinghaus为用实验之方法研究记忆之第一人，氏以若干无意字音，用同样之时间，不同之次数，使人记忆。结果知将此时间分为三次学习者，其成绩较一次学了者为佳。又继续学习六十八次之结果，不及三日之内共学习三十八次者。Jost亦用字音之试验，发现每日二次继续十二日之学习，较胜于每日四次继续三日之学习。Leuba及Hyde做翻译英文为德文之试验，发现四种时间之分配法：一日二次，每次学习费时二十分钟者，成绩最坏；每次二十分钟隔三日一次者，较佳；每日一次及隔一日一次者，其成绩最佳。此外如Miss Munn, Dearborn, Pyle之数形交替试验，以及Thorndike, Kirby, Starch诸人之数学试验，均得相同之结果。由是可知任何学习，须采用适宜之时间分配法，始能有良好之结果。其理由则有：（a）分配数次学习时，则不致因时间之长久，引起厌倦与疲劳，减低学习之兴味与注意。（b）学习次数既多，则脑中神经组织上互相联合之势力增加，故容易记忆。（c）学习之次数多，则所经之时间长。在此长时期间，有与他项学习联合，得其帮助之机会。且因与他种观念多所联结，故所记者，特别明确，而能持久。惟行此法时，往往因时间之分配太短，不待学习热情（Worming up）之发生，遂遽然中辍。二次再学，又得若干时间之预备，始能兴起学习之热情。此不仅时间浪费，对所学之材料，亦难有充分之了解。至于学习材料之乏自然段落，宜于一次习完者，更不可强行此法，此不可不注意者也。（关于此问题之实验，见后“用分配时间法学习之实验”）

（D）重复之速率

通常恒以为诵读诗文，快则不易有明确之记忆。然由实验所得之结果，殊不如是。据 Ebbinghaus 研究之结果，以为读时愈快则愈易记忆。Ogden 亦以为学习当快，快则可以节省精力。Meumann 所得之结果，虽云记忆之快慢，因人而异。但亦承认大多数读书快者易于记忆。是因重读之时，若太慢，则不仅耗费时间，且使其他易于扰乱注意之事项有发生之机会。若快读则可免此弊。且所读材料中前后各种观念间易生强固之联合，故时间精力，均可减省。唯此种记忆，颇难持久，故记后当勤于温习，常使之再现，庶可保持永久也。

（E）赏罚情境下之记忆

学习任何材料，在有一定之动机，并能得到相当之满足时，则觉容易记忆。反之若于一定之学习时期内与以相当之惩罚，亦足以促进其记忆。实验心理学家，常做一种试验，以鼠或其他小动物置于迷笼（maze）中，使依试行错误之方法学习。起初学习并无赏罚作用，故所费之时间及走错之次数甚多。其后以食物及电机，安置于迷笼中，再使之学习，此时鼠若走错，则触电受击，感觉苦痛。走对，则遇食物，得满足之感。然后计算鼠学熟此迷笼所费之时间及次数。结果较前减省数倍，此可证明赏罚条件之有助于记忆矣。

五、记忆力之考察及实验法

考查记忆之方法颇多：有所谓（一）复习省时法（The Saving Method）者：于学习一种材料后，隔相当之时间，再重复学习。由重学时所费之时间与精力，以测知所记之多少。有所谓（二）忆起分量法（The Method of Retained Members）者：当学习某种机械的或理解的材料之后，考查其所能记得的分量，以判断其记忆力之强弱。有所谓（三）杂糅再认法（The Method of Recognition）者：将已经学习之材料与未曾学习者，混杂一处，使之分别认识，何者曾学？何者未睹？此外又有（四）配偶正确法（The Method of Right Associates）者：以与所学有关联之事项，刺激学者，使生联念之反应。由其联想之速度与确度，以判断其记忆之能力。还有（五）原状整理法（The Method of Reconstruction）者：将所学材料原有之次序，颠倒搁置，使学者重新整理，恢复原状，由其错误与否，以觇其记忆力之如何。

兹将各家对于记忆之实验择要，胪述于下：

（一）关于保存之实验

（A）Ebbinghaus 之实验。

氏常用复习省时法，试验自己之记忆。即以若干无意字音，熟读强志，逮能成诵为止。记其所需之时间。经过一定之时间后，则前次所读不复能诵。又重读之至能诵为止。以此次所需之时间，与前次比较，则大有所省，由所省时间之多少，以定保存材料之分量。氏又将此结果，以图表之，得一保存曲线（The Curve of Retention）。其保存分量之多寡与忘记曲线之情形，全然相同。即最初所保存者消失甚速，以后则渐趋于固定，其图如下：

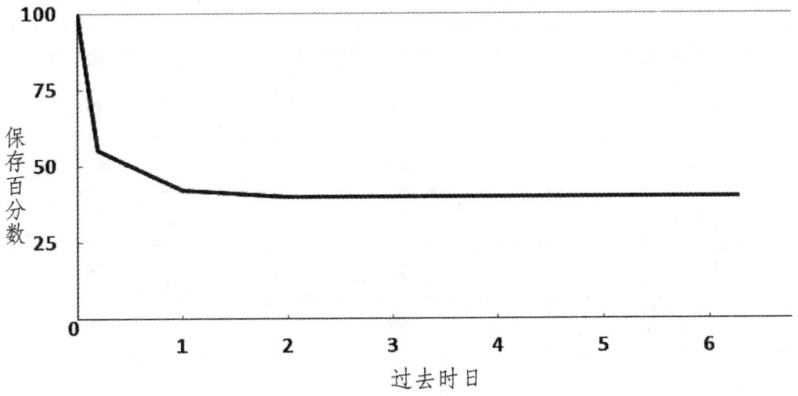

唯氏之此种实验，有可批评者数点：

（1）被试者为氏个人，而非普通一般人，他人之兴味、康健、学习能力，未必均与氏相同。

（2）所用之材料，只限于无意字音。

（3）未顾及两性及年龄之差别。

（4）所用之方法只限于机械的。

（5）未注意记后休息时间所做之事件。

有此数点，故氏虽为实验记忆之鼻祖，吾人对其所得之结果，尚不能十分相信。但继氏而行此项实验者，有 Miillen 及 Schumanr 诸人。彼等以各样材料，试验各种被试者，所得结果，虽不无差异，而在同年龄、同方法、同材料、同一环境下，所得之结果，其曲线情形，无大差异。即相距由二日至四日间，曲线下垂甚速，渐近于零线。以后则几于零线平行，永不相交，由此可见爱氏之试验，亦有相当之确度也。

（B）Radossawl jewitsch 之实验

保存之久暂，与所学之材料有关。同量之材料，以同等之时间学习，若为有意义之诗文或图画，则其保存之时间亦较无意义之字音为久远。氏尝以无意字音及诗之两种材料，用复习省时法试验之，结果如下表所示[①]：

距学习后之时间	所记无意字之百分比	所记诗之百分比
5 分	98	100
20 分	89	96
1 时	71	78
8 时	47	58
24 时	68	79
2 日	61	67
6 日	49	42
14 日	41	30
30 日	20	24
120 日	5	……

就上表观之，可知有意义之材料，较无意义者，容易记忆，且能保存较久。是因有意义之材料，有节段，有句读，既富联念，又饶兴味，故能久于保存也。

（二）关于再现之实验

Dallenbach 常以再现法（Recall Method）考查记忆。其法，以图画给被试者，使之注意观察。约一分钟后，撤去图画，使将图中所见，尽量写出。并拟就六十个问题，包括图中所有之情形，使之回答。五日后，又做同样之测验，十五日及四十五日后，均做同前之测验。结果如下表[②]：

① 表见 Hunter, Generol Psy p. 318。

② 表见 Woodworth, Psycholsgy p. 352。

试验之时间	在各种时间距离后追忆图中详情之差误之百分比	
	自行追忆所生误谬之百分比	回答图中问题所生误谬之百分比
当时观图后	10	14
隔 6 日后	14	18
隔 15 日后	18	20
隔 45 日后	22	22

由上表可知看图之后，即刻追忆，则再现之分量甚多。其记忆及回答问题之错误，只有百分之十，及百分之十四。逮四十五日之后，则均为百分之二十二矣。此亦可证明最初之保存较多，以后渐少。其间所差甚少，缘试验后相隔之日期久时，则受记忆之变动（Fluctuation）或其他学习之帮助，可使再现之分量较多故也。

（三）关于再认之实验

Strong 常以再认法考查记忆。即用一行彼此不相关联之单字，约二十个，使被试者对此字注意读之。一次读完后，不稍休息，即使之演困难的算术问题，使其心中无温习所学单字之机会。逮算题演毕后，复以此二十字与未曾学习之他二十字，混合一处，使指出以前曾经认识之各字。由能认识字之多少，以定其再认之分量。氏用许多行不相联属之单字，在不同之各时间距离中，试验许多人之结果如下表[①]：

在各不同的时间距离中读字后所认识之字的百分比	
看字及受试验间之时距	真确认识字之百分比
15 分	84

① 表见 Woodworth, Psy. p. 351。

续表

5 分	73
15 分	62
30 分	58
1 时	56
2 时	50
4 时	47
8 时	40
12 时	38
1 日	29
2 日	24
4 日	19
7 日	10

此实验中，成人之被试有五。各时距中所用之字，共有十五行。表中所示之百分数，乃十五行之平均数也。观上表，可知对不相关联字，看过后之保存量，起初最多，以后时间相隔愈久，则所保存者愈少，而能真确再认之数量，亦益减少矣。

（四）关于记忆方法之实验

（A）用分配时间法学习之实验

Jost 曾做一试验，以若干无意义字，使被试者连续读二次、六次或八次不等。以后每日续读，至满二十四次之日为止。然后考查各个人之成绩，则以所读次数少而分配于较多日期中者，为最佳。表列如下[①]：

① 表见 Wood Worth Psy. p. 342。

二十四次诵读之分配	B 君之总分数	M 君之总分数
每日读八次读三日	18	7
每日读六次读四日	39	31
每日读二次读十二日	53	55

观上表则知每日读八次，继续读三日之结果，远不如每日读二次，继续读十二日为佳。由是可证明用分配时间学习，乃最经济之方法。

（B）全部法与分部法之实验

Pyle 及 Snyder 之实验，二氏以二百四十行诗，分为两段，使被试者用分部法及全部法分读之。结果如下表所示：

用全部法及分部法学习二百四十行诗		
学记之方法	所需之日数	共用之分钟
用分部法每日记三十行再用全部法温习至能成诵为止	12	431
用全部法读每日读三次至能成诵为止	10	348

观上表吾人可知用全部法者，较用分部法所省之时间有八十三分钟，或近百分之二十。是可证明全部法为较经济之学习法。

六、记忆之差别

记忆之广度（Memory Span），再现之难易，保存之久暂，再认之真伪，均随人而异。考其原因，不外乎能力之不同，年龄之高下，两性之差别，以及心理状态之变异。兹将此等原因，分别讨论如下：

（一）关于能力之差别

就记忆之能力言，人各不同。有长于听官记忆者，有长于视官记忆者，有长于动觉记忆者。长于听官记忆者：对于各种音调之抑扬顿挫，远近次第，辨之甚析，记之甚牢。且因其长于由音调记忆，故当其记忆任何材料时，均以声音或语言为之助。其读书时，书上所印者虽为有形之文字，然在彼脑中所得之印象，乃文字之音而非文字之形。又当演算之际，三加五等于八，每个字数之声音，均须说出；即不口说，而在其意识中，已听到三加五等于八之音调，故仍能助彼之理解与记忆也。常见许多人自称自己看书，所记殊少。听人讲演，一聆不忘。又有许多人，读书必高声朗诵，演算亦自言自语，此均为听官记忆能力强者也。长于视官记忆者：对于色彩、形状、景物、大小、字句长短之记忆力特强。Ladd 及 Woodworth 常用记忆广度法，测验此种记忆之限域。其法任择许多材料，使被试者一看之后，即报告其所记得之材料。再依其所记材料之分量及确度，以判断视官记忆力之大小。据氏实验之结果，普通成人，对无意字之记忆，大抵由五至七。对单位数目之记忆，由八至十一。记忆有意义之浅显散文，可由十五字至二十五字之多。此种记忆分量之多寡均与其视官记忆力有关也。又长于视官记忆之人，无论记忆何种材料，均以形象、色彩、位置表出之。例如演算时三加五等于八则三加五等于八之形式，恍若列于面前，目能一一辨之。又有许多人认识一字时，附带一种色彩之视觉。如云爱字，彼心目中觉伴起红色，如云怒字，彼心目中又伴起黄色之类。此在心理学上特称为 Psychasthenia。此外又有所谓数形（Number form）者。在记忆一种数目时，觉各个数目，依次排列于空间，左右高下，秩序井然，成为一种有系统之排列。诸如此类，均属于视官记忆者也。长于动觉记忆者：大抵均借运动感觉或触觉之心像，以营记忆作用。彼等在任何学习时，多用动觉。例如演算时，常以指之运动，计核数目。认字时常以指之运动，书写笔画或字母，以助其记忆。盲聋之人，视听均失作用，其获得知识，全赖触觉，故其运动觉的记忆力特别发达。然在此三类记忆中，究以何类为最佳？因乏普遍之调查与精密之测验，故尚无概括之断论。唯据 Meumann 之实验，以为听官之记忆能得全部之确情，视官的记忆易保存各部之分子，Puhlmann 以为记忆无意义之字，宜用听官，记忆有意义之字宜用视官。个人之中，固有因某种记忆能力较大，遂偏向于某种感官的记忆者，然就一般人言，则常混杂各类，无甚偏颇。有以视听二觉混合一处者，有以视觉与运动觉混合一处者，又有以听觉与运动觉混合一处者，殊不一致也。

（二）关于智力及所用方法之差别

智力与记忆，本有至切之关系。据近代各教育心理学家之调查与实验，知记忆之好坏，与其智力有极高之相关度。一校之中，成绩较优之学生，其智力亦常甚高。智力较高之学生，其记忆保存之力亦甚强固。盖智力中所含最要之成分，为理解与记忆，普通智力较低之人，学习一种材料时，不能分别要点，了解大意，只凭机械的记忆方法。智力高者，则能分析动境，选择要点，以理解的方法记忆之，故其结果，迥然不同也。

（三）关于年龄及两性之差别

记忆力之不同，最明显者，为年龄之差别。吾人有记忆力，虽属甚早，然能记得三岁以前之经验者殊少，故研究记忆之发展，当自二岁始。三岁以后，逐渐发达，至十三岁进步最速，Hall 称此时为记忆之黄金时代。十六岁后，进步渐缓，二十至二十五岁之时，则达于极点，此后则无大变化。及五十岁时，复渐渐降低，以图表之如下：

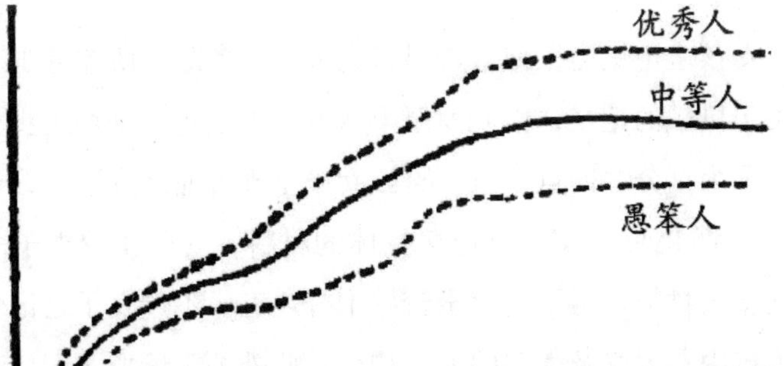

以幼年与成人比较：则成人因知识较高，观念复杂，易于彼此联络，构成新的经验，故理解的记忆及暂时的保存能力较幼年为强。儿童脑如白纸，观念缺乏，一有印象，立即保存，永久不易忘失，故其机械的记忆，及持久的保存能力，较成人为大也。再就一生之各时期言，记忆能力之发展，亦因时期之不同而有异。大约九岁以前听觉之记忆力强。九岁以后，视觉之记忆力强。十二岁以前，具体的、可见的、动的事物易于记忆。十二岁以后，因理解的能力日渐发达，对于抽象的、理论的数目、观念、色彩等，以及影响于生活上之种种事项，易于记忆。

两性间记忆之情形，在成人虽相差甚微，然在幼儿时殊形显著。大抵无论理解的记忆或机械的记忆，女孩均较男孩为佳，如下图所示：

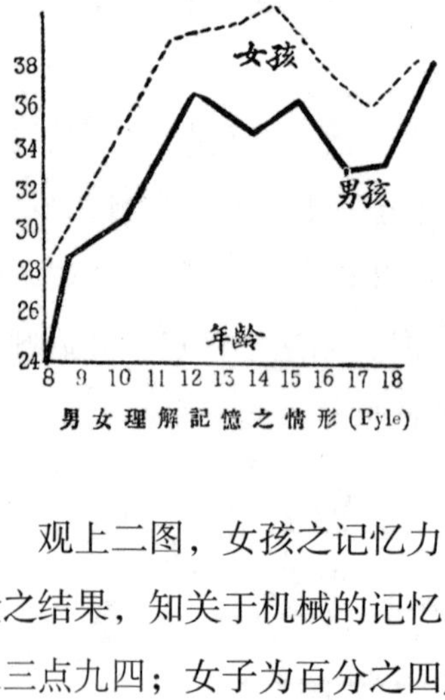

男女理解記憶之情形 (Pyle)

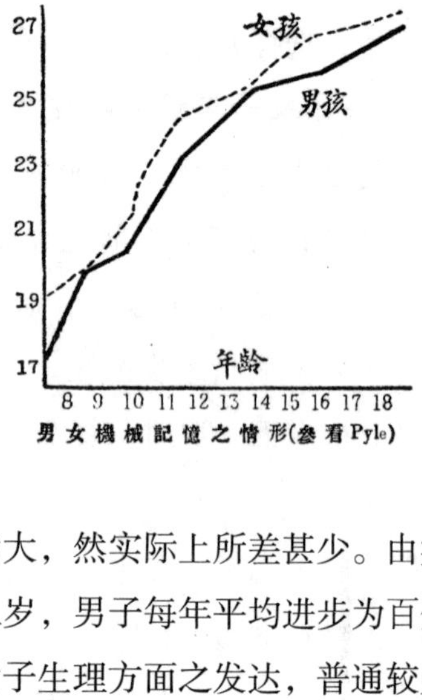

男女機械記憶之情形(參看Pyle)

观上二图，女孩之记忆力，似常较男孩为大，然实际上所差甚少。由实验之结果，知关于机械的记忆，由九岁至十八岁，男子每年平均进步为百分之三点九四；女子为百分之四点零三，是因女子生理方面之发达，普通较男子为早之故也。又据Pyle之实验，记忆具体的材料，女子比较男子多记十分之三。记忆抽象的材料，男子比女子较好十分之五。不过女子之记忆，较之一般男子略为集中，太好及太差的人数均少。此外关于情意之记忆，愉快之记忆，女子亦较男子为早。大约十一岁即已发展，至青春期为最盛。

（四）关于心理变态之差别

以前所述之各种差异，乃就普通常态之人而言。兹再就变态心理方面观察之，有许多记忆之现象，殊觉有趣：

（A）睡游（Somnambulism）

吾人对于某种事件或观念，在日间苦思不得者，往往于睡梦中不知不觉，完全忆起。且其所记，甚为明晰，常能做详细之叙述。又有人当睡梦中，忽起而游行，或读书写字，做日间未竟之工作。事后询之，则莫名其妙或答以并无此事。此种变态的记忆现象，即所谓睡游也。

（B）妄忆（Paramnisia）及错觉

妄忆者，对于不相识之人，往往一见如故，甚至对于未曾读过之书，亦能背诵；未练习书法之人，竟可写字。通常以为神奇或前生学习者，即此类也。错觉者，则对于所记之事项，颠倒次序，纷乱错杂，故再现时，往往张冠李戴，生出错误。亦有将平日所幻想者，偶然发现于脑，误认为真实之经验者。

（C）骤忘（Sundenly forgeting）

吾人往往有因身体方面受一种重大之打击，而忘去其所有之经验者。Hanna 曾受高等教育，偶因颠坠伤脑，遂丧其意识，以后对其生平之经验，完全不能记忆。即本国语言文字亦茫然无知矣。Carpenter 常谓有某妇，因难产受痛甚剧，其后不特对其生产之事实不能记忆，即对其十年前结婚之情形亦毫无所知。浑浑噩噩，一返其稚女时之状态，此皆骤忘之现象也。

（D）二重人格（Double personality）

二重人格，乃起于人格之变化（alteration of personality），即一人之人格可变为绝不相同之二人。有时为甲有时为乙。为甲时则对于乙所有之经验人格，完全忘记。为乙时，则对于甲所有之经验人格，完全忘记。

（E）下意识之再现（Recall from subconsciousness）

吾人自有生以来，所得经验，不知凡几，而能明了记忆者，寥如晨星。通常均以为不能认识之部分，均已忘却，实际上俱存于下意识中。惟贮存既深，出露自难，故非有重大之刺激（如各种变态心理之病症）及适当之方法诱导之，不易再现也。心理上有变态及患癫痫各种精神病者，往往对于幼年所做之事能详记无误，即属于此类。作者亦常以催眠术施于青年学生，至深眠之状态，询以以前所读之书及所游之地方，均能一一背述不误。逮醒后询之，则瞠目无知。俟再经反复之暗示后，虽偶有所记及者，然仍不如被催眠时所言之详细，是因催眠后显意识之活动停止，下意识之活动较烈，故能记忆以前之一切经验也。

此外如患 Hysteria 失眠症、神经衰弱症，以及因恋爱或其他情绪之剧烈刺激而罹心理变态之疾，不能记其病源致束手莫治者，均可用催眠术、析心术，或用看镜术（Crystalgazing）、自动书写法（Automatic Writing），及联念法（Association Method）等使其记忆回复，详述病源，而与以适当之治疗也。然吾人心理，何以发生变态而有种种奇异之遗忘与记忆之现象？此有二种解释：一说以为是普通智力之一种，故痴傻者之记忆力，远不及常人。至于脑部之震动或受击，更足以使其记忆力失常态，此根据生理方面之说法也。又有根据心理方面而言者，以为吾人之欲望无穷，而能以满足此欲之机会有限，其因社会之压迫，礼教之束缚，而不能自由满足之欲望，均抑制之，使深藏于下意识中。一旦精神衰弱，失其统一之力，则此被压之欲望，群起革命，推翻意识而独立活动。如是则意识中所记者，反不能记忆；而意识中所不记忆者，反能记忆矣。又若狙伏于下意识中之二种欲望势力均等，则互相争雄，此起彼伏，而人格上遂发生变化矣。

七、结　论

关于记忆之各种问题，以前所述，已略完备。兹讨论者，即吾人之记忆能力，是先天的抑后天的？如系先天，则与生俱来，固定不变。如为后天，则可依学习环境之不同，记忆方法之巧拙，而使之有所变更。故此处所欲论者，即记忆之能力可否依人工之训练而变更之问题也。此问题又可析而为二：一为记忆之本身，一为记忆之效果。就记忆之本身言：记忆乃普通智力之一种，智力为与生俱来，不能改变，故记忆之能力，亦固定而不能改变。且个人间记忆力差别之大，亦正如智愚间之判若霄壤也。希腊雅典之市民为数不下二万，而 Themistoclas 将军能一一道其姓名，痴傻之人，询其姓名、年岁亦往往不能明告。此均可证明记忆能力之本身，天生即然，绝难改变也。再就记忆效果言：则可依记忆方法之巧拙，而变更之。盖记忆为学习之一种，任何学习，均不能无记忆。由教育心理家之实验与研究，知学会任何技能或材料后，对于学习他种技能或材料，均可依训练转移之原则，而有相当之帮助。所谓训练转移者，即两种学习之材料与方法，若有相同或相似之要素时，则学习甲种后，对于学习乙种有相当之帮助。据此则记忆之效果，亦可因各种学习与训练之效力而改变之。即吾人当记忆一种材料，娴熟之后，再记他种材料，则前次记忆时所用之方法与态度，均可移来以作帮助，故此亦可称为记忆之转移。唯所转移分量多寡之不同，亦视学习转移之情形，及材料而异。据 James 试验一种诗节之记忆，对于他种诗节之记忆，似无甚帮助。Meumann 及 Ebert 试验无意义之字音之记忆，转移于数目、字母、单字、诗句之记忆者，约百分之二十二。Winch 试验记忆诗之转移于历史散文者，约百分之十。Fracker 试验音度之记忆，转移于相似之刺激者，有百分之十六。转移于相异之刺激者，有百分之三。Sleight 试验诗表、散文之记忆转移于日期字者，约百分之四。由各家实验之结果，吾人可知对于记忆任何材料，受过相当之训练后，其方法、习惯、态度、心情、注意等，均有移于记忆他种材料之可能。且通常记忆之能力，每因环境之不良，方法之不善，遂致虚靡时间，耗费精力，而结果则原有之记忆能力，实未能尽量发挥。故无论何人，欲使记忆易而保存久，再现速而再认确，则对于记忆之训练，不可忽视也。

参考书目

James: *Principles of Psychology* (pp. 643–689)

Woodworth: *Psychology* (pp. 332–363)

Hunter: *General Psychology* (pp. 311–337)

Pillsburry: *The Fundamentals of Psychology* (pp. 345–385)

Pillsburry: *Essentials of Psychology* (pp. 188–212)

Starch: *Educational Psychology* (Chs. 11,12,13,14)

Pyle: *The Psychology of Learning* (Chs. 3–7)

Gates: *Psychology for Students of Education* (ch. 10,11,12)

Ladd and Woodworth: *Elements of Physiological Psychology* (ch. 8)

Titchener: *An Outline of Psychology* (ch. 11)

Freud: *Psychology of Everyday Life* (Chs. 1–4)

Hingley: *Psychoanalysis* (pp. 57–96)

Tansley: *New Psychology* (Parts Ⅱ, Ⅳ)

三浦藤编《心理学大集成》(pp. 545–600)

自我之研究*

一、自我是什么

从历史上看来，自我之论调，起源甚早。亚里士多德（Aristotle）常以为人类最高之善，在能使理性的灵魂（Rational Soul）圆满实现，这种理性的灵魂，便是他所认识的自我（Ego）。继亚氏而起者，有康德、菲希特、海格尔诸人，他们对于自我都看得很重要；而英之伦理学家格林（Green）在他所著的《伦理学绪论》（*An Introduction to Ethics*）中，对于自我，尤多发挥。但他们多半是拿形而上学的眼光去看他，所以把自我往往认为是一种“抽象的概念”或“神秘的理想”。近代心理学家，对于这种观念虽极谋打破，但仍有人认自我为一种统御全心之“力”（Force）。冯德（Wundt）所说的统觉（Apperception）即含此意。

吾们现在所谈的“自我”不是心理学家所说的“力”，也非哲学家所

* 原载于《教育季刊》1930 年第 1 卷第 2 期。——编者

说的“抽象的观念或超越的理想”，乃是一种“谐和而有系统的组织”。此种组织，可由生理、心理、社会各方面的观察来证明之。

自生理方面观察之，所谓自我者，乃由许多微小细胞（Cells），互相结合成为各种组织（Tissues），由各种组织集合成为各种器官（Organs），由各种器官联合而成各种系统（System），再由各种系统之互相联合，组成一种能活动、能生长、能生育之有机体，此有机体，即所谓生理的自我。富敦（Fordon）说：“自我实现乃是神经细胞有系统的结合，各种良知，则是由细胞合作之结果；所以在人们中之‘我’，是神经系合作之表现，而此神经系由许多个体结合而成。”由氏之说亦足以证明生理上之人格，是一种有系统之组织。如耳聋目瞽、缺手短足或神经损坏，生理上的基础不健全时，则呈残废、癫痴之病象，生理的人格既已破裂，故不能称为完全的自我。

自心理方面观察之，所谓完全的自我，乃是各种健全的心理活动所组成的一种调和统一的心理状态。旧式心理学者尝分人心之活动为知、情、意的三方面（人心之活动果能如此分否，抑只此三方面否，暂置不论），姑就此三方面言之，必使此三种心能之作用，在吾人日常生活中，彼此融洽，不相冲突，各保其适当之位置，不使任何一种心能，操纵把持；此种谐和而有组织之心理的机能，即华梯（White）所谓心理上的完全自我，且由此谐和的心理所表出之动作，颇称适当，在伦理方面有高尚之价值。不然，任情意之冲动，则心理上发生变态，神经错乱，呈二重或多重人格之病象；如是者，不得谓为心理上的完全自我。

又自社会方面而观察之，所谓自我者，乃以个人的原性（Original Nature）为经，社会的环境为纬，彼此交错，互相影响后所成的一种复杂组织。环境不同，组织不同，故自我的内容亦异；所形成的人格，亦各自不同。吾之一身，在同一时间内，对家庭则有父子兄弟夫妇之关系；对社会则有亲戚朋友师弟之关系；对某团体言，则为其中一分子；对于国家言，则为其中一公民。由是知所谓自我者，实各种复杂的社会关系纵横交错所成的焦点。自我之存在，亦全赖此关系中许多他我之维系。他我消失一部，即自我之组织减少一部。设他我完全消失，则与社会的关系完全解除；既脱离社会之关系，则自我亦不能孑然独存。世人当父母逝世，妻子离散或无亲无友，颠连无告之时，往往自寻短见，痛不欲生者，即缘于此。

二、自我之特性

由前所言，吾人知自我乃一种特异的组织。此种组织，由环境之不同，虽有所差异；然差异之中，又有所同。故凡自我均含有下列的六种特性。兹依次述之：

（一）自我是有特异的志趣的（Unigue Interest ）

这种特质，即个人独有之兴趣与他人绝对不相同者。宇内众生，何啻亿兆；然欲求性绝情对相同之二人，殊不可得。“人性不同，各如其面”一语，颇足以表示此种性质。

（二）自我是有确定的内性的（Certain Inwordness ）

各人内部，均含有一种不可移易的坚强性质，恰如植物种子，将来发育后，必与其母植物完全相似。种瓜不能得豆，种豆不能得瓜，这是植物的内性使然。人类内性的难于改变，也是如此。俗谚说：“江山可改，本性难移”，亦即此意。

（三）自我是延存的（Persists）

所谓自我，自心理方面观之，固属变动不息的一种心理历程；然并非片段孤立或忽行忽止的，乃具有永久延存之一贯的性质。人类之经验，由幼而壮，由壮而老，以至于死，在其人格上所以能连不断而不呈破碎支离之现象者，端赖有此种特质。

（四）自我是活动的（Active）

自我非静止的和固定的，实具有一种活动之特性。有此性质，故对其所处之环境中各种刺激，随时均能起一种活动的反应；吸收各种新鲜的材料以组织更丰富更完全的自我。

（五）自我是自觉的（Knows Itself）

所谓自觉者，即云自我能以主观的我（I）去认识客观的我（Me）的存在。主我是能觉的，或称为“纯粹的自我”（Puro Ego）。客我是所觉的，或称为“经验的自我”（Emperical Ego）。总之，凡自我都含有“自觉的意识”（Self-Consciousness）。因此人们才能了解他们在社会中之地位及别人对他们的影响。

（六）自我是个别的（Individual）

自我既是个别的个体，故具有“自主”（Self-determination）及“自表”（Self-expresion）的两种作用。所谓自主，即自己主张自己的事情，不用别人来干涉；所谓自表者，即自己发表自己的意见，不受别人的暗示或抑制。此种特质，在开会及讨论问题时，表现得十分明显。

自我所含的重要性质，大概不出上述六种，兹再论自我之种类。

三、自我之类别

关于自我之分类，可举美国心理学家詹姆斯（James）及社会学家罗士（Ross）的分法以说明之。詹氏依自我所欲求的对象之不同，以估量其价值之各异。遂分自我为物质的、社会的及精神的三大类。兹分述于下：

（1）物质的自我（Material Self）

仅以物质的自我为我者，往往专注意于身体的嗜欲与本能的寻求，此等自我养成之后，每每爱修饰，喜奢华，乐贪得，恋家庭；其心中所常估计者，不过个人之虚荣与得失耳。故专营物质的自我者，其生活恒狭隘而粗鄙。

（2）社会的自我（Social Self）

仅以此种自我为我者，乐交游，好竞争，爱恶情盛，求荣念切，常欲得人之注意及赞赏。其所估计者，为社会家庭之尊荣，其所表自现者，为高傲、谦和以及谄富骄贫等态度。然此种我除物质的自我而外，且知好名求誉而兼注意到社会的方面，是较前者已有进步。

（3）精神的自我（Spiritual Self）

此种自我以精神的信仰为自我之中心，专求知识的、道德的、宗教的高尚愿望之满足，以及良心上之安慰。故较之前述二者均为进步，养成此种自我者，常估计心理的、道德的、高洁的自觉及卑贱的或罪恶的感觉。且有此种自我者，常具一种克己的勇气与牺牲的精神。孔孟所说的“杀身成仁”，基督、释迦所倡的“舍身救世”，亦无非欲实现此种精神而已。

罗士的分法，是以人与人间关系之范围的广狭为根据，故与詹姆斯的分法略有不同。氏在他所著《社会学原理》的社会化之一章中曾分自我为五类：

（1）圆式的自我（Sphrical Self）

这种自我，是就那仅与其四周邻居之人发生关系而与他人无所接触者而言，其自我之范围甚为狭小。

（2）直线的自我（Linear Self）

蛰居家庭，不乐与人交往者，其所接触之人，无非父母兄弟妻子孙侄之流。故其自我，成一直线之形式。

（3）平面式的自我（Flat Self）

此类自我，乃就其所接触之人，仅限于社会上某一阶级或某一部分而言。

（4）血脉式的自我（Vein Self）

具此自我者，其与他人发生之关系只限于同行或同业之间，如工人之活动，不出工界，商人之活动，不出商界者是。

（5）星式的自我（Star Self）

此种自我，有若星光，放射甚广，四面八方之人，均能接触。此为理想的自我，吾人所应具有的自我，便是这种。

四、自我之认识

前言自我均有自觉意识之特性，此种特性，即为认识自我之张本。但主我（I）之认识，比较客我（Me）的认识为难。因为主我是充分表现意志的东西，是客我活动的源泉，是生命发展的根本，故非在丰富的经验与学问的修养里面，经过一番深刻的反省工夫时，不易认识。孔子谓“三十而立”，就是30岁时始能认识其真正的主我而卓然有所树立。由此可见认识主我，是件很不容易的事情。至于客我，按照詹姆斯的说法，有物质的，社会的，精神的三种，这三种却都是由意志之活动中产生出来的，所以认识客我，不必一定经过反省的程序。只要用感觉的活动，知觉的经验，去比较对勘（Contrast）就可以逐渐地由认识物质的我，社会的我进而至于精神的我之认识。

初生婴儿，不知有物，亦不知有己，是为原始的物我合一状态。两岁以后，心身渐渐发展，遂有种种之活动，偶与事物接触，便借感觉以试识别。手触火而觉痛，然后知手属于我。足踢物而碰伤，然后知足属于我。推而至于头腹皮肌，均须与外物接触后，始能知全身之皆属于我。进而认识所用之器具，所着之衣服，以及近在身旁，时时接触之父母兄弟亲戚朋友等，均是属于我的。由是而进，则自我之范围日渐扩广。再进而投身社会，或做职业之活动，或做学问之研求，得与社会上各种形色不同之人互相接触，此时自我的认识，格外清楚，自我的内容，也益发充实。因为完全的自我，必须在社会中始可养成。若与人少接触，则自我之内容空虚，不能有所发展；若完全与世隔绝，则自我意识，便要无形消灭。所以鲍德文（Boldwin）说："儿童的自我感觉，若不受他人暗示的变化，则人格的发展完全不可能。所以儿童的自我无论何时，实有一部分是别人的。"至于成人对于自我的认识，也全凭社会上的人对待我们的态度。柯里（Cooley）说："我们在镜中看我们的容貌、姿态、服装；我们在他人的心中，看我们的态度、目的、事业、品性、友谊等"，也是这个意思。因此我们知道社会不仅仅给我们以许多的材料，以组成我们的自我的内容；并且时时刻刻的刺激我们，使我们自觉我们自我内容之缺乏，组织之不完，而努力地去求充实，求丰富，为日新又新的重新组织，做继续不断的扩大与创造。逮其扩大达于极度时，同情心亦与之同其范围，不仅能忧人之忧，乐人之乐，即宇内一草一石之微，亦足以引起其爱护之情。阴明子所谓"与天地万物为一体"，亦即此等境界。在此境界，则觉宇宙与我，浑然不分，宇宙内事，即己分内事，己分内事，亦即宇宙内事，绝不会有自私自利之念。同时也觉得所谓我者，乃无量数的他我中之存在，此无量数之他我亦无非我之自我扩大后精神上所生之感想；且在此自我之中亦含有国家世界，并非孤立独存的抽象个体而已。此种境界，即所谓进步的物我合一状态，吾人欲认识真正的自我，当在此境界中去寻求。

五、自我之实现

吾人对于自我，既能有充分的认识，则当进一步求自我之实现，然欲求自我之圆满实现，唯今后之社会中能之，因为在原始社会中，人类之一切思想行动，均受社会上遗风遗俗之拘束与裁制，偶有违背风俗之处，即被逐于群外。此时个人之个性完全汩没，自我之自觉意识亦殊不明显。其后社会日渐进化，旧有之风俗习惯，不足以拘束人心，维持治安；个人对之，始生怀疑。从此自我之观念日渐明晰，自我之特性，亦渐发展。欧洲希腊时代，哲士（Sophists）辈出，大抵以个人为万事万物之衡（Man is the measure of all things）；中国先秦时代之诸子百家，亦各就所见，倡为学派；此种自我之发现，个性之发展，亦全为对旧社会发生怀疑之结果。至于今日，个人对社会上之发明创造，贡献甚巨；所以社会上对于自我之自由与发展，亦异常重视；个人在社会上所占之位置，亦因之增高。故余谓欲谋自我之圆满实现，惟今后之社会中能之。惟前言自我有许多种类，吾人究当实现何种自我？即当以何种自我为点？何种自我为归宿？其实现之范围又如何？此皆实现自我前之重要问题。前言自我有主我客我之别，主我又为生命的根源，属于意志方面的东西，所以不得不求诸客我之实现了。客我既有物质、社会、精神的三种，故实现时当三者并重，互相调剂，不当偏于某一方面。至实现时之程序，则当以物质的自我作出发点，精神的自我作最后之归宿。就今日之世界观察之，人类合理的生活，实不外个人、社会、宇宙之三方面，此三方面当使之调和并进，不当有畸形之发展。专为个人之生活而活动，固可以得到个人之真，然此种生活，往往与世隔绝，易陷于沉闷孤僻；且人之一生，并非仅为个体之保存衣食之征逐而已，故侧重个人者非完全的生活。专为社会活动而牺牲一切者，固可以得到社会之善；然好名念炽，则易忘却自身之重要，宇宙之广大，亦不得称为完全的人生。他如为主义而活动，为信仰而牺牲，以及为学问而学问者，固可以得到宇宙之美；然若抛弃物质生活之个体，社会生活之关系而专求精神等安慰，亦不能谓为完全的生活。以上所述不完全的生活，即不完全的自我，不完全的自我非吾人所应当实现的自我。故自我之实现在“生活”方面言之，当将个人之生活，社会之生活，宇宙之生活三者并重，以求得个人之真、社会之善、宇宙之美。在“自我”方面言，当使物质的我、精神的我、社会的我三者平行并进，互相调和，始得谓为完全的自我。始能以与天地万物为一体，成浑然进步的物我合一状态。罗士所谓星式的自我实现之结果，亦不过如是而已。

参考书目

White and Mc Beath; The Moral Self

Adamson: *The Individual and Environment*

Ross: *Social Psychology,* Chapter6

Mc Daugall: *Social Psychology*, Chapter7

Mezes: *Eithes Descripteve and Explanatory*,Chapter 15

James: *Principles of Psychology*,Vol. 1,Chapter. 10

Dewey: *Human Nature and Conduct*（pp. 131−146,pp. 314−332）

社会化教学法之研究*

一、社会化教学法产生之原因

任何新方法之产生，均有其浓厚之背景，绝非偶然或凭空而来。此种背景，析而言之，有两方面：一为当时之人，对于旧有方法，感觉不满，而有新方法产生之要求。一为当时社会上新学说新思潮之影响，使旧方法根本动摇，不能不有所变更，以适应新潮。社会化教学法之产生，其理由亦如是。

先就社会需要方面言之，当社会化教学法未产生以前，一般教师在课堂中所用之方法，除注入式讲演式而外，虽有复述及问答之各种方法；然此类方法，殊感孤独，唯特不能使学生与学生间互相联络，得切磋琢磨之益。即教师与学生之间亦不过形式上之呼应，精神上殊少联合。此种教法，流弊甚多，兹分述如下：

---

* 原载于《新西北》1932年第1卷。——编者

（一）每日复述之学生，只少数优良儿童，其余大多数儿童，无事可做，心理上不起作用。结果一班程度，轩轾过甚，教学上益感不便。

（二）课堂内之活动，既限于少数人之机械复述，则无分工合作共同活动之均等机会。结果大多数儿童，对功课不负责任，而少数优儿，得以垄断把持，养成自私自利，骄己傲人之恶习。

（三）逐日均行此形式的复述问答，不特学生干燥无味，即教师亦感觉厌倦，持敷衍了事之态度。

（四）既无分工合作之机会，则学生之好群本能无从发展。且以为读书不过为应酬教师之考问，苟可敷衍躲避，则不必用力钻研。

（五）孤独教学下之学生，其优者亦不过为教师之留声机，将教师所言，重述一遍，自己毫无求学之动机与目的。结果思想不能自由，个性日益汩没，所谓创造能力，更无由养成。

孤独教学之弊，既如此其大；故一般从事教育者，均感不满，思有以革新或补救之。此为社会化教学法产生之第一原因。

次就教育思想方面言之，自实用主义大倡以来，教育学说，为之一变。一般教育家均以为学校应与社会联络，教育应与实际之生活接近。如杜威者，更主张学校即社会，教育即生活。儿童在学校内之一切活动，即社会中各种活动之雏形也。欲实现此种教育理想，则学校之组织，不能不改变，而教学之方法尤须根本改革，此为社会化教学法产生之第二原因。

此外如近代心理学家、教育心理学家，对于个性发展之重视，群性发展之提倡，以及自动学习，由行求知，种种原理之发现，均为促进社会化教学法产生之重要原因。

二、社会化教学法之意义及其实施之步骤

社会化教学法英文为 The Socialized Recitation，若直译其意，亦可称

为社会化的复述。在未申说社会化的复述以前先将“社会化”及“复述”之二词略为解释：

（一）何谓社会化（Socialization）?

所谓社会化者，即是创造或发展一种感情，用以维系群内的分子，使成一整个的单位。在此群内之任何个体均视自己为群之一部，能为群牺牲、奋斗、努力、负责任。能与群同动机、同兴趣，做同样之活动，以达共同之目的。[①]

（二）何谓复述（Recitation）?

所谓复述者，即儿童在教师及同学面前，将课堂内教师所讲述之事项及从书本中所授与之知识，重述一次之谓也。

（三）何谓社会化的教学法?

社会化及复述之二词，既已明了，则在社会化教学法之意义，亦可悉其梗概矣。盖所谓社会化的教学者，即是根据社会组织之原则，利用各种会议及讨论之形式，以社会的空气，刺激学生，使本其互助合作之精神，同心努力，以解决其共同选定之有价值的问题。兹将其实际施行时之各种步骤胪述于下：

（A）提出问题

每次研究之问题，或由学生自己提出，经过同学及教师之认可，或由教师提出，经学生赞成。但所提出之问题，要以能刺激学生之学习动机及研究兴味者为适宜。

（B）指示纲要

问题决定之后，即将该问题之大纲及进行程序，指示学生，使各就其能力、程度，分别研究各部分之小问题。

（C）指示取材及研究之方法

---

① 见 Robbins：*The Socialized Recitation* ，p. 13。

分工妥当，则由教者指定担任各小问题者所应参考之各种书籍，使各自搜集材料。并告以研究各小问题时应注意之要点，及研究之方法。

（D）研究后之讨论

学生对其所搜集之材料，经过充分之研究后，则做成报告或笔记，然后集会将各人研究所得提出共同讨论，以求解决。唯当讨论时有数点应特别注意者：

（1）教室内应有社会的背景（Social Setting）。学生座位，可排列为半圆形，教师坐于中心。人多时可列为缺一边之正方形，教师居于缺口之处。如此，则不仅学生与教师接近，讨论便宜。即学生与学生间亦因对面而坐，感情易于联络，兴味特别浓厚。兹绘图于下：

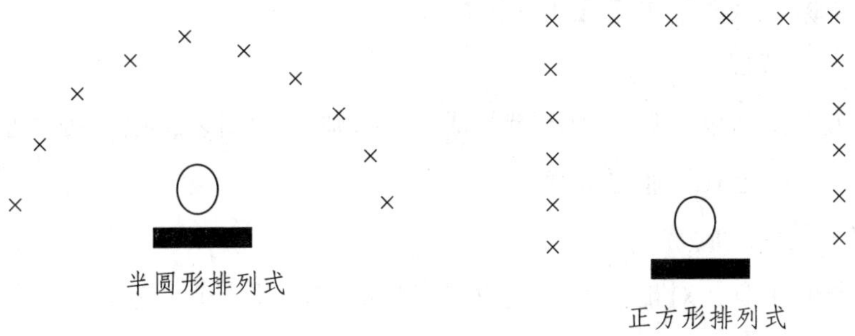

× 代表学生之座位；○代表教师之座位；■代表黑板

（2）讨论之材料当适于学生之需要而有兴趣，不宜过难或过易。过难，则学生能力不足，教师必枉费许多讲解；过易则学生一目了然，无讨论之价值。

（3）讨论时教者当引起学生之动机，使能自由思想，利用过去经验以解决目前之问题。其材料亦不应只限于由参考书中所得来者。

（4）讨论当时重精神，不重形式。每个人均应有讨论之机会，均应对群内有所贡献。而讨论之态度，亦应和善，不宜故意吹求，至成无意义之争辩。

（5）讨论时主席、书记之职务与处理教具、分配用品、布置教室，以及报到点名诸事项，均应由学生自己轮流充任之。

（6）讨论之前，先使一二人报告此问题重要之点及大概情形，以引起全体之注意。然后依问题之重要与次要，分别讨论之。

（E）讨论后之组织与批评

问题之各部，经过详细之讨论后，遂使二三学生组织之。问题繁难时，可由优等生组织，组织后再由学生共同批评其结果，以估计其价值。

（F）最后之整理

学生组织之后，有不完全之处，再由教师整理修补，使成有系统、有价值之知识，以便学生之应用与记忆。

（G）记载成绩

每次工作结束之后，当记录其成绩，或画各种图表，以考查进步曲线之情形，而推定其作业之效率。

（H）最后之欣赏

使个个儿童，对最后所得之成绩，均能了解其价值，欣赏其内容，因此次满足之感觉，引起其以后对于作业之兴味与努力。

三、社会化教学法之组织

关于社会化教学法之组织，可就其原理及形式之两方面，分别讨论之。

（一）社会化教学法组织之根本原则

（1）组织之程序应适合于动境之需要

社会上任何组织，均有其特殊之需要与目的在。苟不能达到其目的或适合其需要，则此种组织必无存在之价值。社会化教学之组织，理亦如是。为教师者，苟徒袭形式，而不顾及学生之需要教材之性质，以及所欲达到之目的，则此种组织，亦不能有良好之结果。故社会化教学组织之最要原理，即在能适合于动境之需要。

（2）组织宜简单

社会化教学之所以有各种组织者，原为教学及讨论上之便宜。苟能适应需要，则组织之形式，职员之分配，均以简单为宜。

（3）组织宜自然

此种教学，原为使儿童自由作业，对团体有所贡献，故组织宜自然，使儿童能自由发展其个性。但所谓自由者，乃指不勉强不压迫而言，非无秩序，无目的，随意乱动，时作时辍之谓也。

（4）组织应多合作之机会

此种教学之目的，在养成儿童互助之精神，故组织时当有充分合作之机会，使团体中之任何儿童，均有机会为领袖，为随从，为批评者，为被批评者，表示自己意见，赞赏他人工作，以及为群计划方法，为群搜集材料之种种活动，如此则教学之利益，庶不致为少数优等儿童所独享矣。

（5）组织中之教师

社会化教学中之教师，在一方面言，可云是一旁观者，无事可做。在他方面言之，则实为学习成败之枢纽诚不可须臾离也。盖当学生工作时，教者在旁，虽无显明之帮助，而兴味之鼓助，观念之暗示，合作空气之维持，间接影响于儿童作业之完成者甚大。故在任何社会化教学组织中之教师，必使其学生无形中能以感觉其全级工作之成败利害，乃属于彼等的，应由彼等共负责任，努力以完成之也。

（二）社会化教学法组织之形式

实施社会化教学时，所取之组织形式，由无组织之合作团，以至于模仿各种复杂之政治组织，其间形式之繁多，不胜枚举。兹为便利起见，分为下列三级：

（1）无定式之合作团（The Informal Group）

此种组织，颇称简易，形式亦不固定，由幼稚园以至于大学，凡属练习的工作（Drill work）均可采行。如计数游戏、拼字练习、朗读等工作，均可由学生自由选择一部，共同练习，互相纠正，以增进其速率及确度。

（2）制度式之合作团（The Institutionalized Group）

此种组织，系模仿社会上之各种制度形式，及成人生活中之各种团体。如国会、议会、市会、法庭、戏剧社、文学会之类是。然所谓模仿者，非仅袭取形式之谓也。盖释当仿动一种制度时，必先具有努力合作之动关；然后详究此制度之组织，及进行之方法。次则分担职务，训练技能，各个人轮流担任各项之工作，以得到新的知识与技能，面所仿之制度，亦因其需要之不同而随时更新。故只就外形言，洵为制度之模仿。然详审其组织之内容，做工之精节，实富有教育之意味。

（3）自己指导式之合作团（The Self-directing Group）

此种形式之组织，并不模仿社会上任何固定制度之形式；乃由学生自己想定计划，组织适宜之合作团体，以满足其需要。故非富于兴趣，热心作业，而智慧很高之学生弗可胜任也。

关于社会化教学法组织之形式，既如上述。然在每种形式之中，教师与学生，均有适当之活动。兹列表如下，以便对阅。①

组织之类别	组织之形式	学生方面之活动	教师方面之活动
无定式之合作团	无定形	选择活动，与他人合作以实现其公共之目的。互相帮助以得到知识纯熟技能。	工作之选择及指定。以暗示刺激工作。供给适宜活动之机会。使学生对其工作及计划有“我们的”之感觉。

① *The Socialized Recitation*, p. 42, “Tabular View of Essentials in organizing”.

续表

制度式之合作团	模仿社会制度，及成人之团体。如国会、议会、市会、法庭、戏剧社、文学会等。	研究组织之详情。选举职员。依照每个人之习务同心努力在课堂内实行工作。	为工作指定及选择之指导者。以暗示帮助学生，使善用方法，得到结果。对于社会化教学法之技能及教材问题须深有研究。
自己指导式之合作团	变化组织以适应其需要。自己指导，分工，组织材料，判断结果，记录成绩，度量进步等。	研究必须要作之事项。审计派人担任一定之职务以适应其需要之问题。选举职员。制定规律。平分工作，及计划工作之范围。举行已规定的各职员之各项应作之职务。	与制度式之合作团相同，惟学生依靠教员之处甚少。

四、社会化教学法之目的

学校中教学之目的，非仅为造就与社会无关之个人。即就发展个人方面而言，亦不仅为知识之授与，技能之获得，对于工作时之态度、习惯、理想、观念等，亦当注意养成之。而在共同作业时，对待他人之态度、行为、观念等更为重要。为教师者，苟不对于此点特别注意以养成之，则虽用社会化之教学法教学，亦不能得其利益。兹将施行社会化教学时，所应达到之各种目的，胪述于下：

（一）满足学生社会本能（Social instinct）之要求。人为社会动物，故群性特别发达。苟索居独处，不与他人往来，则生活顿感不快，几失人生之兴趣。当儿童时期，社会本能，发展尤甚。无论游戏、工作，任何活动，均乐与人相共。社会化教学法之目的，即在能使儿童共同合作，满足此种本能的要求。

（二）使学生均有讨论之机会，以发展其个性，养成其自由发表意见之能力。国家之发展，固有赖于国民之能共同努力，然若努力之各分子，其本身不甚健全，则亦无大效果。故就此点言，则八个[1]之重要，个性之必需可知矣。社会化教学中之所以互相讨论，轮流执务，即完成此种目的也。

（三）使学生对于工作发生特别兴趣，能以自动的解决问题，并有继续研究之态度。

（四）养成互助合作的精神，能牺牲自己，为团体有所贡献。

（五）使儿童互相讨论，交换意见，对于所学的教材容易明白记忆及应用。

（六）养成儿童之创造精神为参与将来大的社会活动之预备。在社会化教学下之儿童，不受任何压迫，故能自动地工作，自由地思想，养成创造能力。将来在社会活动中遇有困难问题，亦可以此种能力解决之。

（七）供给发展儿童品性之要素。吾人之品性，乃系与他人互相往来，彼此反映之结果，绝非个人单独活动之产物。社会化教学法即供给发展品性之各种元素。如工作时对他人之好意，尊重他人之意见，为群体勤恳服务，对群体共同负责，批评他人，受他人之批评，以及热心从事有价值之工作等。

（八）间接地养成儿童组织选择、发展、读书的各种能力。

五、实施社会化教学法时之教师

教师在教学上所占地位之重要，及其与教学成败关系之密切，无论何人，均不能否认，是因任何新颖善良之方法，必待教者之富有经验学识，

① 指施行社会化教学的八个步骤。——编者

善于控制指导，方能有良好之效果可睹也。反是，若教者学识浅陋，经验缺乏，运用不得其宜，指导不合其法，非特无效果之可言，将见弊窦丛生，良法亦遭摒弃。社会化教学中教师之重要，前在社会化教学之组织中，已略言及，此处更就教师之地位、责任，及学术修养方面，为详细之讨论。

（一）教师之位置及责任方面

（1）教师为学生中之一员处于旁观者的地位以备学生之顾问

在社会化之教学中，活动之中心为儿童，对一问题，自由搜集材料，研究、讨论以求解决。故为教师者不应以教师的态度妄加干涉，使其活动不能自由。然儿童之知识经验，均甚浅薄，每遇疑难，多好发问，故教师当常在其旁，以备咨询。

（2）教师为一工作之评判者

学生工作之结果，往往不能自知其价值，及进步之情形。为教师者，当此时机，若不能予以确切之评判，使儿童欣赏其工作之结果；则对于以后继续工作时之努力与兴趣殊多妨碍。且评判之范围亦不仅限于工作之结果。他如学生工作时之方法与行动，均应随时批评，使之改正，以免试行错误，枉费时间。

（3）教师为一指导者

指导在旧式教学中，颇不费力，为教师者苟能开辟一路，则所有学生，均可循此路而前进，故视察指导，均易为力。社会化之教学中，分工合作，尊重儿童之个性，故其进行之途径非止一端。例如帮助学生提出研究之问题，选择适当之教材以及支配工作，督促进行，讨论结果等。其需要指导之方式，殊不一致，而为教师者亦难于应付矣。

（4）教师为一种社会化之势力（Socialized force）

社会化教学中之教师，表面上之工作，虽不如学生之多，实际上其人格之影响，心理之接触（Mental Contact），无形中之一种社会势力，足以维持教室内作业之兴趣努力。教者若不明此点，与学生任意隔离，则作之秩序不宁，精神散涣，必不能得良好之结果。

（二）教师之学术及修养方面

（1）教师当有丰富之学问与经验

前言教师为儿童之顾问及指导者，又谓儿童所发之问题，极为复杂，其需要指导者，亦极不一致。不有丰富之学问与经验又焉能应付裕如，不为所困乎？

（2）每逢讨论一问题，教者当先有充分的预备及彻底的研究，而所取之材料，均应与日常生活及国家社会有密切之关系。

（3）教师应有随机应变处理一切之技巧。暗示观念，指定课业时之语言宜少，而具有很强的刺激力量，使学生之思想能自由活动。

（4）对于优等生当善于诱导，对于中等生及劣等生，亦能给以适当之刺激，使其天赋性能，得以自由发展。

（5）教师应抛去旧日师傅之威吓面具，当热心诚恳以朋友之态度与儿童共同合作。

六、社会化教学法与其他教学方法之比较

由教学法之历史上观之，最早之教学方法，为注入式之讲演。其次，则有海尔巴脱（Herbart）之五段法，百尔格（Bergemann）之三段法，以及近代脍炙人口之问答法率分团教学等方法。然此类方法，由最近观之，其教学效率及对儿童之适应量颇微。故为多数从事教育者所漠视。其为一般教育学者所极力倡导及从事教育者所热心试行者，厥为道尔顿与设计教学之二法。兹所论的社会化之教学法，即与上述二法同时产生，其在学理上之根据，事实上之需要，亦颇相同，唯其真正之价值尚未为一般人所明了，故其试行之范围亦不及前二法之广大也。兹将三法胪列于下，互相比

较，以明其价值。

（一）道尔顿制，注重依学生之能力为个别之学习，其利益则在使儿童之个性能充分的自由发展；其弊害则在缺乏团体训练，不能与人合作，易养成自私自利不顾他人之国民。再就应用方面言，其施行之范围，亦不甚广，对于低年级儿童之学习能力薄弱者，便不适用，且当课目之性质及教法不同时，亦不能采用之。再就作业室之设备方面言则最低限度对于旧式之桌椅必须改变，在经费支绌之学校便大感困难。

（二）设计教学法注重儿童之分工合作，团体训练，固定以养成和衷共济，服务社会之公民。然惟其分工太细，儿童所得之知识每多支离琐碎，漫无统系。且少数教员因过于重视需要目前的兴味及儿童，故对于有永久价值及远大用途之材料，往往缺乏教授之机会。再就适用之范围言，亦以低年级及史地自然诸科目为宜，在中学高级学校或大学，关于使用符号之科目，亦难实行。至于设备方面，学经济宽裕之学校，不能设置各种作业之用具，供给适当之学环境也。

（三）社会化的教学法，注重儿童之自动学习，自由研究，以养成儿童之自由创造与发展能力，是有道尔顿制之长处也。同时又注重团体的训练，使儿童能互助合作，尽量的发展其社会本能，是有设计法之长处也。社会化教学法，既注重互助合作之精神，则无孤独自私与人落落寡合之弊病。社会化的教学法其取材不限于目前之需要。且每拟一种组织时，学习之先，所有学生对该组织均有详细的研究，彻底的明了，并使数学生述说进行方法之大纲。其进行之程序中，虽亦不免有分工，然其结果，由师生共同总结，组成统系，又反复批评，审定其真正之价值。如此所得之知识，乃统整而有永久价值之知识，与设计法之支离琐碎者，迥乎不同。次就应用之范围及设备方面言，社会化之教学法，由幼稚园以至于专门大学均可应用，固无限于年级之高低也。无论都市省会，穷乡僻壤，凡有学校者，莫不有书桌座椅。实行社会化之教学法时，原注重精神而不重形式。苟富有社会化之精神，多备参考应用之书籍，则依前言，将所有座位，列成环形，或缺乏一边之方形，使儿童自由作业，斯已足矣。复何说设备困难之有哉？

由以上之互比较，吾人知所谓社会化之教学法者，具有道尔顿制及设计法二者之长而无其短，实今日教学法中互最完善者也。然则应用此法教学，必能得如上所述之完之结果乎？是又不满，干将莫邪，古之良剑，武士得之，则可以杀敌致果，稚子持之，则有自杀之危。可知任何良善之工具若入于不善使用者之手，则其效果亦必不同。在之日举国患贫之中国，教育界，此种极易施行而教学效率甚大之社会化的教学法，实有积极采行之必要，惟采行之先，对于此法当有精详之研究，庶不致因鲁莽好奇致罹失败。关于讨论此种方法之书籍，中文的诚属绝无仅有，西文的就作者所知亦甚有限，尚望国内外之热心研究教育者多，所编译广为介绍也，兹篇之作，亦因参考乏书，难免挂漏。阅者若能不吝球玉，惠赐批评，不胜感盼之至！

于上海国立暨南大学

婴儿教育的重要及幼稚师范生之责任*

诸位先生，诸位同学，今天贵校长要兄弟来讲演，实在不敢当！诸位都是研究教育的，贵校长是办教育多年、经验丰富的老教育家。在教育家的面前，岂敢班门弄斧。我现在提出个小问题，同大家研究研究，只当作请教罢了！

我今天所提出的问题，便是“婴儿教育的重要及幼稚师范生之责任”。为什么我要提出这个问题？因为：（一）贵校是中国第一个创办婴儿园的学校；（二）各位多是研究幼稚教育的；（三）兄弟个人对于幼稚教育尤其是婴儿教育也很感兴趣的。所以就拿这个题目来同大家研究研究。现在分作几层来谈：

一、婴儿教育的意义

（一）何谓婴儿？

* 原载于《华侨教育》1932 年第 5 期。系作者在上海中学幼稚师范的演讲。——编者

心理学家为便于研究述说起见，把人生的发展，分为几个阶段。普通大概分作儿童、成人、壮年、老年的四个时期。儿童期，又称幼稚期，是指25岁以前。这一期内又可分出四个小期：第一期便叫作婴儿期，是就生下来到三岁的时期而言。三岁以后便叫作幼儿期。六岁以后，又叫作童年期。12岁以后，统称为青年期。所以此刻所说的婴儿："便是指在儿童期最初一段中生活发展的儿童。"换言之，"就是三岁以内，起居、饮食、语言、行动，处处都需要成人帮助的幼小儿童。"

（二）何谓婴儿教育？

婴儿的意义，既然明确，当进而问婴儿教育是什么？婴儿教育，并非是教婴儿读书、写字、算算学。教育即是生活，这些事情，和婴儿的生活，隔离太远；婴儿的生活，是吃饭（乳）、睡觉、玩耍、练习说话、练习走路等。所以婴儿的教育，"便是教他如何吃饭，教他如何睡觉，教他如何练习说话，教他如何练习走路的这些事情。"换句话说，"婴儿教育，就是教婴儿从饮食、睡眠、游戏之中学得种种健康的生活习惯；自吃饭、穿衣、脱鞋、戴帽，以至于洗脸、喝茶、大小便，都能自己照顾自己，不完全依赖成人的帮助。"这样看来，婴儿教育并非高远难行！

二、婴儿教育的重要

我们为什么要提倡婴儿教育，创办婴儿学校呢？因为婴儿教育是非常重要的。现在将它的重要就婴儿本身和教育效果的两方面来说说：

（一）就婴儿本身言

教育心理学家告诉我们，人类的天性，表现得甚早；当婴儿呱呱坠地之时，他的天性已开始表现了。我们何以知道婴儿时人的天性已经表现出来了呢？因为人类在婴儿时已会学习，这学习的事实，便可作婴儿时人类天性已开始发展的铁证。平常人对于婴儿期内儿童的学习活动全不注意，因此无形中便剥夺了婴儿应受教育的权利。许多人都为“七岁孩童子，当今入学初”的古语所迷惑；所以都深信七岁前，尤其是三岁内的婴儿，是绝不能学习什么的。这种错误观念，很深刻很普遍地印在一般人们脑膜之上；若不早为打破，婴儿教育的前途永难得到光明。要打破这种观念，须得先搜集婴儿能够学习的事实。婴儿学习的方式很多，现在我们将它列举出来：

（1）由经验学习

据盖赛尔（Gesell）的研究，初生下的婴儿，睡在床上，十分安适；将他抱起，他便啼哭。但是到两星期左右，将他抱起，他便不哭，将他放下，他便放声大哭。抱的刺激，先后都是相同的；但他的反应，却有差异。这就是说，两周内的婴儿，已经晓得抱着比睡在床上舒服些，哭的表示便可满足被抱的欲望。一月以后，当婴儿睡在床上啼哭之时，成人走近身边，他的啼哭，便立刻停止了。这便是说婴儿已经知道每逢啼哭，就有人来抱，现在既见人来，所以停哭，静待被抱。两月以后的婴儿，不必看见人来，只要听到人走来的步声，就可立刻停哭了。哭是婴儿控制成人，满足欲望的唯一武器。这种武器的使用，在生后两星期之内，他已经学会了。

瓦村（Watson）曾研究婴儿闪眼的学习，他拿一个小细的木椎，向初生婴儿的面上击去，只要不触到婴儿的眼，他的眼是绝不关闭的。最初试验的几天，定要椎触眼部，他才关闭。后来只要与睫毛接触，他的眼立刻就闭。旬日之后，只要木锥与眼接近，他的眼即闪闭。此后看见有物迎面而来，便会闪眼，防备侵入眼内。这便是说婴儿已学会闪眼了！

（2）由交替反应学习

交替反应的意思，是说最初某种刺激引起某种反应，后来当某刺激引起某反应时，与某刺激接近的别种刺激，同时呈现。经过多次的呈现之后，虽无某刺激而别种刺激也可代替某刺激而引起某反应了。例如婴儿最初只是怕大声音而不怕猫的，因为婴儿每次见猫或伸手抚猫时，或人辄作“咬”或“猫咬”的大声，惊吓婴儿，经过这样多次之后，虽无大声，婴儿一见猫，便会怕起来，这便是婴儿已由交替反应的方式学会怕猫了。据瓦村说婴儿怕狗、怕鼠、怕鬼怪、怕黑暗的一切反应，都是由这样学习得来的。又如婴儿许多愤怒的反应，也是这样学得的。婴儿本来愤怒的是身受束缚不得自由。以后因为穿衣、洗面、剃头时不小心妨碍了婴儿的自由。多次之后，婴儿每逢穿衣、洗面、剃头时，便要生气，啼哭，以至于逃避。换言之，就是对这些事情一概愤怒。

（3）由模仿学习

这种方式的学习，在婴儿是很普遍而有力的。我们常见四五个月大的婴儿，看见成人欢笑，他也笑起来；看见成人哭泣，他也啼哭起来。到了十多个月的时候，他便进而模仿成人的一切举止动作，语言腔调。

由上举的实例看来，我们可知婴儿是能学习的。不但能学习，而且学习表现得很早，在生下旬日内外，就能利用经验以学习了。最近有些医生和儿童心理学家，都认为胎儿也有学习的现象；此话如确，则人类天性之表现尚不止在呱呱坠地之时。人类的天性，不但表现得很早，而且在最初表现之时，最富于“可塑性”（Plasticity）的。可塑性的意义，正与告子所说的杞柳、湍水相似，是极容易受环境改变的。人类的天性，既然在婴儿时即已表现，而且是最易于改变的，那么婴儿期内的教育，便非常的重要了。婴儿将来要教他做怎样的人，说怎样的话，有怎样的习惯态度，都看这时候你所给与他的教育如何？他的环境里面若充满了残暴、悲哀、险诈、不勤俭、不卫生的刺激，他将来便成为凶恶、悲观、诡诈、好吃懒做、身体孱弱的无用之人。反之，如果他遇着的刺激，都是和平、快乐、忠实、勤俭、卫生的，那么，他将来就会变成个慈蔼、乐观、诚实、勤俭、康健的良好公民。幼小的婴儿，正如同熔化了的铁汁一样，注到方模里面，凝固之后，就成方形。注入圆模之中，冷了就成圆形。最初的铁汁，本来可圆可方，不过圆形已经凝固，改方便不容易。婴儿最初的习惯，如果不好，等到长大，便不易改正了。所以就婴儿本身说，婴儿期内有无教育，以及教育的好坏，与他将来人格之健全与否有关，所以婴儿教育是非常重要的。

（二）就教育的效果言

上面已经说过，婴儿教育是构成婴儿健全人格之基础，忽略了婴儿教育，一切教育都难得良好的效果。现在把各级教育的效果推论一下。

（1）大学教育

兴办教育，原为“富强国家”，中国自清季开办大学以来，已有三四十年之久，是否已致国家于富强？这次倭寇的侵侮，便是最好的试金石了！在十数小时之内，倭奴竟强占了我们东省数千里肥沃之地，当军官的一律逃走，反大倡其无抵抗主义。辽吉既陷，锦黑俱危，政府要人，还叫人民力持镇静。这些军政要人大多数都受过大学教育。大学教育兴办多年，所造就的人才不过如此，就这点言，我们不能不说中国的大学教育失败了。

（2）中学教育

办中学教育的普遍目的，在造就“升学”和“就业”的两种人才。但现在的中学毕业生其能力和环境足以使其升入正当大学的，实在是极少数。同时职业科的毕业生，也是无业可就。一批一批所造就的中学生，多半习性浪漫，身体孱弱，为社会上分利之人。难怪这次国联教育调查团团员华尔德等认为中国的中等教育办得太差。

（3）小学教育

小学教育，除“准备升学”而外，尚须“养成家庭之健全分子，社会上的良好公民”。我国小学教育，虽比较的还算不差，但却仍未能使大多数儿童都成健全分子、良好国民。良好教师，对许多儿童的顽劣习惯，仍旧是没有办法。

概括地讲，吾国兴学育才，为时很久，但无论是大学、中学、小学，所收的效果，实在都不甚多。但是何以如此呢？谈到责任问题，大家都会推诿。办大学的人，总说大学之所以办不好，是因为中学办得太坏的缘故，同样，办中学的人，也说中学之所以坏，是因为小学办得不好。办小学的人，便推到家庭方面或幼稚园里去了。这种说法，虽不能说全无理由，不过一味地推托，也不能增加教育的效能，我们应该设法研究家庭和幼稚园的教育，何以故办不好？我们应该设法去补救这种缺点才是。补救的唯一方法，便是倡办婴儿教育。婴儿教育若好，儿童才有善良的生活习惯，健全的人格基础。进幼稚园，便易于教导，进小学便易培养成良好的国民，由此而中学而大学便可造成理想的人物替国家谋富强，替民族造幸福。这样看来，婴儿教育，实在是一切教育的基础，婴儿时没有好的教育，以后的教育都难收良好的效果，所以就整个的教育效果来说，婴儿教育实极重要。

三、英美和中国的婴儿教育运动

自卢梭（Rausseou）、斐士太老齐（Pestalozzi）以来，世人渐知注意儿童；自福禄培尔（Froebel）、艾伦凯（Ellen Key）以来，世人渐知注意幼小儿童；婴儿之令人注意，实欧战以来十余年间之事。谈到婴儿教育的历史，虽然很短；但在英美各国，经许多教育家、医生、保姆、社会学家、心理学家，及其他社会服务者之热心研究提倡及推行，已引起社会上一般人之赞同与注意，现在在英美各国已有很大的进步与很好的贡献了！

（一）就英国言

英国自 1918 年，教育总长菲雪尔（Fisher）颁布婴儿教养学校法令，规定两岁至六岁的幼小儿童，应施行保育法。对于幼小儿童身体的健康及营养，格外加以注意，在这教育法令之下，地方教育官吏得提倡设立婴儿教养学校（Nursery school），并得设法补助此等学校，使之尽量发展。此种教养学校的目的，在谋幼小儿童身心的发展，特别注意幼小儿童的健康，养育及物质上的幸福；学生是两岁以上，五岁以下之儿童。这种学校，据四年前的统计，仅在英格兰（England）及威尔士（Wales）两处，已有二十七所，儿童有一千三百多人。至于附设在初级小学或其他学校中，两岁至五岁的儿童，约有二十二万人之多。至于研究讨论之组织，亦甚繁多。最著名者，如讨论儿童幸福事业之全国婴孩周运动（The National Baby Week movement），其主要问题，集中于讨论一岁至五岁婴儿之幸福。最近集会，除讨论关于儿童幸福实施之方法外，并创拟一全国母教计划（National Maternity Scheme）兼注意于孕妇及产妇之保护法。

（二）就美国言

美国之婴儿教育运动，颇受英国之影响。十余年前，韩利特约翰孙（Hanriet Johnson）设立婴儿教养学校于教育实验局内，以研究婴儿，实为美国最初设立的育婴学校。四五年间，如克仑比亚大学的婴儿教养学校，拉格士街的婴儿教养学校（Ruggles Street Nursery School），衣阿瓦大学儿童幸福研究所的学龄前儿童教育实验所，梅利派米尔家事学校（Meinill-Palmes School foritoml Nakiung）皆先后成立。雅利大学的神经治疗研究院，亦开始作婴儿的研究。这都是专门研究学龄前幼小儿童心理发展的组织。此外还有博尔德鲍尔文（Bisd T. Baldwin）、阿芳德盖塞尔（Arnould Gesell）、汤木生吴利（H.Thomson mooteg），这几位研究儿童发育的专家，以及近年在约翰好卜金大学研究婴儿各项行为反应的瓦村（P. B. Watson），他们对于婴儿教育的理论和实施方面都有很多的贡献。因此婴儿教育在美国有了长足的进步，大凡在经济独立教育良好的家庭聚集之处，大概总有婴儿学校的设立。

（三）就中国言

中国的各种教育，都赶不上英美各国，婴儿教育的落后，是当然的事。近几年来，虽有邵爽秋、谢循初、陈鹤琴、董任坚诸先生对于婴儿和学龄前儿童之研究，作各种文字上的介绍与倡导，但是大多数人还未注意到这婴儿教育的重要呢！近来各地方虽有幼稚师范和幼稚园的设置；但都以五岁后的幼稚儿童为对象。至于婴儿教育的研究与设施，实在少见；据兄弟所知，贵校的婴儿园可算是中国婴儿教育上空前的创举了！

婴儿教育的运动，在中国何以这样可怜？是因为国人对于婴儿教育忽视的缘故。但国人何以忽视这种最基本最重要的婴儿教育和忽视婴儿教育的结果如何？我们也可以简单地分析一下：

（1）国人忽视婴儿教育的原因

关于国人忽视婴儿教育的原因，我们可以就政府、社会、家庭三方面来说。就政府而言：国内因连年战争，财政困难，现有的各级教育，已有倒闭之虞，何来款项创办婴儿学校。再有人才方面讲掌执教政的人，并不见得都懂得教育，尤其是婴儿教育；所以连提倡的人都没有了！就社会方面讲：第一个原因是民智未开，无人注意。其次则因社会事业不发达，社会经济穷乏，无人兴办此项新事业。至于一般教育家们，也多是好大喜功，乐图近利。婴儿教育的收效，既不如大学和中学那样的快，所以大家都袖手旁观，不肯尝试。就家庭方面说：第一，因为做父母的知识颇少，故把婴儿交给乳佣就算完事。第二因为中国社会事业不发达，一般做母亲的，既无社会服务之机会，所以惟有留在家中照呼小孩子，所以他们的婴儿也不需要进学校去。次则因家庭经济困难，已届学龄的儿童尚不能送入学校，何暇顾及婴儿教育呢！

（2）忽视婴儿教育的结果

国人对于教育婴儿，既然漠视，所以关于婴儿的起居、饮食、衣着、游戏、看护等事，富家则全交有知的乳佣办理，穷家则由无知的父母经管，此种不合科学的看护与不合教育原理的管理，使儿童在婴儿时期已栽下了许多恶根。一旦长大，就生理方面说："发育不完，身弱多病，自卫尚乏能力，焉能捍卫国家，效命疆场"？就心理方面说："固有的心能不克适当发展，而各种不良的习惯，错误的思想，根深蒂固，反足以破坏其人格之健全。”即以目前的事实而言，国人对于倭寇的侵害，所以持无抵抗、镇静、与逃跑主义者，都是过去不注意婴儿教育的结果。一般无知的乳佣和父母当婴儿吵闹时，常常用“洋鬼子来了”“日本人真可怕，真利害”“你再吵东洋人就来捉你去”“东洋鬼子专门吃小孩”的这一类话来恐吓。目前虽可停止儿童的吵闹，但是见洋人就躲避的怯弱观念，却深印脑中，永久不灭。所以长大成人，听到日本杀来，便会毫无抵抗地逃跑。现在倭寇灭亡中国的大陆政策业已开始实现，抗日救国的呼声已振动了全国。但是真要打倒日本，非先破除国民畏日的怯弱心理，养成民族强健的作战身体不可。要使人人有不怕日，能胜日的心理，和打倒日本的身体、能力，非从今后的婴儿教育方面努力不可。

四、幼稚师范生之责任

上面说了许多的话，已证明婴儿教育是十分重要的。尤其在今日父母缺乏教养婴儿知识，家庭社会环境异常恶劣，人民生计极端穷苦，国家民族异常危弱，害了肺痨病似的中国，是十二分的重要。我们要救中国，须先努力倡导婴儿教育，创办婴儿养育学校。但是如何倡导，如何创办呢？这种倡导和创办的责任由谁来负担呢？诸位？莫要踌躇！莫要推诿！莫要专事希望政府、社会、专家、大学研究教育的毕业生！负这个责任的惟一人物是在座的各位幼稚师范生。换言之，今后中国婴儿教育之倡导与推行，全靠现在在学读书之幼稚师范生，各位不入这个学校，所负的责任尚不甚重；一进这个学校，所负的责任，便更加重大了。因为幼稚师范学校的目的，是造就办理幼稚教育的人才；幼稚教育的广义方面，实包含着婴儿教育。过去办幼稚师范学校的错误，就是在无论课程训练方面都是专为幼稚生着想；对于婴儿，毫不顾及。所以做幼稚师范生的人，也只知努力于幼稚教育而忽略了婴儿教育。诸位既知道婴儿教育为一切教育之基础，便晓得幼稚师范的目的不专在养成服务幼稚园的人才。各位的使命也不专是努力于幼稚教育就算完事。

有人也许要这样怀疑，我将来不必一定要当婴儿学校的教师，我也许可以不负这个责任。不过要知道婴儿学校的教师，有时固可不当，但是教育家庭婴儿的责任，却永远卸除不掉。因为大家将来都要做母亲的，既做了母亲，那么，教育自己婴儿的义务，自然是责无旁贷的了！

现在再用个比喻的方式，来说明幼稚师范生的责任与婴儿的关系。幼稚师范生的对象，便是婴儿。一个刚生下来的婴儿，好像一棵刚刚出土的果树苗，而幼稚师范生就如同这果园中的园丁一样，这棵嫩弱的苗儿，将来能否发荣滋长，开灿烂之花，结硕大之果，全看这园丁的培养和灌溉如何？园丁如不尽职，或不善尽职，日光水分，疏土施肥，稍不合宜，则黄萎干枯，不易生长。践踏虫害，受压损伤，皆足以使其立刻夭亡。一个婴儿将来能否有健全的人格，良好的品性，强壮的身体，全看幼稚教师能否循循善诱，养育适宜。若教育不良，不但体弱多病，心性不良，甚至夭亡中折，贻害社会。所以幼稚师范生与婴儿的关系，正如园丁与树苗的关系。幼稚师范生对婴儿所负的责任，正如园丁对树苗所负的责任。不过园丁损坏了树苗，损失只限于园主个人，园主还可以责令他赔偿；幼稚师范生贻误了婴儿，则损失普及于社会，社会难以使他完全赔偿。由此可见幼稚师范生对婴儿所负的责任，较园丁对树苗所负的责任来得千万倍的重大，所以现在做幼稚师范生的人不能不加倍地努力。我希望各位对教育课程、儿童心理，要详细研究，在学校之内，养成“看护的身手，科学的头脑”，将来毕业之后，定是婴儿的良好教师，定能做社会上无知父母的指导，个个人都负起创办婴儿学校，倡导婴儿教育的责任；然后才能使国家富强，民族独立。

今天借这机会，得瞻仰贵校，与诸位聚首一堂，兄弟实在觉得愉快！但是没有什么贡献，耽搁了诸位的宝贵时光，又觉得很抱歉，希望大家原谅！

纪念孔子要效法孔子的教学精神*

孔子是中国历史上最伟大的一位圣人，他生在二千年前的今天，曾经祖述尧舜，宪章文武，集三代以来中国文化事业之大成，他是大政治家，又是大教育家，迄于今日中华民族的立国精神，文化思想，都受他的思想学术支配，因此每年的今日我们要纪念孔子，尤其是教育界的同人。

每逢纪念孔子，都有很隆重的仪式！我觉得我们教育界的同人，应以行动来纪念他，才有意义！换言之，就是要效法孔子的教学精神，孔子本是当时极有抱负的一位大政治家，很想实行他的怀抱把当时的政治弄好，可惜际遇不佳，栖遑奔走，仅为委吏乘田，不得大展其志，因此便努力于著书立说，垂教后世！但是他的教学方法，虽是二千年前的发明，仍适合于今日之教育，值得吾人效法，兹列举之如下：

一、孔子的教育目的

孔子生于东周士族阶级尚未泯灭时代，当时的士，为四民之首，可以

* 原载于《甘肃教育》（半月刊）1941年第3卷第15、16期。——编者

致君泽民，所以孔子讲学的目的，则在培养士族阶级的领袖人才，预备将来管理人民，执行国政，因此很可以说孔子的教育目的，在养成学行俱优的士君子！

二、孔子所用的教材

孔子养成士君子所用的教材也有几种：在《论语·述而篇》说："予以四教：文，行，忠，信。"在《先进篇》说："德行：颜渊，闵子骞，冉伯牛，仲弓。言语：宰我，子贡。政事：冉有，季路。文学：子游，子夏。"在《泰伯篇》说："兴于诗，立于体，成于乐。"又《述而篇》说："子所雅言，诗，书，执礼"，总之无论其文，行，忠，信，德行，语言，政事，文学；诗，书，礼，乐，都不外乎启迪知识，涵养德性，以养成文质彬彬，能致君泽民的士君子！而运用之妙：则全在其教学技术！

三、孔子的教学方法

孔子的教学方法与现代世界教育名家所倡导的新教学方法，颇多相同。兹略举数种如下：

（一）自动习学。孔子教人注重自学，辅导，绝不强迫注入，《论语·述而》上说："不愤不启，不悱不发，举一隅不以三隅反，则不复也。"在《为政篇》说："学而不思则罔"，又说："吾与回言终日，不违如愚，退而省其私，亦足以发，回也不愚。"《里仁篇》说："见贤思齐，见不贤而内自省也。"这都是要学生自己运用心思，努力学习！

（二）因材施教。今日之新教育特别重视个性而孔子之教人，全以其个别差异与学问之造诣为准。例如《先进篇》，"子路问闻斯行诸？子曰：有父兄在，如之何其闻斯行之！冉有问闻斯行，子曰：闻斯行之，公西华曰：由也问闻斯行诸，子曰：有父兄在，求也问闻斯行诸，子曰：闻斯行之。赤也惑敢问？子曰：求也退，故进之，由也兼人，故退之。”又如《为政篇》所述之问孝，“孟懿子问孝，子曰：无违，孟武伯问孝，子曰：父母惟其疾之忧。子游问孝，子曰：今之孝者，皆谓能养，至于犬马，亦能有养，不敬，何以别乎？子夏问孝，子曰：色难。”同一问孝，而所答各异，又如对于问仁，问政，问士，问君子，问崇德辩识，所答无一相同，亦皆依其个性与程度之不同而有所异也！

（三）兴味主义。今日之教育对于兴味，极为重视，如何引起兴味如何维持兴味，如何转变兴味均有专著研究，孔子对此，非常注意。且认为反复练习，即可推陈出新，生出兴味。《论语·学而篇》开宗明义便说：“学而时习之，不亦说乎。”《述而》上说：“发愤忘食，乐以忘忧。”《为政》上说：“温故而知新，可以为师矣。”《雍也》上说：“知之者不如好之者，好之者不如乐之者。”其重视兴味可知！

（四）推理主义。推理在学习上极为重要，杜威著思维术一书以专论之。孔子教人，尤重视推论，《学而》上载，“子贡曰：贫而无谄，富而无骄，何如？子曰：可也，未若贫而乐，富而好礼者也。子贡曰：诗云‘如切如磋，如琢如磨，其斯之谓与？’子曰：赐也，始可与言诗已矣，告诸往而知来者。”又《八佾篇》载，“子夏问曰：巧笑倩兮，美目盼兮，素以为绚兮，何谓也？子曰：绘事后素。曰：礼后乎？子曰：起予者可商也，始可与言诗也矣。”其重视推理也如此！

（五）孔子循循善诱。用适宜的诱导方法教学最易生效，孔子的门徒虽众，但学行不一，而孔子奖善惩恶诱教殊妙，此与今日桑代克氏学习律中之效果完全相同。孔子最得意的门徒是颜回，所以赞誉最多，如《雍也篇》称：“回也，其心三月不违仁，其余则日月至焉而已矣。贤哉回也！一箪食一瓢饮，在陋巷，人不堪而忧，回也不改其乐。贤哉回也！有颜回者好学，不迁怒，不二过。不幸短命死矣！今也则无，未闻好学者也！”

遣责最多的要算子路、冉有、宰我，同时又怕责多自弃，略予奖掖，如门人不敬子路，子曰："由也升堂矣，未入于室也。"又怕奖多生骄遂奖抑兼施，如《公冶长篇》载："由也千乘之国可使治其军旅，不知其仁也，求也千室之邑，百乘之家，可使为之载也，不知其仁也。"

（六）孔子的人格教育。孔子教人不仅以技术诱掖尤能以人格感化弟子。本人人格之伟大久已使门人仰之弥高钻之弥坚，春风时雨潜移默化矣！就拿求尽一事来说，他教人为举办而往本行即人个好学，模范，他尝自言其为学的进程："吾十有五而志于学，三十而立，四十而不惑，五十而知天命，六十而耳顺，七十而从心所欲，不逾矩。"又《论语》上载："子入太庙，每事问。"又《史记》载，"孔子问官于郯子。问礼于老子，访乐于长弘，学琴于师襄。"《述而》载：子曰："三人行，必有我师焉，择其善者而从之，其不善者而改之。"又《公冶长篇》载："子曰：十室之邑，必有忠信如丘也者，未有如丘之好学也。"又《述而篇》说："若圣与仁则吾岂敢，抑为之不厌，诲人不倦，则可谓云尔已矣。"此种学而不厌诲人不倦的教育精神，诚可为古今为教师者最好模范！

综上所述，则知孔子人格之伟大，教育方法之完备与巧妙两千年前，固已如是。而今日欧美之教育者，偶得一二，辄沾沾自喜，以为绝大发明，同时国人之崇拜洋大人者亦认为空前未有，贩其糟泊，辗转炫耀轰动一时；而对于我中国历史上堪为万世师表至圣孔子之学术思想却漠然观之殊堪惋惜！兹乘孔诞之日，将孔子之教育思想与技术，略举一二，愿与各界同人，共同研讨，切实仿行，发挥孔子不厌不倦之精神以纪念孔子！

甘肃学院教育系改办师资专科之计划*

民国二十一年夏，应陇海路陕西实业考察团之邀，到陕考察，便中返陇省亲任教甘肃学院，深觉教育学系有暂时停办改为师资专科之必要，屡为当局言之。院长邓春膏氏甚韪余意，嘱作此计划通过校务会议，拟于廿三年春季实行开办。余因事于是年秋季来沪，俗务缠身，未克返陇，此种计划，迄未实现。偶翻书箧，读此旧稿，为改进甘肃之中等教育计，此计划仍有积极实现之必要。因将原稿在本刊布露，希教育当局，甘院同志，有以促其实现也！

一、理　由

本院原有教系学生一班，于本年暑假业已毕业，刻拟依部定职业科师资练训办法，于第二班暂改办师资专科以造就中等教育之师资，适应地方

* 原载于《西北问题季刊》1935年第1卷第4期。——编者

之需要，其重要理由，约有四种。兹胪陈如下：

（一）造就中学教师提高中等教育之地位

甘肃中等教育之落后，实由中学师资之缺乏，查甘肃现有之中等学校，省立者，中学有五，师范男女合计有九，农工女职共三，县立者，初中有七，女师有二，合计省、县、男、女共有二十六校之多。惟各校教职员校长，除省垣七校，尚有有一部分毕业高师，师大，或其他专门以上学校，曾受教育之练训者外，其余各校之教育职员，不仅未受专门之师范训练，即求一中等以上专科学校毕业者，亦如凤毛麟角之不可多得。夫以中学毕业生，来办中学教育，无怪其日趋于下也。今欲提高其地位，非从造就中等教师入手不可。故开办师资专科，实目前提高中学地位，改进中等教育之要图也。

（二）供给现有教师进修深造之机会

现在各县，中等学校之教师，未曾不感觉其资格之逊，能力之差，而图所以进修补救也。惟出省升学，每为时间、经济所限制。此间教系则课目既繁，出路又窄，而程度不易衔接，尤属困难。师资专科则依其过去之经验及学历，缩短时间，集中训练，不久毕业，学力资格两者俱进，诚目前中小学教师进修深造之唯一途径也。

（三）训练专科教师增进教学效率

目前中学之教师既多中等学校毕业生，自难责其教学效率之优良，其间虽有中等以上学校毕业者，然其所习之普通课程，自难任专门之功课。其有专门研究者，又因未受师范专业之训练，往往仅有知识，而无技术，故教学效率终趋渺小也。师资专科，不仅依个性之所近，分组专修，俾有丰富之专门知识，而于教学技术，管训方法，亦多实地之训练与实习。毕业之后，材料方法，二者俱优，担任教学，收效自宏矣。

（四）缩短修业年限，广纳有志青年

此间高中甚少，故教育系过去招生，类多初中毕业，初中毕业学生在校既乏职业之指导，故六年大学，往往不克住完，见异思迁，半途而退者，所在皆有，此修学年限太长之弊病，不能不急谋补救者。同时毕业高中及其他职业学校，或曾肄业他种专科学校，而有志研究教育，从事教育事业之青年，每因班次程度之参差，不易衔接，难得享受教师专业之训练，以遂其志愿。为适应此类青年之需要计，则本院师资专科之开办诚刻不容缓者也。

二、办　法

根据上述理由，厘定下列各项办法：

（一）入学资格

（A）高中普通科，或职业科毕业生。

（B）旧制中师或其他同等之职校毕业，曾任中小学教职员二年以上者。

（C）曾在各项专科学校肄业一年以上者。

（二）修业年限

（A）三年毕业。

（B）两年毕业。

(1) 俱有上列一项资格，而有一年以上之教学经验，成绩优良者，得减少实习，两年毕业。

(2) 俱有二项资格，有三年以上之教学经验，成绩优良者。

(3) 俱有三项资格，有二年以上之教学经验，成绩优良者。

（三）学习课程

（A）共同科目：教育原理、教育方法、教育心理、中学教育、师范教育、教育思潮及实习参观等。

（B）特殊科目：各组特有必修科目，及各组特有之心理学及教学法等。

（四）分组办法（暂分）

（A）社会科学组（史地社会等学）

（B）自然科学组（数理化博物等）

（C）语文学组（外国语及藏回语、国语、文学等）

（D）艺术组（图书、音乐、体育等）

依各组报名人数之多寡，依次开设之。

（五）待遇及服务

（A）待遇

凡经考取者，就学期内之住宿伙食制服及讲义均由学校供给。如系现任各校教职员，可请教厅通令各该校将其原职保留。

（B）服务

凡受完全训练毕业者，最少须在教育界服务三年，方得转入他界，否则追缴膳学各费。

（六）毕业及出路

（A）毕业

凡学科修完，实习终了，体智操行，均及格者，给与毕业证书。

（B）出路

凡毕业成绩平均八十分以上者，由学校商请省府及教厅，分配各中等学校。优与任用，其次介绍各县原职服务，并提高其待遇，保障其服务。

西康之教育*

一、西康开办教育之历史

开辟边荒，首重文化，团结民族，尤非教育同化之力不为功。西康在汉唐宋元明时代，均采取羁縻政策，视其地为藩属，未能广施教育，以期根本同化。又以地接藏卫，相习既久，遂与藏人同化，故人民多笃信喇嘛，爱重经典，一家数口，除一人承嗣，余悉送诸喇嘛寺中，学习经典，经典好者，可为格西堪布。有时诸男俱为喇嘛，即以女子招婿赘门以承嗣。日以农牧为生，借经典宗教世世沿袭。讫于清初，康雍时代，平定藏乱，雍正将藏地赐赏达赖，仍令其照常年贡。清季，礼重黄教，为设雍和宫以训练蒙藏子弟，冀其学成，为国效力。及赵尔丰氏综理边务，经营西康时，始委吴嘉谟办理西康学务。吴氏初于巴安设学务总局，各县设劝学所，锐意提倡，分模范、官话两种。模范学校，设于总局，及有汉官之地，由汉官兼任校长，以开风气；官话学校，设于各邻村，先从学汉话入

* 原载于《西北问题》（季刊）1936年第2卷第1、2期。——编者

手。此外于康中各县又设立农业学校，给以各项种子，教民耕种。又于巴塘设立陶瓷学校，聘日本专科瓷器技师池田小岛教其手工（见边务大臣汇案教育卷）。当时教育亦颇具雏形，虽未臻于大成，要亦为西康办学之嚆矢。计开办未及三年，而学校已达一百六十余所，学生有三千人之多。所可惜者，赵氏为政不久，适值鼎革，不仅各校因之废止，即全康教育均呈停顿之象。

民初建国伊始，教育未便中辍，康定重新设初小二所、高小一所，学生二十余人。民六川边镇守使陈遐龄，拟恢复巴安、甘孜、理化、昌都各校，以无学生而止。其中偶有学生，大都属汉人子弟者十之六七，属土司族者十之二三。西康之平民，未获一睹文字，由是内政不修，外患侵入，康定、巴安等处，外人传教者，多设私校。引诱康民入校，以实行其文化之侵略！

民国十六年，川康边防军总指挥刘文辉氏接管川康，毅然负治边之责，于权力所及之地，锐意兴办学校，如女子师范、平民学校、图书馆、团务学校、化夷学校等，皆前清所无，为刘文辉氏所创办。时中央教育部，有蒙藏教育司，专司边民教育，而西康教育，因此又有复兴之气象。

在今日而欲开发西康，各项建设事业，固属经纬万端，而心理建设尤为当前之急务，如何能转移康人心理，如何能唤醒民众，如何能组织民众，同立于中华民族战线上，以求自存以图共存，以抗拒帝国主义之侵略，则非实施适当之教育，无以树基础而策进行。故欲谋西康教育之发达，必先考其教育之沿革，知沿革乃能谋进一步之改善。兹将西康自开办教育至现在之情形，分别述之如下。

二、西康教育之演进

西康教育之演进，自清朝创办之时开始，以迄近年，可分为四期如下：

（一）西康教育之创设时期

在此时期，各地已学校林立，日形发展，兹将其校名、校地、学生数目等，表列于下：

清季西康学务调查表（宣统二年至三年）

校　地	校　别	名　额	学　期	备　考
巴塘（今巴安）	本区第一初等	27	6	
	第二初等	24	6	
	第三初等	25	1	
	第四初等	30	1	
竹巴笼	第五初等	23	1	
孔子顶	第六初等	39	1	
	本区第一官话	41	毕业选升	
	第二官话	30	毕业选升	
竹巴笼	第三官话	23	升初等	
孔子顶	第四官话	39	升初等	
冀古工	第五官话	26	3	
党　村	第六官话	36	2	
	第七官话	23	2	
鱼卡通	第八官话	27	2	
	第九官话	35	2	
宗　咱	第十官话	35	2	
忍　波	第十一官话	25	2	

续表

志　乌	第十二官话	28	1	
白日工	第十三官话	28	1	
上莽里	第十四官话	26	1	
马　顶	第十五官话	21	1	
亚海工	第十六官话	21	1	
中莽里	第十七官话	30	1	
多　察	第十八官话	21	1	
下莽里	第十九官话	26	1	
红日工	第二十官话	30	1	
稽　里	第二十一官话	23	1	
	本区第一女子初等	30	二年上期升	
	第二女子初等	34	二年上期升	
	第一女子官话	30	升初等	
	第二女子官话	34	升初等	
	第三女子官话	29	2	
忍　波	第四女子官话	40	1	
中莽里	第五女子官话	24	1	
下莽里	第六女子官话	24	1	
实　业	本局雕刻科	13	5	
	本区陶业学堂	13	1	
本局附设	师范讲习科	77	一次	

续表

本局附设	藏语专修科			
	官话师范传习所		每期一次	
三坝（今义敦）	波密第一官话	20	1	
里化（今理化）	本区第一初等	24	5	
	第二初等	30	二年上期升	
	第一官话	30	改习农业	
喇嘛了	第二官话	30	升初等	
	本区第三官话	46	3	
甲　洼	第四官话	18	1	
熊　坝	第五官话	23	1	
藏　坝	第六官话	24	1	
喇嘛了	第七官话	23	1	
	本区第一女子初等	30	二年上期升	
	第一女子官话	30	升初等	
	第二女子官话	36	2	
甲　洼	第三女子官话	33	1	
甲　洼　专门通译	本区第一喇嘛通译	30	1	
	第二喇嘛通译	26	1	
实　业	本区农业学校	30	二年上期改	
河口（今雅江）	本区第一初等	20	2	
西俄洛	第二初等	20	二年上期升	

续表

西俄洛	第一官话	20	升初等	
定乡（原乡城）	本区第一初等	40	二年上期升	
	第一官话	40	毕业选升初等	
	第二官话	40	毕业选升初等	
	第三官话	35	毕业选升初等	
	第四官话	35	毕业选升初等	
火竹乡	第五官话	56	毕　业	
下乡城	第六官话	30	1	
	第七官话	30	1	
	第八官话	30	1	
定　波	第九官话	28	1	
	第十官话	38	1	
火竹乡	第十一官话	30	1	
	本区第一女子官话	40	毕　业	
稻城（原稻坝）	本区第一初等	27	二年上期升	
贡噶岭	第二初等	24	二年上期升	
	本区第一官话	25	毕业选升	
	第二官话	25	毕业选升	
	第三官话	27	毕业选升	
巨　浪	第五官话	28	1	
松　堆	第六官话	32	1	

续表

日　洼	第七官话	33	1	
赤土村	第八官话	34	1	
	本区第一女子官话	30	毕　业	
贡噶岭	第二女子官话	30	毕　业	
盐　井	本区第一初等	28	二年上期升	
	第一官话	28	升初等	
觉　陇	第二官话	27	4	
河　西	第三官话	47	4	
宗　岩	第四官话	45	毕　业	
昌　多	第五官话	25	1	
茶　里	第六官话	25	1	
腊脚喜	第七官话	37	1	
甲乙顶	第八官话	20	1	
瑶　桥	第九官话	25	1	
	本区第一女子官话	24	毕　业	
	第二女子官话	20	3	
宗　岩	第三女子官话	34	休　业	
觉　陇	第四女子官话	30	2	

以上为清朝开荒创设各级学校之基础。

（二）西康教育之颓废时期

此时期由民国初年至十五年，为西康多故，学务废弛之时期，其间康地所属亦有成立学校之处，惟此时期中，或藏番内犯，或藏境沦亡，时有斗争，文化殊无进步，兹将西康变乱时期所设之各种学校，列举如下：

县别	校别	开办期	备考
康定	两等男学校	民国元年开办	
	第一国民学校	并民国十三年开办	
	第二国民学校		
	两等女学校	民国十四年成立	
泸定	两等男学校	皆民国元年成立	
	女子小学校		
丹巴	国民小学校	民国七年成立	
道孚	高初两等小学校	民国十一年成立	
炉霍	国民学校	民国十二年成立	
甘孜	国民初级小学	民国十一年开办	
雅江	两等小学校	民国七年开办	

（三）西康教育之复兴时期

民国十六年，川康边防总指挥刘文辉接管西康，组织特区政务委员会，广设学校，文化焕然一新，是为西康教育之复兴时期。按：西康设学，已历念稔，惟边民视入学为当差，教职员以办学为兼职，学者宗旨既乖，师资尤感缺乏，此边俗所以迷信日深，而边县物质精神文化之所以难期进展也。夫移风易俗，端赖良好师资，康区教育不振，基于夷民游惰性成，尤感缺乏适当师范，言语感情，恒苦无法沟通，汉夷间隔阂日深，开发建设，均难进行。幸刘氏眷念国防，刻意治边，于其民国十七年度，所颁施政大纲之中，已建百年树人之大计，在康开办教员养成所，借使各县师资，有所取材。兹将其所拟西康师范讲习所计划大纲中之要点摘录如次：

（A）讲习所目的　西康地居边徼，风气闭塞，康泸巴雅各县，虽设有男女两等各学校，不过粗具雏形。余则仅办初小一二所，或三四所，且多有名无实，学童数既寥寥，所授课程，又多与现时学制不合，亟应于最短期间，储备适合现今趋势之教材，以应环境事实上之要求，而肇边地革新教育之始基。

（B）讲习所科目　师范乃教育之母，而最近教育趋势，期在养成科学化，实利化，而富有革命精神的国民。职是训练，师范学生，除应授教育常识外，凡关于社会科学及自然科学，普通学科，列入必修，亦决不可少。惟实施党化，主义认识为先，服务康边，藏番语文尤重，权衡参酌，兹拟定本所应授科目如下：

国文 国语 数学 史地 自然 图画 手工 唱歌 教育学 教授法 管理法 心理学 伦理学 训练法

西康特区各县学校教育调查表（民国十七年六月制）

县　别	学校名称	设置年月及地点	学生班别人数	备　考
康　定	西康师范传习所	民国十六年八月成立，附设两等学校	计一班 29 名	
	两等男学校	民国元年开办，置于本县关岳庙	高级第九班 20 名，高级第十班 23 名，初级甲班 20 名，初级乙班 17 名	
	第一国民学校	民国十三年开办，设清真寺	甲班 20 名，乙班 25 名	
	第二国民学校	民国十三年开办，设鱼粪寺	甲班 15 名，乙班 19 名	

续表

康　定	第三国民学校	民国十四年开办，设瓦斯沟	甲班20名，乙班20名	
	两等女子学校	民国十四年成立	高一班20名，高二班19名，初一班34名	
泸　定	两等小学校	民国元年成立，三年迁贵州馆	高初各2班，共80名	
	国民女子学校	民国元年成立，民国十六年改组设县署后	甲乙二班，共20人	
	兴隆堡、冷碛、沈村、加郡、得妥、甘露寺、瓦角、咱威、磨西、喇嘛寺、沙湾、咱里、化林坪、烹坝、岚州等处各设初小校一所	均系民国八年成立	学生每校止数人或数十人	
九　龙	县立初小学校	民国十五年正式成立，设县署附近立壁堡内	初小甲班11名，乙班10名	
丹　巴	县立两等小学校	清宣统元年设县城下街	高小班9名，初小班一年级15名，二年级13名	
巴　底	国民小学校	民国十年二月设林卡街财神庙	甲班4名，乙班5名	
巴　旺	国民小学校	民国九年成立巴旺街土署内	甲班6名，乙班10名	
东　谷	国民小学校	民国八年成立	甲班4名，乙班5名	

续表

绒坝沟	国民小学校	清宣统二年成立川主庙内	甲班6名，乙班5名	
三岔沟	国民小学校	民国九年成立在屯庙内	甲班5名，乙班5名	
黑风顶	国民小学校	民国八年设立在屯庙内	甲班4名，乙班5名	
梭　波	国民小学校	民国十四年成立在村庙内	甲班5名，乙班6名	
阿娘沟	国民小学校	民国七年成立在屯庙内	甲班5名，乙班5名	
黑火二屯	国民小学校	民国八年成立在屯庙内	甲班5名，乙班4名	
上甲屯	国民小学校	民国九年成立在卡垩祠堂内	甲班7名，乙班8名	
道　孚	高等两等学校	清朝开办，反正被焚，借关岳庙教授	高小一班10名，初级甲班10名	
		民国十一年建校舍三间于县署左侧	乙班18名	
炉　霍	县立国民学校	民国十二年成立在本城关岳庙内	高小、初级班各12名，幼稚班10名	
甘　孜	县立国民初小学校	民国十一年成立在东门行台	甲乙班19名，幼稚班3名，	
	高级小学校	民国十六年增设	高小甲班7名，乙班3名	

续表

瞻化	国民小学校	清宣统三年成立在县署西廊	一班11名，二班11名，三班6名	外有县属大盖、曲衣、甲拉溪、雄龙溪四处官话学校，民国十七年时正着手开办。
雅江	两等小学校	民国七年开办，设县城内	高级班7名，初级班9名，幼稚生11名，初小女生8名	
理化	初等小学校	民国十八年成立在关岳庙	一班9名，二班8名，三班6名	此校当填表时因历年变乱停办，此系恢复后补填。
巴安	县立小学校	民国十六年成立在东街关帝庙	高级一班22名，初级一班19名，初级二班21名，幼稚班35名	
	私立华西小学校	清宣统二年成立在城外架炮顶	高级一班2名，二班3名，初级一班10名，二班10名，初级一班13名，四班19名，幼稚生16名	
盐井	化夷小学一所	民国十八年新设	学生约50人	该县因遭匪患，校舍被毁，学校停办，无从查填，此系造表后补填，合并声明。

（四）西康教育之改进时期

民国二十四年七月，中央派刘文辉为西康建省委员会委员长，以诺那、向传义、冷融、禄国藩等为委员，进行西康新建设，是为西康文化之改进时期，兹将最近调查西康各种学校状况分别列表于后：

（一）西康师范教育概况表

校名	部别	校址	学生		教职员数	当年数目	经费来源	沿革	备注
			班数	人员					
康定师范学校		康定明正街原明正土司署	男 3	50	20	每部每月共大洋 470 元，全年共 5,740 元	由川康边防总指挥部指定按月在西康财务统筹处具领	民国十七年创办师范讲习所，一年一期、二年二期毕业，二十年改为学校，三年毕业	一、招收高小毕业生 二、男第三班女一班春季结业 三、因经费困难无科学设备其他设备亦简陋
		暂借明正街县立女校舍之一部	女 1	20	女主任 1，余同上	同上	同上	民国二十三年春季开办	同上
中央政治学校康定分校	简易师范部	康定诸葛街	1	60	6	20,000 元	中央拨发	民国二十三年秋季由南京中央校派主任杨倬孙赴康设立	一、招收男女高小毕业生，男女合校 二、经费充裕，各项设备可观

（二）西康小学教育概况表（民国二十三四年六月调查）

县别	县长姓名	教育科长姓名	校别	校址	校长姓名	教职员组织情形	学生班次及数目	经费情形	备考
康定	华浩然	张鸿逵	县立高初级小学校	南内街	陈文瀚	教导主任、各级主任及专科教员共8人	高级2班共42人，初级3班共78人	每月由教育科拨大洋200元，临时费在外	
			县立女子高初级小学校	明正街	彭唤章	同上	高级2班共30人，初级3班共83人	同上	
			中区初级小学校	诸葛街	胡思谦	主任助教各1人	初级1班共24人	每月由县教育科拨大洋32元，临时费在外	
			东区初级小学校	瓦斯沟	金殿耀	主任助教各1人	初级2班共45人	同上	
			北区初级小学校	三道桥	许文卿	同上	初级2班共42人	同上	
			私立康化高初级小学校	敢甲市	衡席珍	训育主任、各级主任、专科教员各10人	高初级各1班共116人	每月由天主教会拨支大洋160元	民国十六年夏立案

续表

康　定	华浩然	张鸿逵	私立中阿初级小学校	文昌街	马自诚	训育主任及专科教员共5人	初级1班共42人	每月由清真寺拨支，现由华县长月助20元	民国二十三年夏立案
泸　定	张永锡	王如九	县立第一小学校	南　街	余正廉	教职员共8人	高初级共男生81人，女生26人	每月大洋70元，由教育科拨支	该县于民国二十三年曾办短期师范一班，毕业后无经费未续办
			县立第二小学校	冷碛后街	阳海如	教职员共6人	高初二级共男生70人，女生30人	同　上	
			县立第三小学	兴隆堡中街	王泾泉	教职员共7人	高初两级共男生60人，女生30人	同　上	
			县立第一初小	桑林镇	任朝品	教职员1人	男生25人，女生8人	每月由县府教育科每校划拨大洋5元或6元，最多不过10元	
			县立第二初小	化林坪	王如量	教职员2人	男生35人，女生20人		
			县立第三初小	沈　村	余启享	职员1人	男生28人，女生14人	同　上	

续表

泸定	张永锡	王如九	第四初小	加郡	李祖光	教职员1人	男生45人，女生17人	每月由县府教育科每校划拨大洋5元或6元，最多不过10元	
			第五初小	得妥	山树勋	教职员1人	男生30人，女生12人	同上	
			第六初小	芝麻沱	陈耀武	教职员1人	男生26人，女生18人	同上	
			第七初小	磨西面	蒋继忠	教职员2人	男生64人，女生24人	同上	
			第八初小	喇嘛寺	高祖耀	教职员1人	男生30人，女生12人	同上	
			第九初小	奎武	谢福明	同上	男生20人，女生12人	同上	
			第十初小	咱威	余绍清	同上	男生38人，女生14人	同上	
			县立十一初小	扯索	张朝索	学职员1人	男生21人，女生13人	同上	
			十二初小	杵泥坝	王文学		男生29人，女生17人	同上	
			十三初小	子牛	高朝章		男生22人，女生8人	同上	

续表

泸定	张永锡	王如九	十四初小	咱里	王安文		男生26人，女生6人	每月由县府教育科每校划拨大洋5元或6元，最多不过10元	
			十五初小	烹坝	文秉光		男生45人，女生5人	同上	
			十六初小	岚州	任潜		男生32人，女生8人	同上	
			十七初小	擦道	张朝品	学职员1人	男生18人，女生8人	同上	
九龙	陈奇萃		县立小学校	城隍庙	叶用平	教职员共5人	高初级及幼稚园共3班，男生45人，女生3人	每月大洋35元，由地粮项下拨支	乡村现推设初小3校
雅江	唐际时	毛戒三	县立小学校	县内	冯有志	教职员共7人	男生24人，女生3人	每年由地粮项下拨粮三十石外收屠酒烟及船捐补充	
理化	张朝鉴		县立初级小学校	县内	张宗林	教职员共3人	男生15人，女生4人	每年由地粮项下拨藏洋1,000元	

续表

巴安	戴安琴	黄启光	县立小学校	县内	杨稷森	教职员共5人	高级男生23人，初级男生32人，女生16人，幼稚男生20人，女生14人	每年由地粮项下拨粮五十石及公益捐补充	
			私立华西小学校	架炮顶地方	浩格登	教职员共5人	高级男生9人，女生9人，初级男生24人，女生16人，幼稚16人	每年大洋900元，由福音堂教会支给	现在浩教士已回美国
稻城	曹良壁		无					预算每月藏洋92元，在地粮下拨支	稻、定、得三县本年川康部已令饬筹设学校，因故未成立
定乡	伍进修		无					预算每月经费大洋47元，在地粮下拨	
得荣	向理绾		无					每月经费预算尚未拟实呈报	

续表

丹巴	周文藻	黄仁让	县立小学校	县后街	黄科长兼任	教职员共12人	高级1班男20人，初级1班男40人，又女生25人	全年约藏洋1,500元，由地粮屠税专款项下拨支	力设实泡乡区初小9所，匪患后正谋恢复
道孚	胡人纪	赵君体	县立小学校	县内	张丰泉	教职员共3人	男生38人，女生10人	每月大洋约50元，由地粮拨支	
			初级小学校	泰宁街	马隆望	教职员共2人	男生21人，女生4人	每月大洋24.4元，由地粮拨支	附设国语学校，原名官话学校
炉霍	吴文渊	钟郁文	县立小学校	县城	张寅	教职员共3人	共分3班，男生28人，女生4人	每年由地粮拨支约大洋1,874元	
			第一国语学校	本城	吴秉钧	教员1人	分3班，男生28人，女生4人	每月由地粮拨支约大洋26.88元	
			第二国语学校	虾拉沱	马茂九	校长兼教员1人	分3班，男生41人，女生5人	同上	
			第三国语学校	朱倭乡	胡绍基	校长兼教员1人	分3班，男生29人，女生2人	同上	

续表

甘孜	李近坡	宋济元	县立第一小学校	东街	邹寿余	教职员共2人	分3班，男生26人，女生5人	每年学粮三十九石四斗，每月约藏洋80元	
			县立第二小学校	白利乡	官遗棠	校长兼教员1人	男生38人，女无	同上	由国语学校改设
			县立第三小学校	绒坝岔	惠泽	同上	男生26人，女无	同上	同上
瞻化	徐戡伍	杨虚生	县立初级小学校	关帝庙	杨科长兼任	教职员共4人	男生24人，女生16人	本年呈准加拨地粮三千石，每月开支大洋100元	附国语学校并课推设乡校
德格	陈容光		无					预算每月经费藏洋150元，在地粮下拨支	现正筹设
白玉	范昌元	刘卓之	县立初级小学校	县府右侧	陈履中	主任、助教及义务教员共8人	分2班男女共62人	每月藏洋88元，由地粮拨支	
石渠	章家麟		县立初级小学校	县内	董智明	教职员共4人	男女生共27人	全年大洋540元，在地粮拨支	

续表

邓　柯	张子愚		无					预算每月大洋45元，在地粮拨支	现正筹设
合　计 18县	18	10	45		45	143	2,354	除泸定初小17校外，每月大洋约需1,887.4元	

附注：

（一）西康现辖各县，均在金沙江以东，除安良未正式设县，并入康定，康定西南，又另设九龙。义敦县地入民国后，并入巴理，现拟复治，贡噶并入稻城，刻统计只一十八县。

（二）各县府教育科长，兹据正式呈报列入，计十一县有教育科。

（三）各县原有学校，除上列四十五校外，九龙现推设初小三校，丹巴乡区初小九校，统计共五十七校。西康师范学校，中央政治学校，康定简易师范部小学部，及各县教会设立之学校等因其不属于县，故均未列入。

（四）教职员，学生人数，如连丹巴九龙乡区所推设者，教员学生为数约二百人，总及全数，二千七百人左右。

（五）学校经费，藏币每元折大洋四角，如连泸定、丹巴、九龙各县，恢复推设乡校，及表内未详者，估计每月约大洋二千八百元左右。

三、西康教育之种类及经费

西康教育，较内地自属落后，一切设备，多未齐全，民国初年，尹昌衡张毅时际，改农业学校为初等小学，然以经费及师资关系，遂亦相继停办。盖边地道远，气候苦寒，又兼改革之初，一切文化，内地尚未普及，间有师资，咸以蛮荒徼外，不愿来康。逮刘文辉氏治边以来，始行设立公立中等学校二，公立初等小学校四十五，公立民众学校七，公立官话学校十八。关于社会教育方面，设有公共场所一，公共娱乐场所一，图书馆一，书报阅览室三，体育场一，共计有九种。余则外人之私立学校三。民国十八年，又创办西康教育研究会，西康国术研究，康藏边政研究会，边政学会西康分会，西康文化促进会，二十四军学友互助社等六种，以为辅助教育，施行方式。继以民国二十一年，康藏觉起，岗拖定协，至民国二十二年，川战失败，退过羌江，防区缩小，饷款无着，将后施行之六种辅助教育机关，亦即停办，其原有之九种学校场所，遂亦萎靡不振，迄今虽然存在，而其经费已多无法筹措，教育前途，良深慨叹。先是开办学务时，公立学校场所，经费由公家教育收支项下拨充，推行以来，成绩尚属可观，是时全康教费，年约藏洋二万四千三百四十元之谱。自刘氏失败，边军饷款不济，何能顾及教育，因之西康教育遂暮气沉沉，刻刘奉委建省，承中央筹边之计，教育前途，似渐光明矣。兹将西康教育之种类及经费情形列表如次：

（一）西康学校教育之调查

校别	校数	校职员数	学生数	经费	组织	设备	教授科目及用书	教授方法	训育方法	教职员生活状况	学生生活状况	与内地各校异同之点
中等学校	公立 2	25 人	90 人	4,500 元	内部分教育、训育、事务三项	桌凳图书尚敷用	采教育部审订之中等及师范教科	注入启发并用	采用宽严适中主义	多系军政学界人士担任	多系流寓汉人子弟与内地相似	教育经费及设备等项不如内地管理相似
小学校	公立 42	108 人	3,568 人	36,780 元	校长、管理员、教员、庶务等项	桌凳校舍尚敷用，图书较缺	采教育部审订之小学教科	多用注入式	采用宽严适中方法	分地方人士及委派师范毕业生	汉土人子弟各从其生活习惯	除汉人外土人多入学为当差
民众学校及补习学校	公立 7	12 人	254 人	1,200 元	教员 1 人或 2 人兼任管理	校舍桌凳尚敷用，图书则缺	酌采小学用书	多用注入式	因地方土人不愿就学多从宽劝导	多流寓汉人充任教员	多系土人子弟，衣毛织物，食糍粑	与内地习尚全异
外人设立之学校	私立 3	22 人	230 人	2,450 元	分设教员、管理员	校舍桌凳尚敷用	教授小学教科书	多用注入，间用启发	严宽并用	多流寓汉人充任	同于公立学校	与内地各校相似
其他	官话学校 18（即国语班）	18 人	500 人	360 元	校长兼教师 1 人							

（二）西康社会教育机关之调查

类别	区域	数量	经费	组织	设备
公共集会场所	康定	图书馆附设公共集会场所1			
公共娱乐机关	康定	图书馆附设游艺室1所			风琴、乒乓球等
图书馆或藏书室	康定	西康通俗图书馆1所	经常临时各费均系募捐办理	设主任1人，内分出纳、编目、内置、典藏、文书、事籍六项	馆址宏大，内有图书二千余册，刊物报章十数种
书报阅览处	康定、巴安、道孚	3处			
体育场	康定	图书馆附设公共体育场1所			足球、篮球、网球等

（三）西康学术团体之调查

名称	目的	地址	发起人	资产	设立年月日及章程	登记许可年月日	备考
西康教育研究会	研究教育	康定三圣池	张鸿达等	会员会金及捐助	民国十六年十月二十九日（简章一份）	民国十六年十一月五日	现已撤销
西康国术研究会	发扬国术	康定武侯祠	陈尊泉等	会员会金及捐助	民国十七年七月七日（简章一份）	民国十七年七月九日	现已停办
康藏边政研究会	照民国二十四年边务计划确定沿边方针	康定旧民正公署	蒋显光等	会员会金及常年捐	民国十八年十一月二十日（简章一份）	民国十八年十一月二十五日	二十四军失败即行停办
西康边政学会西康分会	研究边政进行以解除边民痛苦	康定旧明正土署	杨鹤修等	会员会金及常年捐	民国十八年十一月廿日（简章一份）	民国十八年十一月廿五日	刻因经费亦已停办
二十四军学友互助社西康分社	联络学友感情	康定陕西街	孙庆华等	会员会金及常年捐	民国十八年十二月一日（简章一份）	民国十八年十二月七日	该军失败后即停办
西康文化促进会	促进边地文化	康定安雀寺	彭宗钦等	会员会金	民国十八年十一月十八日（简章一份）	民国十八年十一月二十日	刻亦停办因该寺被焚

（四）泸定教育机关之调查

教育机关名	设治地点及设治年月	经费概况及经收方法	本年上期收支决算数	本年下期收支预算数	备　考
教育会	自民国二年成立，设置本城河东街阅报室内	本会经费每年拉县署附加肉厘项下，按月由庶务员统收统支			查本会收支数目向无定额，故未列入预算合并注明
阅报室	自民国十四年开办，设立于本城河东街	本室报章由教育会庶务员于征收肉厘项下函订			同　上
泸定县地方教育会	附设两等小学校内，民国十五年夏季成立	经费无	无	无	办事人员纯粹义务
泸定县教育经费收支所	附设两等小学校内，民国十五年夏季成立，现改为教育科，隶属县政府	经收教育款项收入及支出	收支决算数即两等校决算栏数	收支决算数即两等校预算栏数，详见前小学教育概况表经费栏中	办事人员纯粹义务

（五）西康各县教育经费之调查

县名	收入		分配		平均每校分配		地方岁入与教育经费百分比（%）	备注
	银数（单位：元）	主要来源	教育行政	小学	完小	初小		
康定	6,891	契税、肉税、附加、药捐、米捐、酒税、腌肉捐、学产	528	5,344	2,200	381	70	1. 该县每年尚需解康定师范校补助费 480 元 2. 地方税年约 9,800 余元
泸定	3,850	契税、粮税附加、肉税、禁烟罚金	316	3,148	700	62	65	1. 该县每年需解康定师范校补助费 3,606 元 2. 该县岁入 5,900 余元
丹巴	700	粮税、春贴捐、肉税、学产		520	260		13	1. 支出中尚有社会教育费及留学费等 2. 该县岁入约 5,250 元
道孚	1,162	地粮、学产		1,162	764	398	9	该县岁入约 11,700 元
甘孜	1,344	学粮、地粮		1,344	538	268	3.4	该县岁入 39,149 元
炉霍	2,360							详细调查表未到现依专署调查
瞻化	840	酒税、肉税		840		420	17	该县地粮未拨学款，所有行政费、教育费均以酒税、肉税供开支，酒税、肉税年收入 50 余元

续表

九　龙	420	地粮		420	420			
雅　江	30	肉税、酒税		30	30		1.2	该县岁入4,000余元，而教育费为各县中之最少者，现已准由船捐项下附加，学费将来可望增加
理　化	448	地粮项下年拨藏洋1,000元		448	488			最近报告未到，现依专署调查
巴　安	675	地粮50石	200	475	475		17	该县地粮收入移作教经者比例甚少
白　玉	473	由正税拨支		473		473		该县学校系民国二十二年新办，学生多为康人
德　格	673	预算年拨地粮50石		672				该县拟办初小1校，预算需藏洋1,500元，合大洋672元，已经核准，又预计学生39名（以13村每村3名计）
康区计13县	19,865		1,044	15,076				

四、西康之教会教育

西康内地，教会之势力，以天主教及基督教为最大。彼等教士皆精通藏文汉语，常将圣经译为藏文，到处宣传，从者日众。其大本营在康定，在各县设有学校以作传布宗教，侵略文化之基础，兹将所办学校列举如下表：

西康各县教会私立小学概况之调查

县　别	校别	设立者	教职员数	学生人数				常年经费实数（单位：元）	备　注
				两级	初级	幼稚	合计		
康　定	康化两级小学	天主堂	10	116			116	1,687	民国十六年立案
	中阿初级小学	回教公会	5		28	14	42	600	民国二十三年立案
丹　巴	初级小学校	天主堂	2		18		18	不详	
道　孚	初级小学校	天主堂	2		100		100	不详	
巴　安	华西两级小学	美教会	5	18	40	16	74	900	
泸　定	沙坝小学校	天主堂	1		25		25		三校有如私塾组织，概收教外子女，常年教读，是为对外。而对内教民，不分老幼，在农暇时，均来诵读，早晚课等经书，并供膳宿。
	冷碛小学校	天主堂	2		38		38	200	
	磨西小学校	天主堂	1		31		31		

五、今后之西康教育

就前所述，吾人知西康自清季开办学校以来，不三年而有一百六十余所。民国迄今，二十余年，所恢复者，仅数十校。其最大原因，系地方多故，统治失驭，以致旧有学校，半就荒芜，新辟边疆，半归沦落。今西康建省委员会成立，事权责任，即有专属，则以后推进恢复，大昌边教，自有希望！此后整理康政，当以恢复教育为先，但如何整理推进，方能使教育活动适合国家之政策与康人之需要，此吾人不能不特别注意者。兹略举管见如下：

（一）原则方面

西康地处边僻，风气闭塞，一般民众，只知喇嘛之尊，经典之贵，诵经礼佛，寂然物化。今欲唤起康民，发奋自强，则非实施民族主义之教育不可。康民数千年来，受土司之压制，无个人之自由，今虽有许多地方，改土归流，然一般人民之政治意识，国家观念，仍甚浅薄。有时虽有一二人高倡自治，一般民众，仍不知自治为何物，盲从妄动之结果，适足以自乱。故今后欲扶助弱小，提高康民之地位，非实施民权主义之教育，使康人个个都了解自治之意义，具有自治之能力不可。康民生活艰苦，经济穷乏，已达极点，然因种种迷信，弃货于地，不知开发，一生游惰，甘受贫穷。故今后欲改善康民生活，开发康地之富源，非实施民生主义的教育不可。根据上项原则之推演，吾人又觉有许多应行注意之事项，盖论及生产改良，则非科学方法不可，是科学教育，又成民生主义之核心。论及民权，则非个个人有相当之训练不为功，是一般民众之普及教育又至属重要矣。以言民族，则在今日之民族地位衰落已达极点之时，民族感情之融洽，民族健康之培养，民族团结之训练，民族武力之准备，民族奋斗之精神，民族意识之强化，尤为今后施教时应特别注意者。

（二）实施方面

一切事业之推进，均有赖于经费，经费之多寡，往往决定事业之成败，教育事业，更是如此。年来无论边地内地之教育，未能有良好成绩者，莫不因经费困难所致也。西康向极穷苦，全年政费只四十余万，教育费仅占三万，民国二十四年起教部始允每年补助六万元，然以现在情形言，国难亦趋严重，财政愈形困难，故今后西康之教育经费，实成为极大之问题。但吾人苟能本穷干苦干之精神，权衡轻重斟酌缓急，逐步做去，亦未尝不可收宏大之效果也。兹就管见，胪举数例，以供留心康区教育者之参考！

（A）应采用小先生制以推进国民义务教育也

国民义务教育，为国民之基本教育，凡属中华民国之国民，人人必须受之教育，是即所谓小学教育及短期义务教育也。目前西康虽有十八县之广而现有小学仅四十余校耳，其中稻城、定乡、得荣、德格、邓柯诸县，尚无学校之可言。似此国民基本教育之幼稚，可想而知矣。然若大量推广小学，则师资与经费，均成问题，即设短期义务学校，所费亦属不赀，在此人财两缺情况之下，吾人只有穷干苦干，以达到推广国民义务教育之目的。其法最好采用陶知行氏所倡之小先生制，同时适应西康民众生活之流动性，随牛羊人畜之聚集，天幕帐房，破庙碉楼，到处均可召集儿童，指天画地，施以教育，不必建固定之校舍费大量之设备。同时以简单之文语教会儿童之后，即使此类儿童担任教师，再教其他儿童或其家中父母兄妹，如是则学会之儿童，都可作先生，任何隙地旷场均可作学校，所谓师资缺乏与经费困难诸问题，均可解决，而短期之国民义务教育，不数年即可普遍全康矣。

（B）康定师范应侧重医药及宣传人员之训练也

师范学校，为师资之所自出，以西康之大，仅有康定师范一所，学生只七十人。中央政治学校所办之康定分校，经费人才虽尚较佳，但系初创，且只有简易师范部学生一班。其课程训练，除藏文藏语数小时外，其余皆与内地师范学校相似，此种人才，此种训练，将来用以担负推广西康小学教育及其他民众教育、社会教育之责任，欲收宏大迅速之效果，颇成疑问也。盖今日西康之教育，必须深入民间，方能收效宏大，而欲深入民间，非具有西洋人传教之精神与技巧不可。西洋人传教之精神，为其百折不回吃苦耐劳之热心与宏愿，西洋人传教之技巧，为其医病之知识与宣传之技术，有此二者故世界上任何地域，任何民族，此类传教士均能深入而得圆满之结果。西康人民，笃信佛教，死生疾病，唯佛是求，初不相信医药也。然教士每遇有病之人，辄以其流利之藏语，巧为劝导，使其服药，一旦病愈，则对教士之爱戴与信仰，不啻如活佛。因是吾人只见边区中到处充满帝国之主义者宗教之侵略，而不见中国文化之活动，盖即缺乏此种精神与技巧所致。故今后之师范教育，必须侧重医药卫生之研究与流利藏语演说宣传之训练，使个个教师，都如西洋之传教士，一方面医救康人之痛苦，改善康人之生活，一方面获得康人之信仰，融合汉藏之文化，促进汉藏民族之合作，则教育上所希望之一切目的均可以述到矣。

（C）应利用电影播音以促进平民教育也

广设小学推进国民义务教育，固为教育之基本要图，然在国难严重危亡迫切之今日，十年教训，已赶不及，故对一般众之教育，亟应设法迅速推进，使其早日普及。唯以西康人力财力之缺乏，而欲建设若干学校，聘请若干教师，教导若干年龄已大，积习已深之民众，非特收效甚微，且在目前事实上亦不易做到。最好办法，只有一方采用平教会用平民千字课推进平民教育之方法，使西康民众，学习汉人简单适用之语言文学，以便沟通汉藏人民之情感。一方利用电影及播音传播国内外各种重要之消息，灌输现代物质文明及社会活动之知识，以启发其思想，唤醒其爱国。同时采小先生制之精神，使民众之间互为传授，广为宣传，则一二年中即可收宏大之效果，此亦穷干苦干之一法，有志西康教育者，其注意乎？

绥远之教育鸟瞰*

国难严重，边局日危，有志之士，皆注意边疆问题。绥远屏蔽华北，控制边陲，形势至为重要，土地一百四十九万余方里，人口二百二十七万五千口，宝藏殊富，其教育状况，究竟何如？亦为关心边局者所欲知。爰就去秋在绥时之所见所闻，胪述如下，兼附愚见，愿与关心绥省教育之诸同志，共同商讨，冀其实现焉！

一、初等教育

绥远全省之初级学校，分省立、县立、私立三种。省立小学计有八所，其三所为中山学院及第一女师、第一师范所附设。县立小学如归绥、萨拉齐、包头等十七县，共计有六百三十五校。私立者多系教会小学，计属于瑞典协同内地教会合办者是十一校，属于美国协同内地教会合办者四校，属于天主教圣母圣心会者十二校。教职员均由会内神父牧师兼充，学

* 原载于《开发西北》1935年第3卷第5期。——编者

生人数未悉。学校分布于归绥、包头、萨拉齐、安北、固阳、临河、清水河、和林格尔、沙县等处。兹将省县所立小学校表列如下：

（一）省立小学校调查表

校名	全年经费	教职员数		学生数		备考
		男	女	男	女	
绥远省立第一小学	5,220	9	1	232	43	
绥远省立第二小学	5,220	8	2	167	55	
绥远省立第三小学	5,200	8		126	17	
绥远省立第四小学	6,108	2	1	202	39	
绥远省立第五小学	5,220	9	1	235	23	
绥远省立第一师范附属实验小学校	7,380	10		127	7	
绥远省立第一女子师范附属小学校	3,000	1	4		113	
绥远省立中山学院附属小学校	2,440	5	1	104	20	
总计[1]　8	39,788	61	10	1,193	317	

（二）县立小学校调查表

县别	校数	全年经费	教职员数		学生数		备考
			男	女	男	女	
归绥	20	26,946	55	8	1,034	204	
萨拉齐	114	19,660	247	27	4,002	171	

① 表格中全年经费、男性教职员数两项的总计数疑有误，分别应为39,808、52。——编者

续表

包　头	13	15,728	35	5	72	155	
托克托	46	15,426	104	18	3,222	113	
武　川	104	24,540	132	5	1,822	94	
固　阳	13	6,436	24	2	370	12	
临　河	33	23,615	62	3	1,096	207	
安　北	13	3,160	15	1	263	45	
东　腾	9	1,372	12		168		
五　原	13	17,672	36	3	587	97	
丰　镇	46	25,200	168	8	2,230	191	
兴　和	38	13,180	60	3	1,023	399	
陶　林	210	8,412	42	4	942	22	
凉　城	102	2,642	210	5	2,630	185	
集　宁	16	8,974	28	2	559	277	
和　林	13	6,812	25	3	365	64	
清水河	12	4,715	23	2	298	48	
总　计①	635	247,990	1,279	171	21,322	2,453	

① 表格中的各项的总计数疑有误，根据现有数据计算，从左至右依次分别为815、22449、1278、99、20683、2284。——编者

二、中等教育

绥远全省省立中等学校，计有师范二处，女子师范一处，中山学院一处，省立中学二处，全年经费共十八九万元，学生男八百余人，女二百余人。私立中学仅正风中学一处，年需经费一万二千余元，款均自筹，教育厅仅每月补助五百元。兹将各中等学校详情，表列如下：

校名	全年经费	经费来源	教职员数		学生数	
			男	女	男	女
绥远省立第一中学校	31,073	财教两厅支发	29		246	23
绥远省立第二中学校	13,197	财教两厅支发	16		154	14
绥远省立第一师范学校	34,443	财教两厅支发	19		205	
绥远省立第二师范学校	23,652	财教两厅支发	13		110	16
绥远省立第一女子师范	20,527	财教两厅支发	12	3		141
绥远省立职业学校	24,597	财教两厅支发	17		99	3
绥远省立中山学院	52,092	财教两厅支发	25		172	18
私立正风中学校	12,000	教厅每月助五百元，余自筹	24		151	6
总计[①]	184,978		151	3	1,135	221

① 表格中全年经费、男教职员数、男学生数三项的总计数疑有误，根据现有数据计算，分别应该为211,581、155、1,137。——编者

中学学生之分配，以富饶之区为较多，计归绥约一百四十人，丰镇一百一十人，萨县一百二十二人，包头一百十三人，托县六十二人，此皆地土较沃，出产较富之县区。此外如集宁有四十六人，清河有四十八人，凉城有五十人，和林有三十二人，武川有二十人，五原有十八人，固阳、临河等县皆十五人左右，其余诸县，皆不及十人，因地方脊苦，无力入中等学校肄业。幸该省教育厅有奖学金办法，贫寒子弟之优秀勤学者，每获资助以维持其学业。教厅每年筹款四千元，组委员会主其事，于每学期开始时，举行考试一次，每班仅取三人。高中学生成绩最优者，每人每次给奖金三十元。高级师范及初中职校学生，每人每次二十五元。初级师范生每人每次二十元。其成绩特异，操行最优者，可酌给特奖，以示鼓励。

中学经费之支配与教师之待遇。绥省中学教育经费虽少，而学校行政当局，颇能按照教厅厘定之标准进行。除师范职业学校有特别开支外，普通中学，办公费均占全经费百分之二十至百分之二十五之间。完全中学，高中每班五百元，初中每班四百元。初级中学亦四百元一班，人数不满十五人，非有特别情形，则不开班。教职员之待遇，在完全中学校长月薪一百四十元，教务主任月薪七十元，训育主任月薪一百元，事务主任月薪六十元，事务训育等职员，约四五十元。教员薪金，以钟点计，高中每小时一元半，国文、英文则二元半。初级中学校长月薪一百元，事务教务主任月薪五六十元，训育主任月薪八十元。教员每小时一元二角五分，国文及三年级英文教员，则二元半。校长及训育主任，多不兼课，必要时，仅能兼六小时，教务主任亦仅能兼十二小时。

三、留学教育

绥省因中学较少，教费困难，故省内无专门大学之设。幸因平绥铁路之便，故中学毕业生之欲求深造者，咸来平津一带，投考各国立及私立大学，作高深之研究。教厅亦规定国内各大学留学生办法，暂定名额一百，每名每年由教育厅津贴洋一百元。又以适应需要起见，限定各科津贴名额，计指定理科十六额，教育十二额，法商政治经济十七额，农科二十额，工科十二额，医科八额，文科十额，艺术科五额。并指定在北平大学、北京大学、师范大学、清华大学、交通大学、协和医学、南开大学、北洋工学院、青岛大学、齐鲁大学、中央大学、中央政治学校、中国学院、燕京大学、东北大学、广州中山大学、暨南大学、武汉大学、金陵大学等著名学校肄业，方可得请津贴。此外对女生之赴教厅指定之省外各高级中学肄业者，亦给津贴，以示奖励，唯名额仅有十人，每名每年津贴只洋八十元耳。目前已在国内各专门学校及大学毕业者计有一百一十一人，其肄业国内各大学者有百余人，其中女子有十八人。至国外留学，教厅亦有津贴办法，规定名额共有八名，欧美五名，日本三名，内各有女生一名，按所留学国生活程度之情形，给以适度之津贴，计已毕业欧美及日本回国服务者共有十人，现肄业国外各大学及准许留学尚未出国者共有九人。

四、社会教育

绥远之社会教育，于民国十三年李鸣钟主绥，李泰棻长教时，开始进行，当时设一民众教育馆于归绥市，每年经费六千四百六十八元。旋复于丰镇县设县立图书馆一所，民国十四年又在绥市设省立图书馆一所，嗣因政局变动，经费困难，社会教育，几于停顿。民国二十年傅作义主绥，对社会教育，竭力推进，在集宁、陶林、凉城、五原、清水河等县先后成立民众教育馆、民众图书馆、民众阅报处，在丰镇、凉城、包头、萨县等处，均设有通俗讲演所。全省总计现有民众阅报处十二，年需经费一千一百一十六元，备有报章杂志九十八种，平均阅览人数每日有六百余人。虽因经费困难，甚形简陋，然在此风气闭塞之绥远亦不无小补也。

图书馆除上述者外，省立一中、一师、二师、女师、中山学院，各设有图书馆。此外尚有私立河套中学图书馆，及萨县社会教育事务所图书馆，清河县第一小学之儿童图书馆等，均因经费拮据，甚形简陋。

五、民众教育

绥省现有民众学校，计萨县一处，集宁县一处，每月经费二十元，学生一百。丰镇县一处，学生七十余人。凉城县城内二校，乡镇五校，每校需经费三十元，学生一百六十余人。据绥省最近调查人口二百余万，设每十人中平均有十岁以上十六岁以下之儿童一人，则全省有此类年龄之儿童二十万人，除现已入学之儿童二万人外，尚有失学儿童十八万人，欲求教育普及，势非民众学校及实施短期义务学校不可。教育当局，有见及此，已拟定推广义务教育办法，于最短期间设实验民众学校二十处，在省垣及各县县城小学设短期小学一百五十班，短期小学专校二百处，果能逐步实现，则五年之后，或可使全省无失学之儿童。

六、蒙回教育

绥远人口二百余万，汉人约十分之六，蒙人约十分之三，回满约计十分之一。故除十分之六之汉人外，其他各族之教育问题亦甚重要。蒙古各旗，游牧为生，居无定所，民情浑噩，施教极难。现仅土默特旗于归绥市设有土默特旗第一中学附属高级学校一处，学生一百六七十人，教职员四人，全年经费四千三百六十元。此外尚有第一至第七小学校七处，第六第七两校，因经费困难，已停顿，其余五校，每校均有教员一人，学生一班，经费仅每年三百余元。回教徒人数既少，复与汉人混处各地，无分畛域，故多就近入省县各中小学校肄业，刻归化市设有回教完全小学一所，学生约二百名。包头县设有清真两级小学校一所，系民国三年回教促进会所设，每年经费二千二百元，现有学生一百五十八人，教职员六人，学校组织全仿县制。学校假设为新民县，校长为县长，学生为公民，其他如公安财政建设教育四局局长，均由学生中推选，其意在使学生于日常生活中，明了社会现状，习于政治之使用，此种学校，在塞上殊不多见睹也。此外萨拉齐县，亦有清真小学一所，系民国二年成立，现有学生七十三人，其中回教教民儿童约四分之一，余多汉人儿童，经费每月八十八元，尚有相当设备，学生精神亦佳。

总观上述，吾人对绥远之初级教育、中等教育、留学教育及社会、民众、蒙回诸教育情形，已得一明晰之概念。绥远以文化落后，经费异常拮据，而各级教育（特别是留学教育）能有现在之成绩，较之其他边省，已属难能可贵，足见地方人士与行政当局过去之努力。且目前对各种新的改进计划，仍在积极努力迈进之中，吾人对绥远教育之前途殊抱乐观也。唯绥远今日之地位，处国防之前线，夹日俄两大国之间，形势重要，危机迫切，则绥远人士与绥远当局所负之责任，当更重大而努力亦需加倍，兹举刍见，借作改进之参考：

（一）关于初等教育者

初等教育为国民义务教育，亦一切高级教育之基础，其重要自不待言。目前绥远全省省立及县立之小学，仅六百四十三校，在学儿童仅二万五千三百八十五人。全省之学龄儿童约计在二十万以上，则入学儿童仅有十分之一，失学儿童则占十分之九。如是对小学之扩充，义务教育之推广，自属重要。但同时尤宜注意者为教会私立小学之取缔，与私塾之改良与取消。目前绥远各县之私立小学，多属外人创设，附属于教会之中，据目前已调查所得者计有二十七校，其中课程训练，均由彼自由支配，文化侵略，莫此为甚，此急应设法取缔者也。私塾方面，虽系国人所办，然多冬烘主持，诵经背史，即唯一之课程，对时事新知，既甚隔膜，而卫生体育，亦毫无设备。总计目前各县私塾共计有一千零二十所，学生约一万七千五百二十九人。其校数几超过省县立学校之一倍，而学生数目亦有三分之二之多，若不彻底改革，严予取缔，对青年殊多贻误也。

（二）关于中等教育者

绥省中等学校，为数虽甚少，而各校课程教学，亦多齐整，与部定章则相符，教职员之待遇，亦尚不劣，能使安心服务，唯设备方面仍亟欠缺也。至于奖学金之设，原为鼓励成绩优良，家境贫寒之学生，用意至善。但就现在办法言，得奖金者殊少真正贫苦之学生，因在目前绥远之社会，真正穷苦聪明之学生，其能在小学毕业者，已属凤毛麟角，又焉能在初中高中肄业以取得奖学金耶！故事实上能在高中肄业之学生，其家道多在小康以上，高中毕业后，在国内外大学升学时，教厅又有留学之津贴，此类学生固无每学期给予二三十元奖学金之必要。而真正穷苦聪慧之小学毕业生若每季能得此款，则可以维持至中学毕业。吾人以为果欲使贫苦优秀之儿童，得受中等以上之教育，则奖学金必须从高小最后一年即开始，如是则贫苦优秀之学生，在小学尚未毕业时，即已得此奖金之资助，毕业后升入中学时，亦按其在中学之成绩，逐季发给，如是则小学毕业，无力升学之儿童，可赖此以受中等教育，果能在中学毕业，则更可借留学津贴之助进而受大学教育矣。至于一般中学生，为鼓励其努力学业计，无妨以书籍文具等物作奖品，不必予以巨量之现金也。

（三）关于留学教育者

绥省因省内无力创设大学，故对国内外大学之留学教育，夙甚注意，其成绩在边省中殊有可观。最近对名额之增加，学科之限制，均在厘定详细办法，积极进行中，唯女子受留学教育，仅占十分之一，此殆由女子中等教育之欠发达，应宽定留学名额，以资鼓励上进。其次绥省地理农林畜牧水利工艺最为适宜，民国十五、十六年归绥一带所植之树，近皆蔚然成林，葱秀可观，果能普遍栽植，十余年后，仅林木之利，亦莫大焉。他如包头之毛织工艺，河套之荒地垦殖，沿河之开渠灌溉，在在非熟于当地情形之专门人才，主持改进不可，故今后之留学教育对学习水利农林畜牧兽医制革染织一类者，应特予奖助并扩充名额也。

（四）关于社会教育及民众教育者

绥远之社会教育尚在萌芽时代，今后对民众阅报室、图书馆、讲演所、教育馆等自应特别努力扩充添设。他如戏曲之改良，电影幻灯之演放，对民众时事新闻科学常识之增进，收效至宏，亦应设法提倡预备。至民众教育对于儿童固甚重要，对于成人，更不可忽视，因绥远目前地位之重要，故民众自卫之训练，守土爱国之情绪，应积极培养，唯成人方面，因职业关系，自不及儿童之多暇易办，于此吾人应请采行近来沪上陶知行等盛倡之小先生制及工学团办法，经济方便，颇适合于边地，果能切实施行，对扫除文盲，推进普教，当有裨益焉。

（五）关于蒙回教育者

绥远之蒙回同胞，虽比汉人为少，然以现有之学校及已受教育人数之比例数目而言，比汉人相差太远，故今后应该特别奖进，使学校经费充足，数量增加，其与汉人杂居之处，以能行混合效果为最佳。

吾人留绥之时间甚短，对绥远教育情形，亦仅能作一轮廓之叙述，唯觉以绥远处境之僻远，财政之困难，教育工作能有如此之成绩，则当局对教育之热心与努力，殊堪钦佩，惟欲百尺竿头，再求进益起见，故就各级教育之现状略加刍见，冀作今后改进之参考，同时吾人更有数事不能不希望绥远当局及各校师生之共同努力者！

教育之实施全赖乎经费，目前各校之扩充与充实，各项新教育计划之实施与推进，均非巨款不为功，此不得不请政府当局广为设法筹集者也。其次对外人所办之学校，不能不设法限制阻止，同时对比公立学校超过倍数之私塾亦不能不严加取缔切实改革，此又政府当局所应努力进行者也。

吾人在绥时，适届暑假之期，东南各省因热在度百[①]，而绥远一带颇属凉爽，各校青年学生率多回里休息，无所事耳。同时于沿途遇见日本青年，背负行李箱箧，到处测绘摄影，研究调查，且有许多深入蒙旗，学习蒙语，调查蒙情。同是青年，同在暑假，彼则利用闲暇，处处谋我，我则游手好闲，漫不经心，故吾人甚盼绥远青年以后应以读书不忘救国之精神，利用假期举行考察，深入蒙旗，学习蒙语，联络感情，帮助蒙民，改良生产，启迪新知，共赴国难；同时各校教师，亦应利用课外时间，将所有学生，严密训练，切实指导，使知目前所处地位之严重，责任之重大，而共同努力，巩固国防，以求生存也！

① 此处指华氏温度。

复兴民族与小学教育*

各位先生！兄弟今天讲的题目是《复兴民族与小学教育》。现在分作四段来讲：先讲为什么要复兴民族？其次讲复兴民族与小学教育的关系。再讲今后的小学教育要如何才能复兴民族？最后更讲对于各位先生的希望。现在即分别来讲。

一、为什么要复兴民族

复兴民族的这个口号，自从倡出以后，震醒了不少正在沉溺酣睡的中华民族。请看这几年来民族的复兴运动，由江西发轫已扩充大到全国各地，我们无论到什么地方，都听见民族复兴的呼声，都看见各种民族复兴运动，这种现象，尤其在领导民众的知识分子和教育界，最为普遍。四川

* 原载于《西北问题》（季刊）1936年第2卷第1、2期。正文前有如下注释：本文系前在四川省立小学教员寒假讲习会所讲。由王绍渠君记出，曾在《统一评论》上发表，以其有关复兴民族，特为转载。望国内小学教师共同注意，并进而商讨为！收入本书时略有删减。——编者

是民族复兴的根据地，小学教师是民族复兴的原动力，今天我们在民族复兴的根据地，和各位先生讨论这复兴民族与小学教育的问题真觉得非常的有意义！

为什么我们要复兴民族？因为国家是由民族构成的，一个国家的强盛，全靠着她的民族，民族强盛，国家便强盛；民族衰弱，国家便衰弱，民族颓废堕落到不可救药的时候，国家便要灭亡！民族怎样才强盛？强盛的民族，是个个人都有力量，都有精神。所谓力量，就是自卫的力量，生产的力量和文化的创造力量，所谓精神便是自信的精神，奋斗的精神，以及精诚团结，为民族国家牺牲的精神。有了上述的力量，便是有武力财力和智力的民族，武力财力智力充实的民族，一定能战胜别的民族，使他的国家强盛起来。有了上述的精神，便是能自强，能自立，能团结，能牺牲的民族，富有这种精神的民族，绝不会被人灭亡。所以民族的强弱与国家的存亡，关系极大！

现在把我们中华民族的过去与现在分析比较一下。在历史上看，中国民族是世界上的强盛民族，所以过去中国，也是很强盛的国家。请看秦始皇征匈奴，取南越，服西戎；汉武帝的通西域，开朝鲜，征服西南夷；以及唐时之征突厥，服吐蕃，定回纥；元时之征欧洲，服南洋，臣安南，攻日本，岂不是因为民族强盛，才有这种武力的表现吗？同时这样伟大持久的战争，需要多量的粮食和金钱才行，不有丰富的财力。又焉能如此？又如文化方面种种发明和创造，在黄帝之时，四千年前已有八卦文字历数指南针兵器，及衣食住行所用的各种器具。中国的民族，如果愚笨，焉能如此？这是中华民族过去的光荣历史，也是我们民族自信的依据，但是现在如何？文化发明最早的中国，到现在不但没有发明和创造，就是极力模仿，都赶不上西洋的国家。经济方面，因为生产技术不良，贪官土劣剥削，天灾破坏和帝国主义者经济的侵略，使整个农村破产，国民经济奔溃，现在已到民穷财尽困难万分的时期了。同时不良的婚姻，鸦片的嗜好，文弱萎靡，和不讲卫生的积习，损坏了民族的健康，自卫的武力更谈不上到，民族的力量，既然衰弱到这种地步，所以日本帝国主义者，才敢这样的压迫我们，侮辱我们。民族的力量，尽管衰弱，民族的精神，如果没有消失，那还是不要紧的。但是目前中国民族的精神方面，也是一天一天的走上了沉沦消失的途径。请看各地汉奸的活跃，国贼的投降，知识分子的苟安消极，青年男女的浪漫嚣张，一般民众的颓废萎靡，以及国内的涣散分歧，不能精诚团结，共赴国难，何一非象征着民族精神的堕落与消失？一个具有悠久历史光荣的中华民族，现在弄的力量衰微，精神消失，成这种样子，若不赶快设法挽救，就是日本帝国主义者不亡我，我们自己也会受自然淘汰，日趋灭亡的。挽救的唯一方法，就是复兴民族，复兴民族的要义，就在恢复民族的力量，振起民族的精神！

二、复兴民族与小学教育之关系

怎样民族才能复兴？复兴民族的办法固然很多，但根本最要紧的，就是教育。古今中外，以教育的力量复兴民族，强盛国家的先例很多，越王勾践为吴王夫差所掳，臣妾于吴，养马三年，后来放他回去，他便十年生聚，十年教训。生聚的结果，充实了民族力量，教训的结果，恢复了民族精神，所以后来就复兴其国，一举灭吴。英国人常说滑铁卢之得胜，是由伊顿学校的体育场中得来。美国人也说当年参加欧战的勇士，即是以前学校中的选手，可见勇敢善战，捍卫国家民族有赖于教育的培养和训练。再拿德国来说，在 1806 年的时候，德国为拿破仑所败，柏林被占领，割地赔款，屈辱媾和，困难严重，民气消沉，有过于今日之中国。当时有个大学者斐希特作了一篇《告德意志国民书》(*Addresses to the German Nation*)，最要紧的话就是说："武器的战争已毕，主义道德和品质的战争将从此开始……战胜者非靠坚甲利兵，是靠精神力量……今后恢复德意志独立的方法，唯有教育。”德国的青年，受了这种讲演的影响，都以“为国牺牲”相号召，民族思想，澎湃及于全欧，不过五年，德国便联合英俄奥瑞，大败拿破仑于莱比锡。后来斯泰因、哈姆博特继续斐希特的意思，对于德国的教育，实行改革，树立了复兴民族的基础，后来到俾士麦的时候，国势大强，卒于1870年大败法国，称雄欧洲，但当时的大将毛奇他并不说是军事的胜利，而归功于小学教育，可见小学校教育的重要了！

以上所举，都是过去的例证，就拿最近来说，战后德国的复兴，土耳其的独立，苏俄的强盛，意大利的称雄，又何莫非得力于儿童的教育与青年的训练。此外，俄国的小十月团，少年先锋队及共产主义青年团，合计起来，男子团员也有四百万之多，个个皆受了良好的政治，和军事训练。至如意大利土耳其等国，其青年团的人数，虽不甚详，但他们都以训练青年儿童，为复兴图强的唯一目的，目前中国的国难，是从来所未有，在这非常时期，一般年纪老大和嗜好太深的人我们对他不能有多大的希望，我们的民族精神，大部分寄托在儿童和青年的身上，我们最大的希望，也在于这些儿童和青年。我们根据过去的例证，目前中国的需要，我们深信要复兴民族，定要振兴教育，而小学教育，尤为复兴民族根基！

三、今后小学教育如何办才能复兴民族

小学教育既是复兴民族的基础，今后小学教育的设施，自应以复兴民族为目标。换言之，今后之小学教育，应努力培养民族力量，振起民族精神，现在把培养民族力量，和振起民族精神的办法，就管见所及，略举几条：

（一）关于培养民族力量者

培养民族力量，就是要使个个儿童都能有自卫能力、生产力量和文化的创造力量，这些力量的造成，一方面赖于知识的启示，例如教儿童个个

都有自卫的知识、生产的知识和对过去中历史文化的了解与欣赏。一方面有赖于行为的训练，例如教儿童个个都能自卫，能生产，能运用其过去的知能以应付新的环境，兹再举其应注意的各点如下：

（A）自卫力量之培养

（1）增进民族健康

应注重体育卫生，养生意识之培养，使儿童的身体得以尽量发展。

（2）培养民族武力

a. 儿童生活习惯一律军事化，

b. 养成耐劳吃苦之习惯，

c. 养成射击准确及其他各种军事方面的必要技能，

d. 养成沉毅果敢之性格，

e. 养成负责任守纪律之习惯，

f. 养成服从最高领袖和喜欢团体生活之习惯。

（B）生产力量之培养

（1）养成脑手并用勤苦劳作之习惯，

（2）减少室内读书时间增加课外劳作活动时间，

（3）各种课程都应以生产教材做中心，例如：

a. 图画：应使儿童绘画广告及工业上应用之机械与农产品等。

b. 自然：应研究各项工业之原料等

c. 地理：应讨论原料之产地及交通运输之情形。

d. 历史：应研究工商业发达史及各工商业发明家的历史。

e. 算术：可计算当地各种出产之数量与价值。

f. 国文：口述或笔述当地各种物产及工商业大概情形。

g. 唱歌：唱田家劳动歌之类。

h. 手工：制各种简单的工商业用具或原料物产之模型。

（4）各种课外活动，应制造机会，使能得充分之生产劳作的训练，并使其常到附近之工厂商店或农场去参观或参加，做很简易的实习。

（C）创造力量之培养

所谓创造，并不是要儿童有什么奇异的发明，和有价值的创造，是在引导儿童能自发的活动，自动的应付环境，能依照科学的途径，去思考判断，养成这种良好的习惯，将来自然是有思想，能创造的良好国民了。因此小学校里对于儿童的科学训练，应该特别注意！

（二）关于振起民族精神者

所谓振起民族精神，就是为使个个儿童都有民族自信的精神，努力奋斗的精神，团结御侮的精神，为国家民族牺牲的精神。这些精神，一面要靠历史地理的国耻材料，和社会公民，各种时事课目，在知识上的启示；一面又要靠用各种纪念及各种集会游艺演说的机会，以激发其精神，强化其民族意识和爱国观念。换言之，民族精神的振起，都要在儿童日常生活的训练，和民族意识爱国情操的激发方面用功夫。

四、小学教师的责任与应有的努力

上面讲了很多，现在总起来说，复兴民族是目前救亡图存的唯一办法，要民族复兴，先要充实民族的力量，发扬民族的精神。要民族有力量有精神，我们只有从小学教育的军事化、生产化、科学化着手。但是把小学教育军事化生产化科学化的责任，都在各位小学教师的身上。这样看来，各位现在所处的地位，和所负的责任，非常的重要了！复兴中华民族的这把锁钥，完全操在各位的手中。中华民族的能否复兴，完全看各位的能否努力，各位若一致努力，负责推动，中华民族一定可以复兴，各位若果放弃责任，不能努力，苦干实干，中华民族便没有复兴的希望。盼望大家本着自己的责任，领导着一般青年儿童，向那民族复兴的光明大道，努力迈进，做一个中国的斐希特、斯泰因、哈姆博特。

新疆之山脉与地势 *

一、山　脉

吾国言山脉者，向祖《禹贡》，《禹贡》而外，多依两戒之说。按《禹贡》导山之说，常谓“导研（陕西陇县）及岐（陕西岐山县）……西倾（青海西宁贡德县）、朱圉（甘肃天水）、马鼠（甘肃清源县）至于太华（陕西华阴）……导嶓冢（陕界阳县）至于荆山（鄂南漳县）……岷山之阳（四川松潘）至于衡山（湘衡山县）……”是其最远之源，亦不过今之青海、甘肃、陕西、四川诸省而已。唐一行有天下之山，存乎两戒之说，其北戒“自三危积石负终南地络之阴，东及太华……”其南戒“自岷山嶓冢负终南地络之阳，东及太华……”是亦不过以今日，陕西之终南山为准，而溯源于青海、四川也。

近世欧亚畅通，地学进步，言中国之山，则祖葱岭，言亚洲之山，则

* 原载于《新亚细亚》1935 年第 9 卷第 5 期。——编者

宗帕米尔高原。盖帕米尔（Pamir）在新疆之西边，地势高峻，平地海拔一万二千尺至一万五千尺，高山则常在二万数千尺以上。故通常以为亚洲山脉皆发源于帕米尔，惟是山之为物，并无生命，其成形全由地壳之变迁，其集中帕米尔亦系偶然，并不如树木之由根源，而躯干而枝梢之能陆续生长繁荣，兹为述说便利起见，无妨以帕米尔为起点也。

新疆居吾国之最西，与帕米尔高原相接，帕米尔号称世界之屋脊，亚洲诸山，皆蜿蜒于此。综其山系，可分为六，向西行于中亚细亚者有二。曰兴都库什山系（Hindo kushmts），由帕米尔向西南行于阿富汗、波斯、土耳其之间。曰苏里曼山系（Sulimaun mts），由帕米尔南行于印度、阿富汗、俾路支之间。其东行于吾国境内者，约有四系。一为喜马拉雅山系由帕米尔南向东行，包吾国西南国境，构成西藏高原。二为阿尔泰山系，由帕米尔向东北行包吾国西北国境，构成蒙古高原。三为天山山系，由帕米尔北走向东横卧新疆省内。四为昆仑山系，由帕米尔向东南行经新疆南部而走内地及东北各省。兹分别述之如下。

（一）喜马拉雅山系（Himalayas mountains）

由帕米尔南麓向东南行者，为喀拉阔鲁穆山脉，其南当印度河之曲处，更起一脉，向东南行，磅礴郁积，为盖楚冈仟山，为刀剌吉利峰，为额非尔斯峰（海拔二万九千尺上），为堪专专加峰，以临于哲孟雄之北。更东过亚东关附近，有咱利山、挚莫支山、卓木拉里等山。后东走包不丹之北，而东为拉木山，为喀勒巴拉山，为珠齐岭，以极于雅鲁藏布江之曲而止。山质大抵为片麻岩、云母片岩所成，峰顶则由花岗岩成，中部火山作用现已停止。按喜马拉雅山脉实分南北两重，中为旱沟，尼泊尔不丹两小国，即建设于其间，其北临藏之面，峻坂陡急，冰雪凌空，其南则岗岭相衔，渐趋低落，直抵印度平原，风景翠丽，不若北面之穷荒瘠瘦也。

（二）阿尔泰山系（Altai mountains）

阿尔泰山亦称阿尔坦，蒙古语金之谓。以其山多金也。此山系西南起于额尔齐斯河之北岸，东北极于肯特山，以接西比利亚之外兴安岭，而盖尽于北令海峡，在国境者，长凡千二百里，幅约七百七十里，平均高度三千八百尺至四千二百尺。在科布多南与当唐努山西端，及库苏古尔泊北之穆逊山等处，均高至一万尺。阿尔泰山形成最早，多断层山脉，山北陷落层多，愈陷愈深，故均生湖泊，至乌布萨泊，达最深点，其北隆起即唐努山。山南多阶级断层，愈南愈降，故成准格尔盆地，又阿尔泰，系全脉之总名，包含大阿尔泰山、南阿尔泰山、中阿尔泰山、北阿尔泰山诸脉。兹分别述之如下。

（A）大阿尔泰山脉　是脉接天山最北之塔尔巴哈台岭，自额尔齐斯河北岸，齐桑泊之东北岸，北走为奎屯山。自此西北走，入俄境者，复有北阿尔泰山脉，为额尔齐斯河及俄比河之分水岭。其正脉自奎屯山北走，为赛留格木岭，而抵于察布产达巴山口，其北即接萨彦岭，正当唐努山之西端，为俄比河与科布多河之分水岭。全脉高度平均在七八千尺之间。

（B）南阿尔泰山脉　是脉自奎屯山东南行，经阿尔泰及科布多之间，复斜贯于蒙古之札萨克图汗、三音诺颜汗二境，横渡大漠为车库尔台山，巴颜察罕山，阿尔察博哈多山与河套西北之贺兰山及喀拉那林乌拉岭遥相接应，为科布多河，匝盆河，及大漠中诸小水与额尔齐斯河之分水岭，其高度在科布多阿尔泰区间，均在万尺上下，东南以下，平均七八千尺。

（C）中阿尔泰山脉　是脉分东西两段，西段为唐努山，东段为杭爱山，唐努山由察布产达巴山口界牌之南，离萨彦岭而东走，抵于库苏古尔泊之西南岸绵延数百里，草木甚为繁茂，山势西端高，而东端低，平均在七千尺左右。岭北为乌鲁克木河，岭南为色楞格河流域。杭爱山由唐努山北湾之处，折向东南，绕桑金达赖湖之东，折而西走至乌里雅苏台之北，又向东折，横贯三音诺颜汗，土谢图汗，二部之北，再向东北而止于肯特山，岭北为色楞格河流域，岭南之西，为帖斯河，匝盆河流域，岭南之东为黑龙江上流，克鲁伦等河流域，山之高度平均在五千尺以上。

（D）北阿尔泰山脉　是脉亦称萨彦岭或萨扬岭，起于察布产达巴山口之北，唐努山之西端，沿国界蜿蜒向东北行，止于库苏古尔泊西北之叶尔吉克，塔尔哈克台戛第十八界牌，岭南为叶尼塞上源，乌鲁克木河流域。全脉平均在六七千尺之间，余脉东南行至哈克图之西与外兴安岭相接。

上述阿尔泰山山脉，除大阿尔泰及南阿尔泰山之一部，包绕新疆之北部及东北部外，余均蜿蜒于蒙古境内，以构成蒙古高原。

（三）天山山系（Tien-Shan Mountains）

天山《汉书》称"白山，亦名雪山"。《唐书》称"时罗漫山"。《元史》称"阴山"。在哈密一带，匈奴呼之为"祁连山"，是脉自帕米尔高原北部之葱岭，向东北行连于阿尔泰山山脉，横亘于北纬42°至44°之间，重峦叠嶂，雄壮异常，经疏附、乌什、阿克苏以达伊犁，其折向东行者，经迪化、吐鲁番、善鄯、哈密、镇西之间，至塔勒沁山而入于蒙古札萨克图汗南部之沙漠中，长四千五百余里。山体东部狭而西部广，西北最宽处约三百至六百余里，平均高度逾万尺，在喀什噶尔之喀喇祖库山一带，为我国塔里木盆地与俄属锡尔阿木两河盆地之分水岭，亦即中俄边境之天然界限也。山脉既长，分支亦多，除正脉外，尚有干脉五条，称天山复干，如那林喀那山脉、布古尔山脉、博罗霍洛山脉、阿拉套山脉、塔尔巴哈台山脉等，弥漫于新疆之中北两部。天山之形成，较阿尔泰山稍晚，且多属褶曲山脉，惟博格多鄂拉，与阔克帖克二山之间，有自吐鲁番至哈密之陷落带也。兹将各复干情形，述之如下。

（A）天山本脉　是脉自乌赤别里山向东北，沿国界行，为廓克沙里山、贡古鲁克岭、柏斯塔克山，自温宿县西北折向东行，称汗腾格里山，高一万二千尺（汗，王也，腾格里，天也，即天王之意），其主峰为木素尔岭，在温宿县之北四百余里噶克察哈尔台与他木哈塔什台之间，为南北交通之要冲。按木素尔，回语冰也，木素尔岭，即由冰所结成者也。由噶克察哈尔台南行，经雪海二十里，即冰山，无草木沙土，一望皆冰，层峦叠巘，高如华岳，冰之厚不可知，自裂隙下视，黑不见底，仅闻流水澎湃，声如雷鸣，冰径裂口，塞驼马骨，借以置之，人畜至此，皆鱼贯而行，战栗恐惧，冰谷涨落无常，道路亦无定所，每逢升降变动，辄至三五百丈。陡绝处凿有冰梯，攀援登降，危险万分，偶一不慎，辄坠冰涧，行抵日暮，天风横吹，冰裂声响，山鸣谷应，震骇异常，行八十里始尽。冰山北九十里，又有雪海，积年阴雪，其深莫测，周围五六百里，无草木鸟兽，迷路失足，辄陷入雪窖之中，其险峻难阻可知。再东北为那拉特岭抱甲犁河流域，更东至阿东昆山口，为乌克克山，绕迪化城南而东北行者为博格多鄂拉山，为额得灭克达巴山，由是过镇西、哈密之北，以上于外蒙札萨克图汗南部之戈壁间。山北为大那林河、伊犁河及入阿雅尔淖尔之玛纳斯河、呼图壁河等，山南为塔里木、珠勒都斯河及巴里坤湖等。

（B）那林喀喇山脉　主峰在吐鲁番之西南，自天山正干阿敦昆山口，向东南，至迪化西南之乌克克山，东南行，一脉至博斯腾泊之东北，再南行绕博斯腾泊之东南，与布古尔山脉相连。他支则东行于吐鲁番善鄯之南境，至哈密西北与天山之正脉相接。全脉高度在二三千尺之间，仅西北部分有阿勒乖河、东河等细流，注土鲁番东南之湖泊，东南之部则无甚河流。

（C）布古尔山脉　是脉主峰，在输台县东北，由库车县北之额什克巴什岭，与天山正脉分离，东南走于那林喀喇山脉之南，至哈密县之东南，经白龙堆及哈顺沙漠之北，更东北行出省界，为察罕得布巴克山，以接于西套蒙古之戈壁。盖天山脉当库车之北，分为三支，最西南者为白山，其脉最短，止于库车城北。最东北走者为那刺特岭，即天山之正干。行于那刺特岭与白山之间者，为额什克巴什岭（额什克回语小山羊，巴什谓头，言山形似山羊之头也）。由额什克巴什岭，向东南走，即布古尔山，山北为珠勒都斯河流域，山南为孔雀河、塔里木河之流域，全脉高度约在三千尺以上。

（D）博罗霍洛山脉　是脉主峰在精河县南，天山正干在乌苏县南阿敦昆山口（蒙语谓星为阿敦，雪为昆）之北，起顶为额林哈必尔罕岭，更向西北行，为博罗布尔嘎苏岭（准语地多青柳之意），绕伊犁河之北，过霍尔果斯河源，以入中亚，尽于伊犁河下流之沙漠中，全脉高三四千尺之间，有博罗塔拉河，东流入额比泊，其东北麓有呼图毕河，及龙骨河之水注入阿雅尔淖尔。

（E）阿拉套山脉　是脉主峰在精河县西，偏北之国界上，自霍尔果斯河源北部折向东行，南临博罗塔拉河及额毕泊，其北有巴尔鲁克山（准语树木丛意），更东北走出阿雅尔泊之北，至阿尔泰而尽于古尔班通古特沙地。山脉之北为额木尔河下游及拉木河上游，全脉高度在五六千尺之间，又伊犁之南，亦有一部分称为阿拉套岭，该脉西行入中亚细亚，尽于伊犁河北之漠地。

（F）塔尔巴哈台山脉　是脉主峰在塔城县北，塔尔巴哈，蒙语水獭，因山多獭，故以为名。自阿拉套山脉跨国界北走，西接中亚之吉尔吉斯草原，东南走入内地为木斯套山，沙尔巴尔图山。更东南入阿尔泰境包乌伦古河之南，更东走古城之北，为巴巴盖山，更东走哈密之北，为沙雷努鲁山，以尽于札萨克图汗南之沙漠。山之西南部为额米尔河，上游及阿拉克与阿洛素托诸湖域。山北为乌伦古河及额尔齐斯河流域，全脉高度在七千尺以上。

（四）昆仑山系（Kwen Lun Mountains）

昆仑山脉，西起葱岭，东至于海（中国海、暹罗海、马尔达班海），横亘国境凡四十余度（由东经 80°至 120°），全长七千四百余里，为世界最大山系之一。地势西部最高，多在两万尺以上，东行渐低，至海滨一带，则低至数百尺，全部平均约在万尺上下，昆仑山脉发端于葱岭者，自叶尔羌西南之齐齐克里克岭（齐齐克，准语花也。里克，回语多有也）北走为喀什塔什岭（塔什满语谓石），又北为喀卜喀岭（即赫色勒牙克岭），又西为和什库珠岭（译言双耳），绵亘数百里，状若半环，是曰葱岭。外若半规，中为虚地，古称昆仑之墟（《山海经》："华山西七千七百六十七里，曰不周之山。"郭注，山形有缺不周匝处，因名），按不周，蒙为半规，当即葱岭。

又齐齐克里岭，东南有密尔岱山，山峻卅里许，四时积雪不消，谷深六十里许。山之构造分三层，上下层皆石，中则函琼瑶，弥望无际，故曰玉山。探玉者乘犁牛至其巘，凿之坠而后取，往往重千万斤。其南与玛尔胡鲁克山，峰峦相接，均以产玉著。

昆仑山系，分布国境，最为广宽，故有昆仑为万山之祖之称，通常以在新疆西藏境内者，称为西昆仑，在青海方面者，称为中昆仑，在本部及满洲者称为东昆仑。在西部则有冈底斯山、唐古喇山、巴颜喀喇山、阿勒腾塔格山等四干。其蜿蜒南行者为横断山脉。曰色隆拉岭，曰伯舒拉岭，由冈底斯山西来，南入缅甸。曰他念他翁山，曰云岭，由唐古剌山向东南行，他念他翁山入缅甸，云岭则一部入越南，一部东行，构成南岭及句漏山以至于海。曰沙鲁里岭，曰大雪山脉，自巴颜喀喇山南下，至金沙江北岸，与南岭山脉隔江相对。

（A）喀喇昆仑山（Karakorum mountains） 昆仑正干，自葱岭分出，东走析为四支，皆经过喀喇昆仑山。喀喇昆仑，回语黑磨石之意。最高峰塔布山达二万七千九百尺，其雪线南面为一万九千尺许，北面为一万八千余尺。为世界第二高山，印度河与塔里木河之分水岭，其间冰河甚多，如喜士帕尔（Hispar）、比阿发（Biafa）、巴尔托罗（Baltro）、来木（Remo）等面积均不亚于喜马拉雅之冰河也。沿葱岭之南麓向东南走，为冰山，高一万八千尺以上，其西南即英属之乾竺特与克什米尔，在喀喇科龙山口，为南疆至克什米尔之要道。其东北为新疆之和阗，山峰险峻，旅商经此，多组成大队而行，山上多冻毙之僵马及遗弃货物，毙马挺然长眠，终年不腐，地之寒峻，可想见矣。由冰山东南入西藏者即冈底斯山，本脉东走，为拉布齐岭，为察察岭，为托古兹大板至东经八十三度之处，复北行为阿勒腾塔格山，昆仑北支之阴山山脉，自此发展。本脉向东走，至青海西界上循界线北走为勒科尔乌兰达布逊山，复东行曰巴颜喀喇山，昆仑中支之北岭山系，即由此发展。本脉之东南，行于青藏界上者，为唐古喇山脉，昆仑南支之南岭山系，即以此为起点。

（B）冈底斯山脉（Grand Himalayamts） 是脉由冰山南走入西藏之阿里部，一名内喜马拉雅山，又名赫定山（Hedin）脉，因为赫定所发现故也。横亘全藏，至于西康加黎县之西北，其起顶高二万二千二百余尺，最高峰曰年钦唐古拉。冈底斯为雪之意，因番语谓雪曰冈，梵语谓雪曰底斯，冈底斯乃合番语与梵语名之也。是脉西北端之冰山，为葱岭西南面之一大绝壁，当新疆与克什米尔之交，称喀喇昆仑山，其东南行以至于前藏者，称冈噶拉山（在拉萨之东），山西怒江东流多大湖泊，山南为雅鲁藏布江流域。由冈噶拉山入西康界，向东南走者，即横断山脉之色隆拉岭与伯舒拉岭经云南以入缅甸。其冈底斯之西南部，则为印度河发源之处。

（C）唐古喇山脉（Tangla mts） 为唐古特之转音，因西藏人种，古称唐古特种，故呼其间之山为唐古喇山，是脉起于托古兹达板东端，由勒科尔乌兰达布逊山南行于青藏界上，以至于昌都之西北。其西部自一万尺至二万尺，在新青藏三省交界之勒科尔乌兰达布逊山一带，其高约近于二万六七千尺。自勒科尔乌兰达布逊山东南行，曰巴萨通拉木山，为扬子江上流木鲁乌苏河之发源地。再东南者为当拉岭与拜都岭，二岭之间为怒江发源处，岭南有伊克诺木罕巴什山口，为由青海入前藏拉萨之大道。又东为格尔吉山，齐布玛尔山，拉尔古东查山，为澜沧江发源之处。又东南行于昌都方面者为横断山脉之怒山及宁静山脉。

（D）巴颜喀喇山脉（Baian karamts） 主峰在黄河源之西南，蒙古称富为巴颜，黑为喀喇，巴颜喀喇，即山色浓清之意。是脉自勒科尔乌兰达布逊山之北端东南走，横贯青海，中区以接于四川西北之沙鲁里山、大雪山、岷山等，其最西端，称为巴颜喀喇得里多山，稍东为巴尔布喀山，为阿克坦齐青山，为噶达素齐老峰，由是分为东北东南两支，东北支循黄河东岸而东走，至黄河曲部为大积石山，其由扎陵海北走东北以至河湟相会处者，为小积石山。由小积石山沿青海东西向北行以接于祁连山者，为大通山及南山丛岭，又名阿木尼厄库山。东南一支循黄河南岸走向东南者，为拉麻托罗山，至川北边境，复岐为二，一北走接岷山，为北岭之发端，一南走接于横断山脉之大雪山与素龙山。全脉西端最高处在新青界上之勒科尔乌兰达布逊山，达二万七千尺左右，中部约一万五千尺，平均为一万七八千尺，为黄河与长江之分水岭。

（E）阿勒腾塔山脉（Altyn Tag mts）　一名阿尔金山，又名南山。为昆仑山系之主脉，高达二万一千以至二万五千尺之间，其一万八千尺以上之部分达于雪线，四时白雪皑皑，经久不消。是脉自托古兹达坂（东经83° 附近）向东北行为昆析克图拉尔山，察们塔格岭，复西折为阿勒腾塔岭，大小屈莽山，更东走为阿斯腾格塔山。其更东跨甘青界上者，为祁连山，以甘肃酒泉县南为最高，匈奴呼天为祁连，言其山峰峻极于天也。古时称天山为北祁连山，此为南祁连，今则折为两系。自是东行为昆仑北支即阴山山脉之发端。

二、地　势

上述亚洲山脉，皆起自帕米尔，中国大山，亦均由帕米尔起向东南行，山脉既由西北而东南，故地势亦西北高而东南下。由帕米尔向海岸成一大斜面，层层低落，如阶级然，由二万九千余尺，低降至百数十尺，其间可分三级，五千尺以上者，称为高原，六百尺以下者，称为平原，介乎其间者称为丘陵。但高原之中，又有平原及盆地，而平原丘陵中亦往往有五千尺之高峰，唯不能以一部分之盆地高峰而变更其高原丘陵之名称，故就全国之地势而言，西北部多高原，中部多丘陵，南部则多平原。

新疆居中国之最西，北有阿尔泰山之环绕，西有天山葱岭之耸峙，东南有昆仑高峰之蜿蜒屏蔽，而天山山脉复横贯中区，山岭盘结，高入云表，恒在万尺以上，故新疆地势，无论就形势而言，就高度而言，均属高原地带，又因四周过高，致中间降落为平原及盆地，盆地水草丰美，耕牧咸宜。平原多沙漠戈壁不毛之地。高原则白雪皑皑，四时不消，俟山麓融化，始堪资灌溉耳。

同时因山势之高下不一，故各地高度亦不尽同，大约在葱岭之南喀喇昆仑一带，最高处达二万七千余尺。东南至叶尔羌和阗二河源一带，多在二万尺以上。再东南临青海西藏界上，又复高耸，最高处达二万六千尺。然由此走向西北，则渐低下，其在罗布泊以南之阿勒腾塔格岭，则仅一万数千尺左右。天山山脉，唯汗腾格里最高，达二万二千尺，由天山而南北，皆为梯状，其山南之塔里木河流域，高度由拔海二千五百尺至三千尺，大沙漠中亦复如是。其东部南麓，如哈密之西，高出海面，仅二百二十尺，至若吐鲁番，则低至三百尺，如鲁克沁低地，则在海面下一百五十尺，以至四百六十尺，盖于涸湖底地。其北麓伊犁河谷，则低至二千尺左右。额比湖之水面，拔海不及八百尺，自额比湖以东，经阿雅尔泊，洛克伦河流域至哥台附近，地势尤低，北向塔城又复骤高至七八千尺以上，其东境当古城镇西之北，与阿尔泰，外蒙古为邻处高二三千尺，然至哈密东北，复高至八千余尺。总之新疆地势，西南与东南为最高，中部之汗腾格里次之，塔城哈密又次之，塔里木，伊犁河之低谷，则为盆地，而天山北麓之额毕湖，阿雅尔泊，洛克伦河一带又低，至天山南路之吐鲁番，鲁克沁一带，则最低矣。

昆仑山脉，当盛夏积雪溶解，流近山麓时，细草茸茸，浅碧如茵。惟再向内部则为戈壁，约占全新地面十分之三，有石戈壁与沙戈壁之分。石戈壁由顽石堆积而成，沙戈壁则为石砾及沙土所聚合，其最大者约有四部：

1. 在塔里木河之南，称塔里木沙漠，西人呼为塔克拉麻干沙漠（Taklamakan Desert），东西长一千七百里，南北广由三百五十里至七百里。

2. 在塔里木河以东，称白龙堆沙漠，又称库穆塔克沙地。

3. 在哈密之南境，称哈顺沙漠，亦称伊勒呼里沙地。

4. 在迪化阿尔泰之间称古尔班通古特沙地。

各种沙地，情形不同，有穷荒不毛者。有杂草丛生，灌木流泉，潺潺不绝者。气候多变，昼起狂风，夜始平静，行旅之人，每多昼伏夜出，以免危险。天山高处，白雪掩映，然入夏则积雪溶化，交注万渠，其低谷中亦有植物生长，塔里木、伊犁二河之谷，平原沃野，沮茹低湿，迤逦相接，多良田腴土。额比湖附近，亦颇肥沃，天山北路，天气高寒，塔城一带，五月飞雪，天山南麓，雪期较短，夏日燠热有如江浙，农产甚丰，地沃民富。吐鲁番一带气候尤温，夏季温度有如热带，农产品亦甚丰富，此新省地势之大要，兹再将各地海拔之高度详列如下，借资比较。

新疆地势海拔高度表

甲、高原之部

（一）昆仑山附近地势之高度

地名	高度（中尺）	位置		备考
		北纬（度）	东经（度）	
喀喇昆仑最高峰塔拉阔鲁木岭	27,900	36.20	75	罗布泊之南
勒科尔乌兰达布逊山	26,000	34	89.50	
阿勒腾塔格岭	16,250	38.40	90	
阿勒腾塔克岭东端	16,500	39	91	
疏勒县南葱岭	24,563	38.20	75	
叶尔羌河上源诸山	28,300	36	76	
莎库县南山岭	8,969	38.40	77	
沙（音都）拉达坂	1,250	36.55	78	
和阗县南冰山	18,000	35.25	80	
于阗县	4,566	36.55	83	
于阗南崐岭	8,000	36.09	82	
于阗南之东山岭	20,938	36	82	
皮山南塔穆附近	25,750	36.45	78	
皮山稍东	20,563	37.20	79	

（二）天山南路地势之高度

地名	高度（中尺）	位置		备考
		北纬（度）	东经（度）	
哈密县	2,688	42.50	93.20	
哈密西部	2,620	43	92	
哈密东北（南山口塘）	8,594	43.20	93	
哈密正南道上	8,750	42.20	93.15	
吐鲁番县	238	42.30	89	
焉耆县	3,406	42.05	86.40	
鄯善县	3,250	42.40	90.15	
拜城县	2,844	41.20	82	
库尔勒城	3,000	41.30	86.05	尉犁县北海都河北岸
博斯腾泊	2,800	41.30	87	焉耆县东南
库车县	3,030	41.27	82.50	
罗布泊北岸	2,530	39.40	89.40	塔里木河注口东侧
罗布泊东低地	2,438	39	91	
罗布泊西南道	4,000	38.30	87	塔尔塘
温宿县北天山	2,063	42.15	80.10	
塔里木河南低地	3,050	40.25	93	
莎车县	3,970	38.30	77.20	
喀什噶尔	4,700	39.03	70.02	

（三）天山北路地势之高度

地　名	高　度（中尺）	位　置		备　考
		北纬（度）	东经（度）	
迪化县	2,655	43.10	87.25	
博格多鄂拉山	12,500	43.25	89	
镇西东北	3,000	43.40	93	
古城西	288	44	90	
阿雅尔淖尔	9,061	45.15	85.20	
乌伦古河	1,469	47	83	
塔　城	718	46.20	83	

乙、平原之部

（一）塔里木河谷平原之高度

地　名	高　度（中尺）	位　置		备　考
		北纬（度）	东经（度）	
拜城西	2,844	42	81	
库车北	3,033	41.50	82.10	
尉犁南	2,844	41	82	
库尔勒城东	3,000	41.30	80.20	

（二）伊犁平原之高度

地　名	高　度 （中尺）	位　置		备　考
		北纬（度）	北纬（度）	
伊　宁	8,380	43.50	81.30	
伊　犁	2,000	43.55	81	
绥　定	2,063	44	80.55	
额比泊	781	44.40	83	
赛里木淖尔	6,500	44.25	81	

关于测量高度，皆以离平均海面起计算，故谓之海拔，此海平面谓之基准，中国已为高度测量者，计有三种工作。一为陆军测量，系由参谋部为之，以秦皇岛海面为基准，次为铁道测量，又次为水利测量，此二种测量，在华北皆以天津大沽口海面为基准，在华中多以上海吴淞口为基准，而各省陆军测量局，又另各自假定暂时基准，以致各图间不易精密比较。坊间所售之图，详略不同；而计算或用公尺，或用英尺，此处所举，则采取各图比较准确之数，一律化为华尺，若作大略地势之图用，相差亦不甚巨矣。

地势与人生之关系　地理环境，对于人文发展之影响至巨，而地势之高下，亦为其中之重要因素。新疆高原，大部极高，而平原低地，为数甚少，平低之域，适宜于人生，而高原之区，则多阻碍人类之发展，新疆文化落后，百业难兴，殆缘于是乎。据翁文灏氏之说，谓在五百公尺以下之地势于人生最为适宜，二千至四千公尺之间，即不甚适，四千公尺以上，最不适宜。兹举其表如次。

关于人生关系之适否	高　度	全国面积百分比（%）
最适者	500 公尺以下	14
尚适者	500—1000	18
或适者	1000—2000	35
不甚适者	2000—4000	13
不适者	4000 以上	20

据上表观，新疆地势之超过二千公尺者，为数极多，当皆不适于人生。因一千至二千公尺之地，大部分成为高原，一部分成为山脉，往往地高石露，不宜农业，交通艰阻，工商业亦难发达，如气候润湿，河道畅达，尚可造林艺树，作相当之发展，否则只能提倡畜牧，以养稀薄之人口。二千公尺以上至四千公尺者，大抵崇山峻岭，交通阻塞，更不适于农工，五千公尺以上，则达雪线，往往冰天雪地，攀登不易，遑论生活。盖地势逾高，则温度逾降，温度愈降，则地气逾寒，而植物之生存愈稀。人类生存，全赖各种植物之营养，植物少则人即不适于生活。据地理学者之研究，凡高度在六百公尺以下者，气候为暖温带，竹、稻、橘树，均可繁殖。一千五百公尺以下者，气候为温带，茶树、玉蜀黍等，均可繁殖。三千公尺以下者，气候为寒温带，仅殖松柏、马铃薯、小麦等。五千公尺以下，气候为寒带，仅有草原以作畜牧之用，五千公尺以上至六千公尺者，属于冰雪带，不生植物或有极耐寒之小植物偶存其间。新疆地面虽广，然沙漠山脉，各占三分之一，且地多高寒，宜垦殖耕种之区殊不若一般人理想之大，唯开矿与畜牧诸事业之前途，较为乐观也。

青海民族分布状况 *

一、总　论

青海民族，有汉，有回，有蒙，有藏，有土人，有撒拉。土人为蒙古系统，由游牧时代，变为耕稼时代之一种落后民族。撒拉，蒙藏民族之信仰回教，而变为回教徒之特殊分子。藏族有生番熟番之别，生番为帐幕民族，熟番为土房民族。其他为：羌种、唐古忒种、吐番等名称，皆指藏族而言。盖古今时代变迁不一，其名称遂因之悬殊矣。

二、青海各族之来源

青海古曰羌所居之地，汉武帝逐诸羌，筑龙居寨。宣帝时赵充国伐先陵诸羌，寓兵于农，屯田湟中（即西宁）置破羌县，兵士遂携眷居家，殆为汉族居青海之第一时期。嗣以宦游，经商，迁移等种种关系，源源而来，种族日见繁多。明太祖移民实边，将南京居民，移至青海之西宁一带

* 原载于《西北问题论丛》1941 年第 1 辑。——编者

者，不下十万人。自此汉族人数愈多，力量变强，遂占青海之主要部分。

蒙古族来自内蒙古、察哈尔等处；其始祖顾实（固始）汗为元太祖第六世孙，明万历间，率其部众占据青海全境。雍正间，洛卜藏丹津叛，清廷命年羹尧、岳钟琪平之，遂分青海蒙古为二十九旗。

回族其始祖来自西天（指土耳其），其向西朝拜，即证明其不忘故乡之意。[①]又有一说，来自西域，由西域东渐，而分布中华全国，此说系根据回族中老年之谈，亦不详其经典之记载。至青海回族除原有就地土著外，近年由甘肃临夏等处迁移而来者，约万余人。但其语言文字，均皆失传；惟“阿訇”研究经典，专心教务皆熟习文字，精通语言，非与普通者可比。撒拉亦回族之一部，其来源由蒙藏人信仰回教，而变为回教徒者也。

藏族系青海原有土人，汉为西羌，唐为吐番，皆其全盛时代。他为番子及唐古忒，皆其别号也。后以征边屯垦，种种政治设施之关系，渐失去割据逞雄之能力，至清代雍正间，于其腹地设西宁府置西宁县三县四厅，大事开垦，急遽同化，遂将荒凉旷野游牧之区，渐变为阡陌相连之耕稼地矣。今则各县土房耕种番民，举目皆是；其婚嫁丧葬礼节，与汉人悬殊而外；其他生活语言，无一不为汉族所同化。此外大多数藏民尚保持原始时代之生活也。

土人据青海李土司称，其祖先为鞑靼，后为蒙古。唐时奉命征吐番，攻进西宁，以功赐姓李，遂封土司职，以留守西宁，兵士及部众，家于斯土迄今人口繁殖，成为一部土人民族，其户口已达万余家矣。

三、青海各族之组织

青海汉回土及熟番各民族偏处于前西宁府属之三县四厅，今改为西

---

① 作者此处所称之回族是笼统地将青海传统上信仰伊斯兰教的群体包括在内。向西朝拜与宗教信仰相关，与族源无关。——编者

宁、互助、大通、亹源、乐都、民和、化隆、循化、贵德、湟源等十县。其市镇乡村各组织，纯依地方自治之原则实行之。至于蒙藏两族，其组织不同，蒙古分为左右翼两盟二十九旗，左翼盟辖十三旗，右翼盟辖十六旗，由盟长秉承中央意旨办理旗属各事。藏族即生番，有玉树二十五族，海南八族，保安十二族，果洛九大族，各部分俱有千户百户百长等官职。关于中央与地方之一切事务，由千户承上启下，由百户百长等推行之。兹将蒙藏各旗族名称，列表于后：

（一）青海蒙古各盟辖旗名称分析一览表

<table>
<tr><th>盟　别</th><th>部　别</th><th>旗　别</th><th>俗　称</th><th>备　考</th></tr>
<tr><td rowspan="14">左翼盟</td><td rowspan="10">霍硕特部</td><td>西前旗</td><td>青海五旗</td><td></td></tr>
<tr><td>北左翼旗</td><td>柯尔洛贝子旗</td><td></td></tr>
<tr><td>西后旗</td><td>柯柯贝勒旗</td><td></td></tr>
<tr><td>北前旗</td><td>布哈公旗</td><td></td></tr>
<tr><td>北前翼末旗</td><td></td><td></td></tr>
<tr><td>南右翼后旗</td><td>托毛公旗</td><td></td></tr>
<tr><td>南左翼后旗</td><td>阿喀公旗</td><td></td></tr>
<tr><td>北左末旗</td><td>茶卡札萨克旗</td><td></td></tr>
<tr><td>南左翼后旗</td><td>黄河南札萨克旗</td><td></td></tr>
<tr><td>西右翼中旗</td><td>台吉爱尔札萨克旗</td><td></td></tr>
<tr><td rowspan="2">土尔扈特部</td><td>西　旗</td><td>托尔和札萨克旗</td><td></td></tr>
<tr><td>南后旗</td><td>角昂札萨克旗</td><td></td></tr>
<tr><td rowspan="2">霍硕特部</td><td>南右翼末旗</td><td>居力盖札萨克旗</td><td></td></tr>
<tr><td>北右翼末旗</td><td>柯尔洛札萨克旗</td><td></td></tr>
</table>

续表

右翼盟	霍硕特部	前左翼首旗	默勒五旗	
	绰罗斯部	南右翼首旗	尔什克贝勒旗	
		北中旗	哈尔格贝子旗	
	霍硕特部	北右翼旗	郡贝子旗	
	辉特部	南　旗	端达哈公旗	
	霍硕特部	东上旗	巴颜诺尔札萨克旗	
		南右翼中旗	河南札萨克旗	
		西右翼前旗	默勒札萨克旗	
		西右翼后旗	巴隆札萨克旗	
	哈尔哈部	南右翼旗	哈尔哈札萨克旗	
	土尔扈特部	南中旗	永安札萨克旗	
	和硕特部	南左翼末旗	群科札萨克旗	
		西左翼后旗	宋札萨克旗	
	土尔扈特部	南前旗	河南札萨克旗	
	此旗不属于部	察汗诺门汗旗	白佛旗	

（二）青海各部分藏族分析一览表

（1）玉树二十五族

囊谦族	苏莽族	札武族	普庆族	拉达族
迭达族	拉秀族	称多族	安冲族	娘错族
固察族	竹节族	永夏族	蒙古尔津新	结举族
江赛族	雅拉族	戎摸族	格吉末马族	格吉斑马族
格吉纳藏族	上中坝族	中中坝族	下中坝族	苏鲁克族

（2）环海八族

冈察族	汪什代克族
千布录族	都秀族
拉安族	公洼他代族
曲加族	阿里克族

（3）保安十二族

嘉务族	逼麻族	年陀族	尖木族
浪加族	向彭族	金仓族	古德族
□什吉族	雅隆族	将隆族	贺乃亥族

（4）果洛九大族

康日什族	康赛日族	阿什羌冈麻族
阿什羌女王族	豪高日马族	长亚哈族
白马木族	巷欠多坝族	果洛斗核桃族

上列二表只指其蒙藏人民部落大概。至其详细组织，如蒙族，有盟，盟有正副盟长，领全盟事宜，盟下属若干旗。旗有札萨克，总揽全旗事务。又设协理、台吉、正副章京，佐札萨克协理旗务，旗下设若干节，有管节参赞、佐领，专司保卫治安之责。藏族，如玉树二十五族之囊谦千户，为其最高首领，千户下设有二十五个百户，分管二十五族事务。但该二十五个百户，均受千户统辖，百户下每族又设若干百长，分管该一百户人民之事务，层层节制，均有次序。如环海八族，保安十二族，果洛九大族，或设千户，或设百户，或千户而只管一族，或百户而不设百长。其组织因地理习惯等关系，亦多不一致。

四、青海各族之特点

（一）汉人——青海民族复杂，社会之组织单纯。惟耐苦受寒，终岁勤劳，为各民族共有之特长；至其小者以局部而论，则汉族赋性懦弱，安于事业，终老家乡，不出里闾，即有聪明子弟，只令其有普通知识而已，而不求其有深造。近年来风气渐开，国家民族之声浪，波及穷乡僻壤，而一般青年子弟之突飞猛进，负笈万里求学于平京者，不下三百余人。不特青海所未有，即甘宁新等省亦有所不及也。此我青海汉族由安逸时代变为发奋时代之特点也。

（二）蒙人——游牧塞外，逐水草而居，食肉乳炒面，衣皮袄皮靴，尝裹十日之粮，行千里之外。精于骑射，宜于冰雪，此亦为其特性也。

（三）回族——则以宗教关系，人人起早，个个沐浴，不嗜烟，不好酒，尤富于团结力量，善于经济事业。

（四）藏族——其衣食住行，赋性习俗与蒙人无甚差别。惟勇敢奋斗，恩怨分明，其他民族所不及矣。此外土人与撒拉族，其语言虽不与他族同，而其生活俱为汉族所同化矣。

五、青海各族之分布

青海居民，除藏族（即生番）□□族有固定地之外，其余民族多数杂处。兹将其各民族分布区域之显著者胪举之：

（一）西宁——汉族多处于城内及临城各乡，回族多处于西南、西北二乡及西宁东关一带；熟番，土人两族处于西宁边境。

（二）互助——汉回土杂处，汉回多居于西南乡，土人多居于东北乡。

（三）大通——汉回土杂处，汉人多居于县城及东南乡，回人多居于西北乡，土人则散处全县各地。

（四）亹源——除少数汉回人杂处城郊外，其余俱为熟番及土人。

（五）乐都——汉回土及熟番杂处，城内及东西乡，多汉回族，南北乡多土人及熟番。

（六）民和——汉回土杂处，汉人多处县城及附近，回人多居于东南西南各乡及米拉三沟，土人杂处于上下川口。

（七）化隆——除少数汉人处于城乡外，熟番及回民环处四境。

（八）循化——汉人居于城内，撒拉散居于城外及东南乡，南番处于西北乡。

（九）贵德——汉回人处于城内及临城，其他俱为生熟番。

（十）湟源——汉族居于城内外及东北部，熟番居于西南乡。

（十一）同仁——汉回族居于城乡间，其余均为保安十二族番民。

（十二）共和——境内多生番熟番及蒙古族，汉人极少。

（十三）都兰——为青海蒙古二十九族游牧区，东至日月山、大通山，南至巴颜哈拉山，西至柴达木极西部，北至祁连山，估青海全境三分之一。境内除少数西藏（生番）民族外，俱为蒙古族人。内有霍硕特三旗，土尔扈特一旗，分处于河曲及岷山以北拉卜楞一带，俗称黄河南蒙古四旗。又有土尔扈特一旗，绰罗斯一旗，辉特一旗，分处于共和县境，俗称哈布哈蒙古三旗。

（十四）同德——属果洛九大族，东至拉加寺，南至西康，西至玉树，北至大积石山，俱为其游牧区。境内纯为生番，无一杂族矣。

（十五）玉树——囊谦为玉树二十五族游牧区，东至果洛，南至唐古拉大山，西至西藏，北至巴颜哈拉山。境内纯为生番，间有汉回民族，惟寥寥如晨星焉。

六、各族彼此间之关系

青海民族，彼此关系可分为两大部：（一）关于贸易者。青海东部为耕稼区，西部为游牧区，东部多汉回土熟番撒拉等，西部为蒙藏两族。故东部之汉回人将其每年所余之粮，一概运至西部，销售蒙藏各地；而购出蒙藏人民之马牛皮毛等，为终岁耕田，代步及制毡毯绳索之用。蒙藏人亦依此相安，过其游牧之生活；其关联如轮车相依，臂□相连者也。至运往蒙藏各地之茶布，俱为资本家之事业，与贫民无甚裨益。（二）关于互助者。西部蒙藏民族，其自卫力量自无待言，东部之耕稼区域内各地，汉土番回撒拉等杂处，每一市镇村落，即有二三种民族，甚至有各民族聚居一村者；故其衣食住行各方面，俱以互助之精神以完成之，一但如有夜警，则举村壮丁皆起，不分彼此，共同御侮。或有贫不能娶丧不能葬者，则举村之人，亦不分彼此，共同设法。此亦为守望相助，和衷共济之美德。抗战以来，青海各族，亦多深明古义，汉回民众，均踊跃当兵，开赴前线抗日。蒙藏各族，或出马以代丁或捐皮以劳军，或捐财以助饷，其团结御侮，同仇敌忾之精神，殊堪钦佩也。

二十二年甘肃灾情调查*

西北诸省，灾祸频仍，甘肃一区，为患尤巨，特以交通艰阻，宣传不易。国人对灾情之真相，既乏了解，则对于救济方面，亦难有充分之援助。今岁以来，甘肃灾情特重。上年度匪旱黑霜，延及廿余县。下年度洪水冰雹，又有四十余县之多。全省六十余县，几乎无县无灾。值兹冬风凛冽时期，灾区民众，啼饥号寒，状至惨痛！爰将本年上下年度水旱匪霜各项灾情，依省政府及赈务会之报告，与西北问题研究会兰州分会之调查，表列刊布。深盼政府诸公，国内善士，本解衣推食之仁，慨予救济，则功德无量矣！

* 原载于《拓荒》1934年第1卷第2期。——编者

甘肃省民国二十二年上半年灾情表

县市别	灾害/种类	被灾情形	人民暨房屋财产损失	附记
玉门县	地震	上年十二月二十五日早八点三刻全县地震约五分钟之久，始少停止，来势甚猛，房屋多形荡平，难民风餐雪宿，再县属昌马僻处山陬恃以灌溉之大河，因地动，干涸灌溉无资，生机无望，民众势必逃散。	县属昌马僻处山陬八百余家民房一律荡平，掘出共尸二百七八十具，负伤待毙者三百余人，财物损失数逾十余万元，其辽远乡村，尚无确报。	查各项灾情系据县报告查填
鼎新县	旱、雹	去年旱雹相侵，夏禾失收，秋禾早冻，人民迫于求生，饿殍载道，啼饥号寒，惨不忍闻。	全县人口八百余户业以逃亡者三百余家。	同　上
海原县	匪	去年李王争城，城内居民逃匿殆尽，二月间，王旅之部队两营移防来海，至七月间全部人马各有千余驻防五月之久，马忠喜部九月驻县属南区。又有套匪杨耀峰部四五千人驻紫东区，率皆奸淫掳掠无所不为，难民载道状惨苦。		同　上
靖远县	匪	去年十二月间，套匪杨耀峰部七千余人驻县第三区奸淫掳掠百民逃散，间阎无人，十室九空，实历来未有之奇灾，黎民逃散，情至惨悲。	农器家具全行焚毁，财物衣服掳掠尽净，门窗柴草拆烧无存，牲畜牛羊均被赶走。熏死者十名，冻毙山中者七百余名。	同　上

续表

民乐县	旱	连年匪旱频仍十室九空，今年冬作方与之时无籽播种，嗷嗷灾黎束手待毙，且又公款逼人，情状极惨。		查各项灾情系据县报告查填
山丹县	匪、旱	地当边陲气候寒冷，近年匪祸天灾纷沓而来，人民沿门乞食，奔走呼号，甚则鬻女完粮，易子而食。		同　上
灵台县	黑霜、匪	去年秋禾连遭黑霜，南北横亘百余里满地皆成冰坵，以县属第一区第二区为最重区域，所有川地牛羊人口树枝浸压漂没者难以数计，又兼今春片雪未降，土匪鸣张，饥民蜂起打劫标掠之事日常数闻。	独占镇所属一带无食之家居十之八九。	同　上
会宁县	旱、匪	去年饥馑，十室九空，又以大股匪部时来行劫，攻堡破窖，时有所闻，今年股匪虽去，而播种无籽，民多逃亡。	人民为匪毙命者六十五口，其他财物实难估计。	同　上
安西县	匪	地处西徼，人民生计全依畜牧，连年股匪四据交通，断绝生计法，率皆束手待毙。	损失代价约在百万以上。	同　上
隆德县	匪、旱	连年旱匪交加，民困已达极点，又以岁收歉薄，民多流为土匪，嗷嗷灾民待赈孔急。		同　上
皋兰县	旱、匪	县属第二区大营川，地处瘠土，农业萧条，匪旱频遭，家用一切被掠尽净，糊口无方，受饿终日，徒唤奈何。	人民衣服财物抢掠尽净。	同　上

续表

临洮县	匪	县属北区马御山一带，土匪二千余人驻扎四昼夜，民多逃至山野地洞，房院财务任意抢掠挖去，奸淫烧烤惨苦至亟，事后众食不糊口，衣不遮体，告借无门，投生无路。	被难人数五千余人，损失牲畜财务估计价洋六万零二百八十六元。	查各项灾情系据县报告查填
临泽县	旱、地震	县属第四区地属险滩，连年饥馑，兼去冬地震间接损失所在皆是刻下，饿殍载道，满目疮痍麋险，县城终日号泣。	全区饥馑者十之五，逃亡者十之三，能生活者十之一二。	同　上
通渭县	冰雹、匪	县属第三区及第二区，忽降冰雹，大如鸡蛋，田苗损失尽净，屋瓦粉碎，树枝打折，人民食菜亦难，愁苦不堪，又第四区旱匪迭遭，灾民流离无依。		同　上
西和县	冰雹	县属西乡后四村天降冰雹打坏田禾，满地成河，各沟水头过丈，农民处处啼哭，实无生活之路。	淌死牛四双，马一头，绵羊不计其数，石羊三十余双。	同　上
泾川县	旱	地处谷涧，六谷不登，年来亢旱，麦籽入土，率皆干搁，兼又公款迫人，谋生无计，喝烟上吊时有所闻。		同　上
崇信县	冰雹、黑霜	五月二日狂风骤起，天降黑霜，又于二十二日天降冰雹，大如核桃，被灾区域东西各十余里，北二十余里，南三十五里，麦豆打坏半数，嗷嗷灾民何以谋生。	田苗打伤半成。	同　上

续表

陇西县	旱、冰雹	客岁自春徂夏，亢阳不雨，春苗尽枯，入秋，雨雹成灾，秋禾一空，以南区为最重，家家室如罄悬，户户釜甑尘生，民生既绝，流亡不免，又元西村等庄被雹甚惨。		查各项灾情系据县报告查填
镇原县	匪、黑霜	县属新域镇各村，三月十九日回匪惠彦清带领骑兵一千余名来镇，劫掠破堡惨杀奸淫挖寻无所不用其极，四月间，又遭黑霜，所有冬麦春禾一齐冻毙，赤地千里，哀鸿遍野，死者已矣，生者何堪，啼饥号寒，曷以卒岁。	杀毙人民五十余人，牲畜财务抢净，农具火化一空。	同　上
庄浪县	匪	年来天灾人祸纷至沓来，农村破产，元气未复，不幸三月九日忽有马廷贤残部马忠喜匪部七八百围城二十余日，奸淫掳拷，情极惨苦。	奸淫拷打枪毙男妇共计二百三十六名，损失牲畜财务估计价洋五万八千三百四十三元。	同　上
天水县	冰雹	六月十日忽降冰雹半小时之久，大如鸡卵，小如核桃，东北两乡受祸最烈，田禾果蔬摧残净尽，人畜亦被波及，目下断伙绝食不可以数计。		同　上
秦安县	冰雹	县属第五区一带，自五月五日一再天降冰雹，芃芃黍苗一旦化为乌有，嗷嗷孑遗何以为生，糊口无资，荡析堪虞。		同　上

甘肃省民国二十二年下半年灾情表

县　名	受灾日期	受灾区域	灾　况
皋兰县	五月二十八日	中山乡	妖风大作，暴雨倾盆，瓜田禾苗多半打伤，枝叶凋枯。
皋兰东乡桑园村	六月四日	东自李家窖起，西至大水洞止	狂风大作，雷电交作，又加冰雹大如蒜豆，三寸之厚田禾烟苗打尽。
皋兰县	古四月八日	第五区所属条城三民大川渡德寿全沟口三川蒋家湾二合五杈王家岘红家岘武家川江家川等十三乡	黑霜，冰雹，风沙，天旱，各种禾苗摧残甚重。
皋兰北乡六墩子	古五月十八日	六墩村所属小川子石门沟王家壑岘等村	冰雹大如雀蛋，夏禾一律打尽，积地二三寸厚。
皋兰崔家崖	古闰五月十三日	崔家崖	水车被水冲剥及地亩数十垧。
皋兰县		第四区夹滩红柳台红岘子三条岘等庄	被雹打伤夏禾田苗。
皋榆两县乡水子火家店	古五月十二日	乡水子火家店	忽被冰雹冷弹打伤，夏秩无望。
皋兰县	古又五月二十五日	安宁乡	河水阵涨，所种小麦西瓜菜蔬均属淹没，冲剥地亩四十六亩六分。
皋兰县	古又五月二十四日	第四区钟家河	猛雨倾注，山水暴发，满山遍野，夏禾麦冲者七分，秋烟莱谷半茎未留。
皋兰第四区	七月二十七三日，八月十二日	及第四区崔家大滩等处	暴雨河水骤涨，冲拨田亩房舍。

续表

榆　中	六月四日	郭家庄全家坪火家店拐角子卖子堡冯家湾黄家庄李家庄	天降冰雹大如雀卵，积地数寸，禾苗摧残净尽，根株无存。
榆中县	古五月十二、十五日	一、三、四、五各区	冰雹大如雀卵，禾稼摧残大半。
榆中第五区	古又五月二十九日	金家营李家山李家台金家园子等村	雷电大作，冰雹大如雀卵，波生平地，夏秋禾稼，雹击水吹，枝粒无存，水地剥落二百余亩。
靖远第三区	古四月八日	第三区	天降黑霜，夏禾谷苗均冻毙，各村又被匪扰。
靖远第三区	六月九日	第三区大芦村黑城子段家庄口段家窑等九处	冰雹大如核桃，夏禾各田，均经打毙，茎叶铺地。
靖远第一区	古又五月十六日	莱子滩丁家庄张家庄王家坝李坝等村	冰雹大如鸡卵，田禾被打尽净，秋夏均归绝望。
靖远第二区	八月六日	第二区	累遭奇灾，民不聊生。
靖远第一区	古六月十六、十七日	一区海广滩	冰雹猛降，大雨倾盆，山洪暴发，田园房屋全被淹没，人畜伤亡甚重。
岷　县	古五月十二日	第六区清水村鞍子沟一带	雹雨洪水冲没田地，人畜房屋受灾甚重。
洮沙县	古又五月二十九日	第二区六村五户庄	天降冰雹将田禾打如乱麻。
洮沙县	六月九日	第三区一、二、三、四、五、六等村	降落冰雹形如鸡卵，将田禾打伤，平铺满地。
洮沙县	六月十四日	第一区第四村	暴水洪出，势甚猛涨，冲坏两岸堤坝，田禾全行淹死。

续表

洮沙县	七月十四日	东乡唐汪川二十一会一二社等处	山水猛崩，水高丈余，田地树具淹没无数。
临潭县	古五月二十一日	东区王旗村	天降冰雹，猛水遍山，冲没地亩，打伤田苗七倾四十五亩六分。
临洮县	古五月十一、十五入九日	一、二、三各区	冰雹为灾，山水暴涨，将田禾摧残尽净。
临洮县		二、四两区	螟虫为害，禾豆侵蚀殆尽。
宁定县	六月九日	东区三会各社	冰雹大降，田禾打伤尽净，一茎未存。
陇西县	古五月五、六、七、十八、二十八日	元西村西北区东区及各村	雷电交加，冰雹如卵大，所有田禾打伤殆尽，并打死牲畜无数。
会宁县	古五月二、二十八日、六月一、二十三日	第一、三、四、五各区	狂风冰雹交加，豆麦各苗被雹水残伤淤漫。
会宁第五区	八月六日	第五区大小镇及昔之信戎等村	又遭洪水淤漫，田地剥削，泉源冲坏，绝塌房屋无数，漂溺人畜甚多。
会宁县第五区		第五区	迭遭奇灾，民穷财尽。
康乐设治局	六月四日	第一、二两区各乡	雹雨如注，堆积数寸，夏秋稼，摧残尽净。
永靖县	六月八、九日	第一、三两区各会村	天降冰雹，大如枣杏，夏禾烟茎，被打殆尽。

续表

和政县		第一区二十二会五社双寨村等处	冰雹厚约尺余，所有田禾打净无余。
定西县	六月十日	第三、四两区所属各乡	冰雹五寸之深，所有夏秋禾苗均被打伤。
天水县	六月十日	第二、五两区	冰雹大如鸡卵，小如核桃，夏秋各禾、棉花均被打损尽净，牲畜亦多伤亡，并击毙苦工一名。
天水县			霖雨滂沱，渭水暴涨，东西二百余里，沿河两岸，村庄尽成泽国。
西和县	四月初六日	西乡后四村及东乡银洞村	天降冰雹，大如卵鸡，四庄禾打尽，并打死牛驴。
武山县	八月十六日	第四区龙泉等村	暴雨陡发，势如倾盆，不两时而山洪因之泛涨，水势洪大，深逾数丈，各村遍遭灾劫。
文　县	四月初四日	东区玉垒乡以及北区后五乡	忽然天色晦暝，雷电交作，冰雹骤至，大如鸡卵，豆麦扫然而空。
徽　县			该县旱风各灾甚重。
徽　县	七月二十三日	东河	山水暴涨，被冲去居民三十二人，居店五十余家。
武都县	本月中旬	陈家山各庄	冰雹奇灾，银白雹弹大如鸡卵散乱田间，急暴雨一连数日。

续表

甘谷县	六月十日	第四、五两区	连遭雹灾，禾苗伤完，屋瓦皆破，树枝尽落。
甘谷县	八月六日		暴雨洪水陡涨，田地房屋墙被冲崩，人民死亡甚多，水高丈余。
礼　县	五月初六日	西区白家关	忽然天降冰雹，约有一点钟，积地七寸深，所种田禾扫没一光。
礼　县		该县向化里	天发暴雨，内代冰雹，似如鸡子，田禾寸草无留。
礼　县	四月初二日	南区右峡关	天发暴雨，尽临冰凉，落有尺厚，将田禾一齐打坏，压留者约有一分，不得养生。
通渭县	五月二十八日	第三、二、六、四区大庄等村	忽降冰雹，田禾已受损伤，屋瓦粉碎，各树枝叶尽被打落，麦豆等禾损伤净尽，人民食菜亦艰。
通渭县	五月端阳	第二区麻沟镇	冰雹复作，又迭遭两次雹灾，禾苗摧残甚重。
秦安县	五月六日	第五区车家坪等处	冰雹大如鸡卵，牛羊飞鸟尚有打毙。
	六月十日	西王千户岭等四十余庄	天降冰雹，大如核桃，夏禾打伤几尽，房屋多半吹坏，豆麦均打损无余。
庆阳县	五月十七日	第一区六村乡老虎湾各庄	天降冰雹，打伤夏秋禾苗净尽均无收法，打伤麦豆均属颗粒无存。

续表

华亭县	六月一日	安口窑上关两镇	忽然大雨连绵，不时冰雹下降，尽成江河，青苗死绝，寸草无存，麦苗无望，颗粒无存。
固原县	四月二十五日	东区	风霜大冻，复降大雪，又风霜大冻，夏季炎热之天遭此奇灾，人民慌乱不定。
灵台县	六月十九日	第二区	天降雹灾，大如鸡卵，约三四十分之九成熟之麦，损失殆尽。
合水县	六月九日	东中北南各区村十余处	由东北大起，恶风继以冰雹，形同鸡卵，夏麦田禾概被打尽。
海原县			天降雪灾，严寒更甚，房内结冰，有麦苗均行冻萎，树木落叶，时疫流行，死亡相继。
正宁县	六月十八日		天气骤阴，大雨倾注，沟水大涨，浩如江河，麦烟漫尽，淹毙人畜甚多。
正宁县	六月十七八两日		雹灾奇重。
崇信县	五月二日	第一、二区各村等庄	狂风骤起，天降黑霜，又降黑霜大如核桃，麦豆打坏半成。
崇信县	五月二十日	第一、二两区各村	黑霜冰雹成灾，打伤禾苗各节，复降冰雹，田禾损伤殆尽。

续表

武威县		永渠三坝上中下畦等处	雨泽愆期，山水渠坝多被亢旱。
武威县	五月十五日	永渠张义等沟	天降冰雹，形如鸡卵，将田禾打损殆尽。
武威县	六月十九、二十两日	金渠左一坝大渠七坝等处	天降雹灾，打伤田禾。
武威县	五月十七日	永渠羊桐沟	天降涂子大雨已打坏不能收割。
武威县	七月十七日	黄渠	大风打猝至打伤田禾。
武威县		杂渠	旱魁为虐，虫蝻成灾。
武威县		大区缠山沟	烟亩被雹打坏，罚金无着。
永登县	六月九、十两日	第一、五两区	忽然阴云四布，天降冰雹，略如雀卵，风势甚狂，麦禾大有损害。
永登县	八月四日	各区	阴雨连绵，平地水生数尺，冲毁田地庄稼，浸倒房屋。
古浪县	六月二十六、八、九日	第一、二、三、四各区	天降冰雹，形如鸡卵，禾苗均被打伤损折。
民勤县	六月十六日	第二区属之滩等处	冰雹大作，禾苗其打伤净尽无存。
环　县	八月五日		山洪暴发，环江水高三丈，全川二百里田禾牲畜房屋器具一律冲没，淹毙人民数十，县府亦被淹没。
景泰县	七月八日	第一、四两区东三水下五分等处	被冰雹成灾，山水骤发，民不聊生。

续表

静宁第四区	八月六日	第四区	黑云四布，雷电闪灼，暴雨即发，以致天明山崩地裂，瓦斧雷鸣，洪水高岸，竟成深谷，波浪起地，河畔房屋漂流，居山宅舍坍塌。九日尤复暴雨，人口伤亡六畜折不可数计，秋禾淹没殆尽。
通渭县	同　上		大雨倾盆，平地水深三尺，河水暴涨，河岸居民五六十家淹死二三十口牲畜，无算冲坏田亩，又于九日晚七钟大雨如前。
漳　县	古五月二十二、四、八日	第一、二两区各村	忽雷电交作，骤降冰雹，损伤人畜田禾，平川各处水深丈余房舍大半冲没。

西康之产业（金沙江东）*

一、绪　言

西康僻处西偏，形势属于西北高原之一部，数千年来，以其地势之限制，交通之阻塞，一切均沉滞于中古时代。视今日二十世纪之文明，其相差不啻天壤；即我腹地之汉族，相形于欧美各国，已感落后；此中民族，则较我腹地尤为落后之落后也。以优胜劣败之公例推之，则此中民族之危殆，不待智者而知！

号称地大物博，蕴藏丰富之康区，因其落后之落后也。所以近数十年来，大启各国之觊觎，酿成康藏纠纷，至今莫决。吾人若不及时振作，提挈康民，力谋建设与开发，再进而推之于藏，以共跻于今世之文明，戢强邻之野心，则恐不出二十年，此地大物博之区，将不保也！但治理之端固多，而开发为最。以无开发，究竟物产如何浩博，蕴藏如何丰富，乏精确

* 原载于《西北问题》（季刊）1936年第2卷第1、2期。——编者

之调查，鲜产业之统计，亦将无从着手。善夫，任筱庄先生之言曰："牛羊高原之虮虱也，森林高原之腋毛也，农田高原之脂腻也，矿产高原之膏血也。……吾人固当知西康为高原，尤当知其为含有多数峡谷之高原；惟其含有多数峡谷之高原，故能农牧林矿皆备，而值得吾人开发者也。"本文所述，即在于值得开发之农、牧、林、矿，药材亦附及之。

二、农业之概况

农业为康区物产之一，亦为其生活之主要部分。除牧畜之人民外，皆营农作；但亦畜养牛羊若干为其副产，兼供差徭之用而已。因其居住地带之差，为农为牧各适其宜；故就康民生产上之区别，可分为牧民与农民二种，其他工商各业，不及百分之一二，不足论也。

（一）农耕区域

在未述农业之先，必须明了西康地势，始知产区所在。查西康地带，位于高原之中，海拔平均四千公尺，其山脉之雪岭皆高出海拔五千公尺以上。据任筱庄先生在《二十四军之西康东部视察报告书》所谓："现本军治管之区，为大渡河谷，雅龙河谷，金沙河谷，（本文叙述，亦限于金沙江以东，现在治理所反者。）此三大河谷之于高原，恰似平板上之裂缝，深达海拔一千米左右，两岸十七八为绝壁，十一二为狭小之平原。高原、平原、山岭、河谷之分布与其面积，据生物学理推定。南北纬三十度左右地方，海拔一千米以下之地宜稻；二千五百米以下之地宜麦；三千六百米以下之地宜林；四千八百米以下之地宜草；以上则惟水山积雪而已。两康恰当北纬三十度左右，故其物产分布与地方高度截然易别。农业中心，概在三千米以下之河谷；畜牧中心，则为海拔四千米左右之草原；森林在三千六百米以下河谷两岸急斜之山侧上。"是可知农牧人民居地之异，而产业有别；并可见三千公尺以下之河谷，方可业农，是为峡谷农地。又任氏《西康图经》有云："西康高原，自海拔三千米以上之地，本不宜于农作。但南北直向之纵谷，能受南洋乞流之浸润者，其农地恒达三千四百米左右。"是为高原农地。

根据以上论述，可知康区农地，除康东之丹巴泸定两县，在大渡河谷流域，仅海拔一千二百至二千公尺之高度，而其河谷以外之区，大部均可农作外；其余雅龙金沙及各友流之峡谷，皆宜农地带；但总计不出全康面积百分之一五。

（二）土壤区别

现有康区，因三大流域之各别，而其土质与气候亦异。在东部者，如丹巴、康定、泸定三县之地，均为大渡河流域，土壤缺乏黏性，细沙多而含云母碎片；在中部者，如石渠、甘孜、瞻化、道孚、炉霍、理化、定乡、稻城、九龙各县，大部为雅龙江流域，其土壤疏松轻脆，似北方之黄土，厚有达百余丈者；在西部者，为登科、德格白王、巴安、得荣等县土壤，浅薄，率多沙砾与黏土。

（三）农民区分

西康土地，原为土司及呼图克图所专有（宁静山以西为呼图克图制，以东为土司制，现在之康区均为旧土司属）；改流以后，土司制度虽经消减；然土地之分配，除泸定及丹巴康定各一部，独稍有变更外，余均仍旧。境内农民可分后列六种：

地主——即土司头人及喇嘛寺之类，其地多系分派于所属之人民以耕种之彼等唯坐收其利，安享其成而已。在康定、巴安、丹巴、道学、炉霍各县中，法国教堂，亦为地主之一；而泸定一县，且为大地主矣。

大农——泸定富室兼农业者，有若干不能自耕之田地，须招佃耕种，或觅人分种，即可获十分之五至十分之八九纯益。唯此种大农，实不多者，全县不过百分之二三。在关外为承充马差之农民庄房，康语称为"达巴"，其地多者，能播籽种数石至二十石以上，至少亦有石余之播种面积。

小农——为充当力役之农民，康语“古都”，其土地能播种两石以下，极小之户亦有三四斗籽种之面积，除纳于地主外，日食难度，乃佣工以谋生活。

自耕农——汉人之流寓西康者，恒多节俭勤苦，稍有积蓄，乃当购土地自耕而食。此种农民，唯康定东区及泸定丹巴始有之，其次则道孚、炉霍、雅江、巴安仅有从前遗留之少数垦民，自耕自食，但其土地非购买得来。

佃农——此种农民，唯康东及泸定丹巴有之，其余道炉巴各县之流落后人，亦有转佃于从前之垦民者。至本地土人佃耕绝少，盖其土地以前由地主分配而得。

雇农——即雇佣性质之农工也，分长短期二种：长期雇农者，有如家庭之奴仆，所谓“长年”是。短期雇农，则为农忙之际临时雇用者。此外尚有互助交换工作之一种，称之为“掉工”，佣资泸定甚昂，关外较廉。

（四）耕种情形

康定东区及泸定丹巴之农人，工作情形，一如四川。至关以外则有不同，凡农作多由妇女任之，男子仅于耕地之时及收获之际，稍作运输之役而已。旧历三四月之交，春日融合，草木萌芽，各地农民即开始耕作。先将土地犁耕一过，用木槌稍碎土块，即施肥料，虽石砾垒垒不之顾也。既施肥后，即请于喇嘛下播种之期，届时播种之人，必易新衣，依喇嘛所示之年神方位，焚烧少许青稞及柏枝后，即行开始撒种（关外各县均系撒播，康泸乃有条播），播种之后，耕者即驱双牛从而犁之；耕犁之人亦有禁忌，譬如昨年收成后，犁地翻草，其开始下犁之地若在东方，今岁耕种，必避之西方。播种以后，如遇天候干燥溪水便宜之地，亦引水溉灌，至禾苗茁长之时，襟草滋生，一般妇女入地拔除，晒干贮藏以为饲养牲畜之用，后此便可望收获，所谓薅耘如斯而已。如不需饲畜，其间襟草，亦不拔之，耕作之简陋有如此者。

宜于耕作之地，有一年两季者，如康定之东区与丹巴大小金川河谷及泸定九龙得荣等上季种稻，（仅限于泸定与康定东区）与至蜀黍、荞子、豆类。下季则小麦燕麦之属，其余各地，则一年一季，以青稞为大宗，小麦、燕麦、豌豆次之。至于高原农地，因气候不良，土壤劣下，常将所耕地带，划作两叚，按年易地而种，更番替换，取其稍腹肥沃之意。（即轮耕法）再青稞小麦及豆类，在关外各地，自播种之日起，须六个月余，始能成熟；马铃薯，荞麦自下种日起，须经三个月至四个月，乃能成熟。

（五）农具种类

西康农具，极形简单，揉木以耒断木为耜，未脱太古风尚。其用具有犁、锄镰、铲、簸箕、连架、木槌、水磨、手磨数种。犁有康犁汉犁之分；汉犁铧头大而尖，入地较深，耕时多用草牛，康犁铧头小而平，形略如铲，且多木质，入地不深，耕时多用双牛。犁架牛之两角上，挽行亦较费力。锄有尖锄、平锄、钉耙之别，关外仅为种蔬菜者之用。镰刀为刈草割麦之需。连枷为打豆麦用具，其造法有单有复，单者系长短木棍两根，连击而成，用时手持短棍以长棍横击应打之物，称之曰“单鞭子”。复者系用藤条五六根，平缚拴连，上宽下窄，窄之一端，击短木栓，穿于长把顶端之圆孔内即成，汉人名曰“连盖”。簸箕为簸除糠秕之具，关外所用，多半贩自四川之后源、天全及泸定一带，因乏竹且无篾匠之故。木槌为碎土之具。手磨水磨均为磨砻麦面及糌粑者也。泸定与腹地一般农具同。

（六）农产类别

康区各地，因地势与气候之差异，生产不同，而人民之日食亦别，在康东者，以玉蜀黍为主要食品，间以稻米、麦面。在康南北者，均以青稞为日常主食，麦面为其茶点及宴客之需，不用常也，尤不需佐食之小菜。所有出产菜蔬，均系住地后人所积，以供各界人士之用，此中贵族不过间一用之而已。特列农产种类表于下，以窥一斑：

西康农业种类产地一览表（一）

类 别	产地区分	产量约计	产地价值	销 场	备 注
稻	泸定河谷一带、康定东区、巴安、得荣	泸定二千数百石，康定二三石	泸定每斗米平常价值八十千	除本地食用外，概销康城及关外	泸定及瓦斯沟所产之稻与内地同，惟品质稍次，巴安得荣前产少许红米，现已无人耕种矣
糯	泸定	年产约稻百分之五	每斗净米约值一百二十千	本地食用，余促销康定城	有麻酒谷红酒谷白酒三千棒等种
玉蜀黍	泸定、丹巴、定乡、稻城、得荣、康定、九龙	泸定年产六千石左右，丹巴半之，其他无多	泸定每斗米约在四十千上下	本地食用，余促销康定间有运销懋功汉源者	一般称之为芋麦或苞谷者，有红白麻各色，黄色最多
青 稞	各县均产	除泸定外产量最多，无统计，当在百万石以上	各地价值每斗通常在藏洋二元至三元之间	除各县食用外，常有与俄洛色达野番等交换食盐者	为麦之一种，色微黑实较麦略大，为康人大宗主要食粮
小 麦	石渠、理化不产，各县均有	泸定较多，其他甚为零星	泸定与米价相等	除自食外，康城为大量消纳之地	为麦类之上品，皆磨灰面，关外之粮进关者只此一项，如道孚、雅江均运销康城
大 麦	泸定及产小麦之区均有	同 上	泸定之价每斗在六十千之谱	完全供本地之用无出口者	大麦中尚有兰麦等同类

续表

燕　麦	泸定、康定、道孚、甘孜、巴安	产量无多	泸定价值与大麦同	完全供本地之用无出口者	又名油麦，为麦之一种，康人多取其未结实之青穗晒干贮藏，待秋冬草枯养畜之用
荞	泸定、康定、丹巴、定乡、稻城	泸定、丹巴较多	泸定价值每斗在三十千上下	同　上	泸定依处四季能种，高山只能种于夏日，有甜荞苦荞两种
粟　谷	泸定、巴安、定乡	产量甚少		同　上	又名小米，色黄仅能煮粥
黍	泸定河谷沙土中	同　上			俗名水子，颗粒较粟米尤小
天　粟	泸定、丹巴	泸定较多丹巴甚少	泸定价值每斗四十千		有红黑白各色糖食用品
芝　麻	泸定沙土中	甚少	价值比较昂贵，每斗一百三十千		有黑色白色两种
高　粱	泸　定	泸定每年在百石以上	价值在三十到四十千	同　上	有酒高粱，大多用于酿酒原料，糯高粱为补助食粮品
黄　豆	泸定、丹巴、康定、雅江、巴安	泸定特多	价值次于米	同　上	通常磨豆花为主要菜蔬品

续表

蚕　豆	泸定、康定、丹巴、瞻化、雅江、道孚、巴安	泸定甚多其余零星	完全供本地之用无出口者	泸定除自食外尚销康城	即一般胡豆但有山田之分，水田种者颗粒大，山地者小，各县所产系后一种
豌　豆	各县均产	数量不多	价值各县不一	均为本地食用	有麻黑白三种，黑者为康人之食品，白者泸定甚多
菜　子	泸定及垦火地之区	同　上	价值与清油价成比例	本地压油后行销各地	为菜油之原料

西康农业种类产地一览表（二）

种　类	产地区分	备　考
莲花白	泸定、康定、道孚、丹巴、雅江、甘孜	俗名包包菜，康定道孚特别肥大，有重至三十余斤者是为西康特产
白　菜	泸定、康定、丹巴、九龙、雅江、巴安、道孚、甘孜	泸定种类多，有乌金黄白秧卷心白等种，每年有大量运康城售卖，余者不好且无多
青　菜	泸定、康定、丹巴、道孚、雅江、九龙、巴安	种类亦多，泸定且有运销康定者
油　菜	泸定、巴安等	子实压油嫩叶做菜
菠　菜	泸　定	
苋　菜	泸定、康定、丹巴	泸定尚多，只有红色之一种
芹　菜	康定、泸定、道孚、甘孜、巴安	大者色白小者色青，康定所产特别优美
韭　菜	除石渠理化外各县均产	除康定泸定两县外多野生
韭　黄	康定、道孚	肥大香美，为西康特产成都所产尤有逊色

续表

马铃薯	康定、泸定、丹巴、道孚、巴安、甘孜	俗名洋芋，康定独多且大，富于淀粉质，贫穷者资以为粮，如川地之红苕然
芋	泸　定	俗名芋头，有水芋旱芋之分
甘　薯	泸　定	俗名红苕，产量不多价值亦贵
萝　卜	除石渠理化各县外均产	有红白二种，康东各县始有其圆根一种土名月母者则比较普遍，喇嘛寺用之为酥油灯
四季豆	泸定、康定、巴安、丹巴、九龙	有红白麻花各种，高山贫民资以为粮俗称二季豆
豇　豆	泸定、巴安、丹巴	泸定多，丹巴少
绿　豆	泸　定	不多
扁　豆	泸　定	不多，供药用
红　豆	泸　定	不多，且有作为日食者
扒山子	泸　定	豆之一种，子如豇豆，形似猪腰，其味较豇豆美
茄	泸定、丹巴、康定	道孚、炉霍试种均不成功，似与气候有关
椒	泸定、丹巴、得荣、巴得及安定东部	有长圆诸种，康定鱼通产量尤多
南　瓜	泸定、丹巴、安定、道安、九龙、巴安、雅江	有笋瓜、节节瓜、金瓜、癞瓜等种，其瓜仁雅江丹巴最多，年产有七八十担均运成都销售
东　瓜	泸　定	销康城
西　瓜	巴安、泸定	产品不佳且无多
黄　瓜	泸定、巴安	销康城
苦　瓜	泸定、丹巴	
瓠　瓜	泸　定	多数销售康城

续表

葫　芦	泸　定	瓜之一种
格当子	泸　定	瓜之一种，形如葫芦独少上部之一节
丝　瓜	泸　定	
莴　笋	泸定、康定、巴安、道孚	如运销甘孜德格视为珍品
竹　笋	泸　定	概为鲜笋，有山竹笋、班竹笋、茨竹笋等产量甚少
姜	泸　定	
葱	除石渠理化外各县均产	康定日地村及道孚所产粗大香烈最为有名，泸定产者有割葱火葱等种，常销康定
蒜	泸定、康定、道孚、巴安	泸定甚多，常销康城
芥	巴安、乡科、甘孜	系野生
荽	泸定、康定、丹巴	甚少
藿	泸定、康定、巴安	
薤	泸定、巴安	无人栽种，系属野生
菌（非农作物）	各县均产	有白菌青菌红菌……白菌以石渠理化产者最著，有如麻菰年出百余驮，每斤约藏洋四五元，青权菌约产三四百驮价廉皆运销内地
黑　耳	泸定巴安	独泸定、得安等地有培植者，每年约产一二百斤，运到内地出售

西康农业种类产地一览表（三）

种　类	产地区分	备　考
棉	泸　定	年产二千余斤织纬不良难于纺纱
烟	泸　定	有兰花烟柳药之分，产在七八千斤以上惜不成庄，除自用外常有运销康城者
花　椒	泸定、九龙、巴安、得荣	九龙最多，泸定次之，每年有十余万斤运销川地
落花生	泸　定	年产数万斤，除运销康地外，尚有运销四川附近各县
葵	泸定、丹巴、九龙、雅江、巴安	产量无多
苧　麻	泸　定	有圆麻火麻等种，外有水麻一种系野生
罂　粟	泸　定	农地遍种年罚金大洋六千元，产量当在三万两以上

（七）农食统计

综观上表所列，既明各县之出产，所有表（二）菜蔬各项，仅少数后人自种自食外，其表（一）粮食类属于稻者，唯泸定及康定瓦斯沟一带为特有产品。但从无统计，产量不详。兹查泸定产稻最多之区，如冷碛、沈村、磨子沟三处，此三处产稻地，天主堂约占三分之二弱，年收租谷为九百数十石；据此推算，其余三分之一及各处狭小之稻区，年中收获不过仅足以敝之；并连瓦斯沟一带，估计年收不过三千石。其次巴安得荣能产红米，九龙亦有数量极少，亦仅少数后人种之，现恐无人耕种，康人并不重此也。至于全康重要食品，厥唯青稞（仅泸定丹巴两县，以芋麦为日食上粮），咸为各县之大宗产品。其次小麦、荞麦、豌豆亦为食粮之一，纳粮亦如之，但其产量，究有多少，从未计及。在昔未改流以前，国家取怀柔政策，年征少数银两，以示羁縻，并未量地升科，迄至赵边使改土归流，准备连设行省，始从事调查，制定升科办法。以上地下籽种一斗，收获一石二斗，则征粮一斗二升；中地下籽种一斗，收获一石，则征粮一斗；下地下籽种一斗，收获八斗，则征粮八升。根据上项办法，兹将升科适中数，收获一石，征粮一斗者为准，以全康民国二十四年度征粮数目，计算全康产量，可得如下表：

西康各县民国二十四年粮食产额数量表

县别	二十四年征粮数（石）	比较出产数（石）	备考
康定	1,159	11,590	
泸定	847	8,470	芋麦轮纳
丹巴	776	7,760	芋麦小麦参半
道孚	928	9,280	青稞为多，小麦豌豆约十分之一二各县均同
炉霍	1,316	13,160	
甘孜	3,146	31,460	
登科	645	6,450	
石渠	114	1,140	全县牧多耕少
德格	887	8,870	
白玉	857	8,570	
瞻化	1,679	16,970	
雅江	408	4,080	
理化	887	8,870	

续表

巴　安	826	8,260	
得　荣	500	5,000	为估计数
定　乡	1,400	14,000	为估计数
稻　城	1,000	10,000	为估计数
义　敦	202	2,020	上四县或新复治或沦匪中所列非实收粮数
九　龙	428	4,280	
合　计	18,005	180,050	

以上系以征粮数目推算，所出产额为180,050石，实际当不止此。盖其升科之初，未能精确调查，为土司头人掩蔽而遗漏者不在少数，后此者又皆根据旧案，未易变更；有时在势力关系上酌为增加，有时或因天灾逃亡又酌为减少，而生产之确实数量，要不能据此为断。兹再就民国二十四年度人口率之食量而比较推算之有如下表：

西康各县人口食量比较出产数量表

县　别	人口数	出产数（万石）	备注
康　定	38,012	912,288	汉人占十分之四五
泸　定	51,332	1,231,968	汉人占十分之九强
丹　巴	37,662	903,888	汉人占三二
道　孚	37,385	897,240	汉人占百分之一五
炉　霍	24,504	588,096	汉人占百分之六

续表

甘孜	44,622	1,070,928	汉人占百分之四
登科	31,100	746,400	
石渠	32,410	777,840	
德格	25,743	617,832	
白玉	20,615	494,760	
瞻化	60,387	1,449,288	
雅江	20,694	496,656	
理化	47,967	1,151,208	
巴安	54,069	1,297,656	
得荣	21,581	517,944	
定乡	28,300	679,200	
稻城	25,538	612,912	
义敦	16,140	387,360	
九龙	22,411	537,864	
合计	640,473	15,371,328	

说明：

1. 每人以年食二石四斗计算。

2. 本表人口数字，系据二十四年度西康行政督察专员公署调查。

3. 本表数字，亦不十分准确，如德格不上一万，此表竟超出一倍以上，然西康一切无可靠数字，只好依此推算也。

据上表以人口比率计算，年产杂粮为一百五十余万石，即除去康泸两县汉民，占全人口十分之一，尽行食米不计外；尚有一百三十余万石之出产，与前表以征粮数目列算，相差太巨，虽牧畜人民常以脚马（汉名仁寿果）、奶渣、牛羊肉助其日食；但俄洛色达一带野番及青海界古之民常常以食盐、酥油、牛羊皮毛，在康北各县交易青稞者，颇不乏人。虽无统计，可见尚有剩余以资出口；而各县不闻缺乏，向何处购运？则知现有康区粮食，从让步说，年产当在百万以上，至于每人年食二石四斗，概系事实，并非估量。

三、牧畜之概况

在前节农业区域内所述，已明了西康地势，平均海拔四千公尺，农产区域在三千三百公尺至三千公尺以下之河谷，则河谷以外，在三千八百公尺以下宜草之平原山场，弥望皆是，所谓草地是也。此种天然草场，人民因地为利，数千年来，畜牧其中，为其经济之重要部分。其论资产不以货币地计，而以畜群之多寡为准率。据近年各地人士调查，当占实业上百分之四十五，其人民之重视可知；故历年因争草场引起纠纷，小则聚讼，大则械斗，流血破产者比比皆是，盖为牧畜也。

（一）牧畜区域

康民既重牧畜，又因天然地势，则其牧场之广而多，概可想见，兹就调查及研究所得，将各县十分之率，以牧场比较全区，列表如下：

西康各县牧畜牧场面积比较表

县　别	全县面积比较	备　考
康　定	十分之五六	木雅乡踏泥坝贡巴石等地最甚
泸　定	十分之一弱	仅岚卅有少数绵羊放牧
丹　巴	十分之一二	丹东为牧场最大之区
道　孚	十分之三四	鱼科及革西区为纯粹牧业地
炉　霍	十分之五六	罗科马为最大牧场其次热马岗绛达棒达亦多
甘　孜	十分之三四	大唐坝一带为全县牧场之冠
登　科	十分之六七	下杂科林葱等地皆为广大牧场
石　渠	十分之九强	纯为牧场县
德　格	十分之七八	竹箸玉隆杂科等乡特多
白　玉	十分之五六	上中下三昌泰为绝大之牧畜场所
瞻　化	十分之四五	古格通霄各有大牧场
雅　江	十分之四五	崇西土司部落为最大牧场其次宜马乡亦多
理　化	十分之八九	为毛陲土司辖地其次为农土司地为西康发大之牧业地也
巴　安	十分之三四	东北按白玉至界甚多
得　荣	十分之四五	奔都古学各村多牧畜地
定　乡	十分之三四	北部多牧场
稻　城	十分之三四	大牧场在东南部
义　敦	十分之八九	
九　龙	十分之三四	邻康定界一带

（二）牧畜种类

牧畜有牛马羊骡驴五种，就中以牛羊为最多，马次之，骡驴又次之，鸡豕鹅鸭之属为数甚少，犬虽家家俱有，但在经济范围以外，不及备论。

牛——有犁牛、犏牛、犛牛数种，水牛甚少。犁牛，身被长毛，颜色黝黑，性质强悍，专为繁殖取乳及供食用，虽能驮运而力不佳，每头值藏洋三十元至五十元不等，年可取乳制酥油二十余斤，每斤值藏洋二咀至一元。犛牛，亦名骡牛，体躯强大，能耐劳苦，牡者供运输，牝者取乳；凡商人贸易货物，在康区出入者，均由牛厂娃驱牛以包运之，每站脚价一二元不等；但其输运，各有区域，彼此不得逾越，盖因牧畜人民，无地可耕，以运费而补助生活也。犏牛，亦名黄牛，如内地之耕牛，似为杂交变种，躯干矮小，亦可供运输与取乳，唯多用以耕地。西康全境之牛，（连俄洛色达野番计算）据近年调查约在五百万头以上。至其牛皮一项，每年除康定、甘孜、道孚等处就地制造熟皮以运销康地及包裹茶驮货物外，年由康定输出三万余张。

羊——有绵羊、草羊之分。绵羊，毛皮丰泽，颜色白净，若系羔皮，更柔和细软肉味肥美，每只值藏洋七八元至十余元。草羊，亦名驹刀子，皮毛粗劣，肉供口食，味不大佳，每只值藏洋三四元。全区概数在六百万头左右。至牧人所畜之羊，少有宰杀者，专为剪毛而畜，年剪两季，每只可得三斤，为西康输出之大宗，抑为康民衣服之原料。每年出产约有四百万斤，除本地人民用衣料外，输出有二百万斤左右。

马——各县均产，身量庞大，骨骼佳者以之代步，每匹之价，视其优劣而定，自数十藏洋以至五六百。骨骼劣者，以之司驮运，所得运费与牛同，全区产量约二十万匹。

骡——为驴与马杂交之种，壮健耐劳，实为运输工具之利器，价比通常之马昂贵；康藏商人，多畜之以为骡帮；脚价较牛高，惟配种不易，繁殖困难，每县不过千余匹，全康合计十万头上下。

驴——之体躯短小，不能负重致远，康人豢之，仅为近距离之转运，全康有两万余。

豕——除泸定猪种与腹地同外，在丹巴道孚甘孜一带，所畜皆瘠小，每只不过三四十斤，为汉民及少数康人豢养者，既不以佳粮饲之，又鲜以定住之地安之，每日驱逐野外，听其自生自长而已。许多军政人员皆以腌肉代替，因味恶劣之故也。年产亦在万只以上。

鸡——在康西各县均产，肥美高大不亚内地；而在炉霍、瞻化、甘孜、雅江以西，鸡种甚小，如四川之太和鸡，味劣不堪为馔，产量甚少。

以上所述，仅为康人之家畜。而于游牧人民，尚有获取野牲，以为附带经济者。特于下节述之。

（三）野牲略述

仅举其限于有经济价值而为商品且较普遍者，略述于后：

豹——有金钱豹、艾叶豹两种，金钱花之一种，各地皆有，其性极凶猛，狩猎不易，牛厂娃恒聚多人，始能猎获，皮可制褥，骨骼制跌打药品，药商常冒充虎骨售卖。年产百余张，每张值藏洋六七十元。

猞猁——各县间有出产，为数无多，唯金江西之瓦合山，及青海隆庆等地所产之青白猞猁，多而且佳；每年由康定输出约三百张，每张价值藏洋五六十元，其皮毛轻软异常，为毛货佳品，较狐为佳。

狐——各地均有，伏如犬，俗称曰毛狗，而脚较短，尾大，毛细色黄，皮可为裘，质轻而暖；康人多以缠头而当雪帽，每年输出约三千张，每张值藏洋十数元，至三十元。

熊——熊有狗熊、马熊、人熊之别，各地皆产，其胆为名贵药品，油可治湿气，掌为山珍，皮可制褥，泸定九龙一带甚多，输出数亦不少。

獭——獭为水兽之一种，金沙雅龙两江沿岸，常有出产，色多灰麻；最佳者唯白玉金沙江岸之黑獭，毛色光泽，价甚昂贵，此项獭皮，康中贵族，多以为衣缘，故输出无多。

虎——康区唯金沙江西工布波密产之，但甚少，江东尚少见。

狼——各地均产，唯不甚多，皮毛温厚，可制垫褥，每年输出二百余张，每张值藏洋十元至二十元。

鹿——康区各地皆产，尤以德格、瞻化、理化为最。鹿之全身皆有用途：如鹿筋、鹿胎、鹿聪、（生殖器）皮、毛角等；而以雄者之嫩角，称为鹿茸，尤为温补之珍品。故猎者甚多，其价以质之优劣定，有每茸可值藏洋五六百元者，年约输出一千八九百斤。

麝鹿——麝似鹿而无角，俗称獐子，牡者脐中有脂结成之块，大如鸡卵，谓之麝香。香甚烈，药用品颇贵重，各地皆产，以瞻化产者质料最佳，每年输出二千余斤，估计约值银四十万两。销场以法国为巨，现已一落千丈输出不上千斤矣。

獐——似鹿而小，与麝同类，其皮可做袋，康人糌粑粮袋，多以此为之。

麂——獐属，其革柔软，可以拭物，输入内地以做表袋，及镶狐裘之用，其肉细嫩，产量不少，在康定估藏洋一至二元。

兔——尾短耳大似家兔，毛色灰麻，肉为山珍之一，毛可制笔，康区遍地俱产。

雪猪——为鼠类动物，各县较高寒之地俱有，且最繁殖，穴居土中，以草根为食，状如兔。耳尖小，皮可制寝具，能免湿气，价廉每张值藏洋一元，其油为治湿病之良药。

土猪——举目可见，形如雪猪，略小，用途亦同，其皮与油有少数输出。

马鸡——为雉属鸟类，色为黑白两间，体干高大，每群有百余只者，每只重十斤以上，善走，远视有如羊群，肉味鲜美，为野会中佳品，其余雉鸡、松鸡、贝母鸡，亦甚多。

猴——丹巴九龙泸定产之有金丝猴大马猴等种，出产亦少。

（四）牧畜情形

凡操牧畜人民，谓之牛厂娃，常揣牛毛帐幕及食品与简单用具，逐水草而居，每当春末草长之候，先就低下荒原，置帐其间，驱畜群而牧之，不时移动，以就草茂之区，渐移而居住渐高，时当秋末，则又渐移而渐低，以至聚居山麓而止。其畜群多寡不一，数百头以至数千，至少亦有一二百头。晨则驱诸草场，晚则驱回帐幕附近以毛绳栏之，至其雏畜，则多驱于幕中，与人共处，故牛厂帐内，莫不污秽难堪，甚有牛羊粪堆积数寸，而不扫除者，因不讲求卫生，又乏兽医，瘟疫一生，传染甚远，而倒毙亦多。论其生产，牛马三年两产，每产一头，羊则两年三产，每产一二头不等，以其多数之畜群，牧之十年，当可繁殖无数，然而不能者，则皆瘟疫碍之也。

（五）牧畜税率

牧畜人民，对于政府所纳税率，谓之牲税。在清末以前，国家以其地险远，其民犷悍，率皆以羁縻政策遥相维系，而于牲畜，从未征税，及赵尔丰氏整理边务，鉴其畜牧之盛，牛厂之多，耕者纳粮，而牧者则不能无税。乃厘定牲税章则，规定牧牛一头，年征税藏洋一咀（藏洋一元作四咀，每咀现折合大洋一角一仙二星），马变之羊十只合牛一头，其所牧马牛羊，合计只及牛十三头者免税，又牛马不及二岁或变卖或倒毙者亦免税。规定周详，至今用之，因此之故，各县所征税率，时有增减，但大概不出赵氏时所定。兹将民国二十三年度征收税率列表于下：

西康二十三年度各县牲税征额表

县别	税额	备注
康定	346,304	
泸定	—	该县无牧场故未征牲税

续表

丹　巴	179,200	
道　孚	577,920	
炉　霍	384,832	
甘　孜	1,268,176	
登　科	2,887,200	
石　渠	7,972,250	为西康最大牧畜区，税额亦最多
德　格	3,180,304	
白　玉	3,245,648	
瞻　化	3,124,532	
雅　江	238,560	
理　化	3,297,280	
巴　安	11,980	该县河西沦于藏且治权未达于民时有抗粮抗差之事，故所征无几
得　荣	—	未详
定　乡	—	民国二十三年县长始往复治故不详
稻　城	151,088	
义　敦	—	甫议复治未详
九　龙	—	不详

说明：

1. 此表系二十三年各县呈报实征数非原定额数。

2. 此表系由藏洋折成大洋以元为单位。

四、森林之概况

西康地旷人稀，山深林密，树木丛生，得自然之势，举凡松杉柏杨桦桧青杠溪木柞枫柳构桤之属，应有尽有，森林广袤，绵亘数十里，吾人苟一过南路之高日寺，北道之松林口等处，即可见大木参天，枝干雄伟，栋梁之材，不可胜计，而刀斧不加，致年久风蚀，纵横倒地，诚有货弃于地之叹也！

（一）森林地带

康区森林既多且广，而其状况至为复杂，就其树种分布之不同，约可分为四带，各带中之森林，因树种之不一，而林相亦异，分述于下：

温带——阔叶树混淆林。此种阔叶混淆林，在海拔一千五百公尺至一千七百公尺之间，其主要树有青杠、板栗、楮树、王兰、苦木等，其混淆之针叶树，有长尾松、杉木，但为数不多，此带之森林，可以泸定之磨西面、楚坝沟、丹巴之巴底巴旺代表之。

亚温带——阔叶树混淆林及针叶树阔叶树混淆林。此带森林其为阔叶树混淆林者，在海拔一千七百公尺至二千六百公尺之间，以九龙南境及康定雅加埂代表之；其主要树木，有胡桃、槭树、枥树、白蜡树、漆桤等。至针叶树混淆林则在海拔二千六百尺至三千尺之间，有冷杉、云杉、铁杉、桦木、白杨各种；此带以丹巴之奎容泸定之化林坪代表之。

西高山带——针叶树林。此带在海拔三千公尺至四千公尺之间，为针叶树最茂盛之区域，其主要数种有冷杉、云杉、铁杉、红杉、松树、柏树，各种，至松柏之生殖以海拔三千五百公尺为止。三千七百公尺以上，多为冷杉及红杉之单纯林；但亦常有阔叶树之蛮青杠，桦木杂生其下，此带以康定之析多山、海子山，道孚之松林口，德格之柯鹿洞，白玉之噶拖寺等处代表之（各县均有不及备述）。

高山带——灌木丛及针叶树草纯林。此带在海拔四千公尺至五千公尺之间，而针叶树单纯林则在四千三百公尺以下，仅有红杉、冷杉，两种。以九龙之瓦灰山、巳丑山，雅江之高日寺山，德格濯拉山代表之，至四千三百公尺以上，则为灌木丛林以矮柏檀木蛮青杠及小叶杜鹃数种，各县均有（上项分法本西康东部森林初步之观察）。

（二）森林面积

康区森林甚多，兹就调查所得及参考他籍所载，将各地约计面积，列表于下：

西康各县森林面积调查表

县别	地名	森林面积地名	备注
康定	日地	20余里	距城近者业已砍伐，如折多山、榆林官等地均不计入
	申元	20余里	
	雅嘉埂	40余里	
	中古	20余里	
	海子山埂	30余里	
泸定	楚坝沟	10余里	雪线下人迹罕列之地均有
	干沟	10余里	
	沙湾沟	78里	
	烹坝沟	78里	
	冷竹关	10余里	
	岚州	10余里	
	化林坪	10余里	
	娘娘山	10余里	
	加郡沟	10余里	
	雨洒坪	40余里	

续表

泸 定	磨西面	10余里	雪线下人迹罕列之地均有
	松林坪	20余里	
丹 巴	奎 容	50余里	全境十分之五均为森林者杠坡广产区木
	青杠坡	30余里	
	巴 底	56里	
	巴 旺	67里	
道 孚	下上板厂	20余里	约占全县十分之三
	中 谷	34里	
	泰 宁	56里	
	接陇坝	56里	
	松松口	20余里	
	磨房沟	10余里	
炉 霍	甲基隆	56里	材产面积约占全区十分之二三垊坝沟为最多
	仁达沟	10余里	
	加躲沟	10余里	
	雄鸡岭	数里	
	垊坝沟	10余里	
	宜木乡	10余里	
	弱 海	数里	
甘 孜	下杂科	50余里	杂科最多，各种木材皆取给于是
	东 谷	89里	
登 科	林 葱	10余里	

续表

登　科	躲吉岭	数里	
	上杂科	40余里	
石　渠			该县无森林，灌木皆少
德　格	柯鹿洞	30余里	濯拉山麓颇广
	濯拉山	50余里	
	浪　多	20余里	
	玉　隆	10余里	
	竹　庆	30余里	
	马　耷	10余里	
	麦　学	20余里	
	龚　垭	数里	
白　玉	噶拖寺	40余里	白玉为森林最多之县
	赠　科	10余里	
	武索山	60余里	
	藏　都	60余里	
	麻　绒	20余里	
	独稞寺	20余里	
瞻　化	甲斯孔	30余里	阳山多灌木阴山尽乔木，其木以枞为多柏松桧柞次之
	通　宵	10余里	
	博　滋	20余里	
	岭　达	10余里	

续表

瞻　化	麦　科	10余里	
	雄龙溪	10余里	
雅　江	高日寺山	40里	约占全县十分之四，宜马沟较多
	巴衣绒沟	50里	
	直达坝	30余里	
	崇西沟	20里	
	宜马村	50里	
理　化	拉波中村	60里	系占全县十分之三四，莫拉石最盛
	营官坝	40里	
	莫拉石	60里	
巴　安	奔察木	30余里	东北部甚多
	松松口	20余里	
得　荣	聋　许	10余里	养古山森林较多
	工　达	数里	
	雍　曾	10余里	
	养　古	20余里	
稻　城	九拐山	20余里	约占全县面积十分之七
	蒙自村	30余里	
	色拉山	20余里	
	贡噶岭	30余里	
定　乡	火竹乡	20余里	西部为广
	桑披寺	10余里	

续表

定　乡	冷龙山	40余里	
	定波河	10余里	
九　龙	洋　桥	5余里	东北部较多
	瓦灰山	20里	
	汤　谷	20余里	

以上各县所列多沿道旁，尚有未经调查所及，缺记颇多，关外各县中，尤以白玉瞻化等县为最，倘能逐一开发，其利溥可想。

西康果木类别产地调查表

类别	产　地	备　注
胡　桃	泸定、丹巴、康定、巴安、得荣	泸定出产甚多，巴安尚有印度及西洋胡桃为美法教士携来之种
桃	泸定、巴安、丹巴	桃有香桃毛桃等种，又有山桃一种实小味酸康地多有之
仙　桃	泸定、康定	俗名仙人掌，为介于草木本间一种植物，繁生于石壁削岩上，其实可食甚甜
樱　桃	泸定、丹巴、康定、巴安	河谷成熟较早高地成熟甚迟享口腹之期较内地长
梨	丹巴、泸定、康定、巴安	丹巴之金川梨质细核小汁多味甜，出产亦富，运销康地及四川数万斤，所谓金川雪梨是也，蛮梨亦多
杏	泸定、康定、丹巴、巴安	有甜苦两种康人以干者常年作为招待上实果盘
柑	泸　定	俗称为狮子头泡柑，外有棋柑一种实大皮厚，味不如泡柑之美

续表

橘	泸　定	产量少味不佳
苹　果	巴　安	为外籍教士种植，成绩优良
花　红	康定、泸定、巴安、道孚	康定之鱼通出产尤为丰富，康定城中水果摊上累累皆是，有如苹果而实较小味甚佳
葡　萄	泸定、巴安	有西洋及本地两种
枣	泸定、丹巴、巴安	产量无多且劣
枇　杷	泸　定	
柿	泸　定	有牛心柿平柿两种，外有一种小柿称为油柿，丹巴、康定、巴安等地均产
沙　椤	泸　定	结实小如樱桃大可食
石　榴	巴安、得荣、泸定、丹巴	丹巴产者为最著名
林　檎	泸定、康定、巴安	出产少味劣
白　果	泸　定	即公孙杨果实野生种
板　栗	泸　定	为梗定果实大宗出产尚有输出
菱　角	泸　定	泸定海子山海子内产，两角色黑与内地之红菱不同
桑	泸定、九龙	泸定草桑尚多湖桑亦有每年可饲蚕取粗丝六七千两，民国二十三年丝价过低不若棉线价，九龙蚕产千余两
桐	泸定、九龙	桐油为本地大宗燃皿原料并可用为油漆主要品
卷	泸定、丹巴	代替白蜡或黄蜡之一种植物油年产尚多
漆	泸　定	产量尚丰，附近各县赖以应用

五、矿产之概况

西康矿产，自昔著名，历来开采有人，未尝间断，而中外人士，亦莫不注意及之。在五十年前，曾有德人劳策，由康定经理化、巴安，而至昌都之西，调查矿产，制成图说，其后法英美各国，俱有人屡至考察，所得结果，或零星散碎，或秘不发者，甚有夸张喧腾，目为秘密之国，宝藏之府，引起各帝国主义者之垂涎。吾人始终不察，以我之土地，而不明究竟，实属可哀！继后在赵尔丰锐意经营之际，曾聘美国留学生刘轼轮者，为考察矿物委员，但其结果未著成效，借病辞退，至民国十九年中央农矿部派谭锡畴、李春昱两君，赴康考察地质矿产情形，踏遍大渡雅龙两江流域，究悉矿产底蕴，破已往道听途说之弊，有足多矣。

（一）矿产构成情形

矿产与地质有密切之关系，未有地质不明，而能知矿产之情况者。考西康矿产实富，地点虽多而来源则同，其矿床生成，发动之机，自火成岩酝酿鼓涌侵冲上升之日起，大层岩浆上升之顷，酸基分异，而成花岗及辉绿岩。唯与岩浆同时涌出者，有一种汽液体，含各种金属原质，实为矿床生成之源。汽液体伴岩浆上升，本分先后，如汽液体先于岩浆而出，则冲入各种地层中，其遗留于岩浆凝固之火成岩内而成脉者甚少。反之岩浆先行上升，遇冷凝结以成岩石，体积缩小，裂缝遂生，而汽液体后出，填充于火成岩之裂隙中，以成脉状。西康金属矿床，除沙金外，均为矿脉，而脉之所在，多夹于各地区中，火成岩内颇少。其为先于岩浆涌出者无疑，此种汽液体所含之物质，以砂质为多，次为金、铁、铜、铅、银及硫、铝等。

西康素以金矿著名，即现时各县开采者，亦惟金矿是图，其他未之闻也。故再进而略述之：查金矿分山金沙金两种，山金土名冗金，沙金为粒金，山金矿生于石英脉中，而常在高处，亦可称脉金。沙金生于砂朱中，而常在河渠内，亦可称河金。西康所属山金甚少，曾经开采者，仅康定之偏岩子、灯盏窝、鱼通孔玉，及丹巴之喇嘛沟数处，矿霍之章达，亦尝发现石英脉中含有金粒，惟成分甚少，迄未采办耳。据以上矿产构成之情形而言，山金生于脉中，与各种金属矿物同其聚散分布之理。而金矿之凝住，则常在矿脉上部，故多在高处也。至于沙金之构成分布最广，所以开采亦最盛。简单言之，沙金之来源，不外自含金之石英脉中，剥蚀冲击而下，俾砂朱堆积于沟渠中，所有丰富之矿，非经一度冲刷堆积而后成。故欲知一地砂金之优劣，当先调查附近石英脉之多少，多则常丰，少则即劣（见西康东部地质矿产志略）。

（二）矿产分布区域

西康现有境内，矿产之分布，可别为三区域：一为大渡河流域；一为雅龙江流域；一为金沙江流域；雅龙江流域产金最盛，其他金属甚少。大渡河流域，产铜、铅、铁、煤、矿金较少；金沙江流域，现为国家势力所及者，仅河东沿岸一狭长区域，此区域内矿产极少，其大部均在河西，未经调查。兹将各流域矿产类别分区列表于下：

西康矿产类别区域产地调查表

区　域	县别	矿产地名	类　别	备　注
大渡河区	康　定	偏岩子	山金	前二处时有开采不旺仅敷火食下停，现办
		灯盏寓	山金	
		四家梁	山金	
		梭　坡	沙金	
		老台子	沙金	
		三道桥	沙金	

续表

大渡河区	康　定	孔　玉	铅、铜	
		鱼　通	铅、煤	
	泸　定	银厂沟	银、铅	银厂沟之银早年曾出旺矿，各地之煤继续以土法开采
		金岔山	铜	
		羊圈沟	铁、铜	
		沙　沟	锑	
		岚　州	石膏、镰	
		磨脐沟	煤	
		别　拖	煤	
		喇嘛山	煤	
	丹　巴	绒坝沟	金、银	停办者多
		大　岩	铅	
		日波山	云母	
		黄岩腔	铜、铁	
		青冈坡	铁	
		弓　搓	银	
		陡水岩	银、铅	
		喇嘛沟	山金	
雅龙江区	道　孚	八　美	沙金	将军桥曾出旺金各厂现有人办
		泰　宁	沙金	

续表

雅龙江区	道　孚	将军桥	沙金	
		上海埂	沙金	
	炉　霍	加　躲	沙金	仁达沟昔年甚旺
		仁达沟	沙金	
		雄鸡岭	沙金	
		章　达	沙金	
	甘　孜	观音阁	硫磺	其他磺矿未发现
	瞻　化	麦　科	沙金	麦科金质最佳时有数百人开采
		甲司孔	沙金	
		磨房沟	沙金	
		熊龙溪	河金	
	九　龙	八阿龙	沙金	均曾开采因匪乱停
		三垭洋桥	沙金	
		踏卡河	铁	
		湾　埧	银	
		溪木林	石棉	
	雅　江	卧龙石	沙金	间有人采取
		宜马宗	沙金	
	理　化	郭　母	沙金	
		毛　了	沙金	

续表

雅龙江区	理　化	德　窝	金、铁	前曾开办
		姜加孔	沙金	
		五花村	石棉	
		治南里许	煤	
		杜　沟	沙金	
		跑龙沟	沙金	
		金厂沟	沙金	
金沙江区	登　科	—	—	未经调查
	德　格	柯鹿洞	沙金	现有少数人采办
		拉的苦	沙金	
		宴　达	沙金	
		纸厂沟	沙金	
		麻打沟	沙金	
	巴　安	宁静山	银	宁静在金沙江西岸
		茶　树	银	
	得　荣	卡熊桥	沙金	
		洼　坎	沙金	
		日　两	沙金	

以上各县仅就调查所及，其未经调查和未发现者，不知尚有几许也。

（三）采金方法

统观上表所列矿产，矿金区域占三分之二，又概系沙金分布之地。所以淘取沙金者，愿不乏人，尤以汉人为多。若际时局安定，社会宁谧之候，川中各地呼朋引类以谋生其中者，当不在少数。惟不悉矿产之构成与其分布，随处挖掘，杂乱无章，何能得其丰富之宝藏欤。而其开采方法，纯系旧有土法，淘获自然甚少，其方法康南康北微有不同，但均用木槽淘洗。在南路者，先掘一小沟渠，引水入内，沟旁放阙，置木槽其上，槽长五六尺，上部宽一尺半，下部宽一尺许，深七八寸，成斜溜状，最下部较深二三寸，用草饼做成长方砖形，嵌于木槽下部深处；将矿砂先堆积槽旁，然后锄置槽内，引水冲洗，沙随水下，而金粒玉草饼上被阻，沉入草中，取草饼出将沉入之金沙，置另一木盘内；此盘谓之金盆，长约尺半，上部宽尺许，下部宽约五寸，四边向中倾斜，下边留水口，将盘簸荡水中，沙由口流出，金粒留于盘底，以水银裹之，即得。在北路者，方法同一，唯木盘有异，槽长三四尺，宽一尺半左右，槽之下半部，有横刻十余道，刻深寸许，仍置槽水上，置矿砂其中，引水冲洗，粗沙随水冲去，细沙与金落横刻内；再取刻内之金沙，置盘内漂洗即成。其不同之点，在用草饼与木槽之别。

六、药材之概况

西康产业，除上述之农业，畜牧森林，矿产四项外，药材亦为重要富源之一。境内所产之药物，遍地皆是，每际春回斗转之时，跻跻跄跄，裹粮入山者，颇不乏人。故居留康区之汉人或土兵每于某种成熟，成群结队上山采掘，或从事狩猎，实为经济上有价值之重要业务。惜康民智识不开，迷依神权，均以山林木石为神灵所居，不敢开发；并阻挠药夫，因之时有纠纷。但政府力量所及之地仍不少采掘者。其出产方面，动物类则以麝香、鹿茸为珍贵，鹿角为多。植物属则以虫草、贝母为上品，大黄为广。种类不下数十种，如以有系统有组织之采取，此项财富，当不亚于农牧林矿也。

（一）产地分布

药材之生殖分布亦与气候有关，若森林农作物之有阶段然。大抵最多之处，为雪山附近及高地草原与森林中，低处亦不少。虫草，即生于常被雨雪之所，贝母知母生长地在比虫草稍低之草原，大黄生长地带则较贝母更低，已在森林附近。其他如羌活、独活、泡分，则又更低下，而在森林带之下部接近农作物之阶段也。其产地：鹿茸，各县均产，尤以瞻化、德格、裹化，质料最佳。麝香以瞻化为优良。虫草出产地，首推康北之德格，康南之理化，大宗贝母在白玉之昌太，道孚之鱼科，而尤以炉霍之罗科马所产之货色为最好。其他各县亦有之，大黄则遍地皆产，占出口药材第一位。

（二）采药情况

康地产药之山皆无主者，除喇嘛土司头人民众神山禁止绝对挖取外，政府力量能达之处，亦可采掘。唯须按时前往，如虫草在每岁废历四月杪五月初，迟早均不可；贝母知母则在五至六月，大黄、秦艽等亦各有定时，不然则收获欠佳。此种采药者，称为药夫，四川安岳乐至遂宁诸县人为多，皆出力役之辈（间有驻军），预支药商钱粮，然后入山，但须自携罗锅帐篷，食粮锄具，结伴而往。而生活则异常劳苦，一切均非同化于土者不能前往，如多日不举火，则掬水咽干粮，无帐幕则露宿林岩，每阅旬月，俟采集成担，乃得下山偿还前债。其药商大者，多半为陕人，如德泰和、顺兴合、吉泰公、利盛公、春发源、德盛源等十余家，其次各喇嘛寺及川人亦不少，大都设总号于康定，分店于南北两道各大市镇，派熟习藏语者，分往各地收买，或催前放之债，上项药夫，俱系各自为谋，少有团体之结合，不如松潘之有药棚药厂组织也。

（三）药类概述

森林中之动植物及高原草本植物，能为药材者，在康区出产颇为丰富，如上所云。故特在撮其概要，而分类述之：

鹿茸——已见前节野牲条中不赘。

鹿角——为雄鹿自行脱落之干角，运销渝沪，熬制成胶，为温礼要剂。西康各地均产，康定价值每斤藏洋四五元，年约输出一万六千斤。

麝香——已详野牲条。

虫草——虫草为康区特产，各地均有，原体为虫，繁殖土中，一出土面则头部脱化长苗，化为植物。其苗出土二三寸，色青翠，草苗策立，药夫伏地觅之始得，用小刀拨土出之，形状如蚕，为温礼珍贵之品。年产约二万数千斤，每斤在康定值十余藏元至二十三四元不等。

贝母——各地均产，唯大量产地则以昌泰、鱼科罗科马等处为区擘。全年产量四万余斤，在康定每斤值藏洋十元左右。

知母——康区年产六七万斤，其销场多为东三省，该处被倭寇侵占后，输出量大减。现不过二万斤，价值较贝母贱，每斤在康定可值三四藏洋。

秦艽——各县皆产，尤以甘孜、德格、白玉、瞻化、理化为多。年出产约七八万斤，康定每斤值藏洋一元之谱。

羌活——各地均产，当民国七八年间，年输出数十万斤。现已日渐衰落，每载不过出口二万数千斤。

大黄——为草地出产最多之药材，年约输出十二三万斤，因价廉路远，大都无人过问。采办者多在康定附近甘孜、雅江一带。

老鹳草——此为理化之特产，用其叶茎熟制成膏，名老鹳膏，为除湿上药。

小黄草——为泸定之林产，多生于巉岩峭壁上，采之困难，价值甚昂，为我剂圣药。

黄耳——亚于银耳之外品，为稻城之朴产，巴安亦有，产量不多，每斤值藏洋三十余元。

雪灵芝雪莲花——各积雪之地均产，康定、瞻化甚多。雪莲花形略如莲花而小，雪灵芝亦然，二者同为妇科药材。

当归——为泸定农人培植之药材，大多栽于高寒地带，年产六七千斤，近来市价不好，每斤只卖二千文，故已大为减少。

以上各种，系属荦荦大者。此外如稻城之天门冬、牛膝；丹巴之佃辛、麻黄、杏仁、桃仁；甘孜道孚之玉竹参、泡分；裹化之羌活鱼；九龙之黄檗丹皮；德格之茜草；泸定之川芎、杜仲、厚朴、（系栽种者）防风、黄芩、柴胡、前胡、蜂蜜，等等，不下数十种，产量不过较少耳。

七、结　论

西康之产业，本文所述农、牧、林、矿及药材五项，已尽之矣。在交通未臻完备之前，所有林产纵多至无量，毫无经济可言；唯供劈作燃料，或听其腐化而已。耕种之法，亦因陋就简，可以垦殖之沃土及遗弃之熟荒，随处可见；虽限于地带而无广大农区，要能改良耕耨，并使地无余力，则其生产当未可限量。至于矿产一端，政府苟能作整个之经营，以科学方法为大规模之开采，其利最溥。药材一项，亦应有严密之保护，和有组织之开发，利益当不弱他产。尤可惜者，此中草场之大，而牧民之多，如能善加教导，改良选种，讲求卫生医药，预防瘟疫，畜牧繁殖之量，讵有涯哉？甚愿我中央政府及西康当局有以处之也！

本文除参考西康各种载籍及亲历关外调查所得之报告外，前德格县府秘书馆文阶及高警民同志供给不少可靠材料，特附此以致谢！

民国二十五年三月十八日完稿于蓉城

《新西北》创刊词 *

西北学会诸同志，最近创办《新西北》季刊，其目的在促进西北文化之发展，提高西北民族之地位。并嘱余为创刊之词，盛意善举，殊堪感佩！愧余不文，对斯刊之意义，不克尽量发挥，以负诸同志之希望耳！窃以为西北诸省，无论在历史上、地理上、民族上观察之，均为我中华民国之重要省区，凡我国人均应特别注意而我西北人士更应负唤起国人注意之责任而特殊努力焉！兹就管见所及，略述如下：

一、就历史上言之，凡我国人都应注意西北，认识西北，努力改进西北，使中国之文化，能普遍发展不致呈畸形之现象。按吾国文化之发展，皆由西北而东南，故西北诸省实为羲轩故里，文化源泉。惟近百年来，因山川阻隔，交通不便，与西洋之物质文化，不易接触，复以天灾人祸，叠相侵扰，遂致文化上之发展，远不及东南沿海诸省矣。夫一国之文化不平均，则一国人民之知识难平等，一国人民之知识不平等，则其意志亦殊难一致统一。国人之意志，既不统一，则对内不足以建设，对外不足以御

---

* 原载于《新西北》1932 年第 1 卷。——编者

侮，其危亡可立至矣。故吾人欲救中国之危亡，当先努力于西北文化之发展，此本刊应负之第一责任也。

二、就地理上言之，我西北诸省，土地广大，物产丰殷，值此举国患贫之际，开发西北，建设国内，亦至重要。再就国防而言，更应注意。迩者，倭奴征服中国之第一步，业已做到。第二步行将开始。凡我国人，不能不作最后之防备。时至今日，欲救中国，当注意边防，欲注意边防，当先巩固西北。西北不保，则中国无救矣。是就地理上言，我西北同志，应努力于本刊，以唤起全国人士对于西北之注意，借谋挽救中华民国之危亡！

三、就民族上言之，我国民族之发展，亦由西北而东南。惟东南民族，因地理之关系，欧化之影响，数百年来，尽习惯奢靡，性情浮动，而声色货利，更使其固有之健康身体，日趋孱弱。夫国家之强盛，全靠国民之健康，民族之健康既衰，则国家之强盛难期。幸我西北诸省，古道犹存，一般民众，耕田凿井，从事劳动，体魄既壮，意志亦坚，对于异族，不媚不阿，苟生聚而教训之，则十余年后，救国雪耻，定堪胜任矣。复次西北诸省，民族庞杂，汉、满、蒙、回，尤须以文化之力使之同化，否则奸人从中挑拨，意见既生，争斗自起，小则遗害地方，大则危及国家，是可知欲增进民族身体之健康，统一民族之意识，培养民族之爱国精神，吾人不可不有此刊，以广为宣传，引起国人之注意也。

上述三点，皆系荦荦大者，凡我同志，苟能共同努力，促其实现，则不仅西北新，我整个之中华民国亦从此更新矣，愿与热心西北事业诸同志共勉之！

如何考察西北*

自从“一·二八”沪战以后，离开了多年住居的真如，和朝夕聚首的同学，跑到了中华民族之故乡里去，省亲，扫墓，视察。屈指计时，匆匆已三年有余了！每逢在京沪车上来去，当经过真如的时候，我心里上总起一种波澜，不由地立起身来，将整个的视线，移射到暨南大学！一直到火车走远不能看见为止。

前个礼拜，有几位同学跑到我家里来，说是大家快要毕业了，很想到西北去旅行考察，要和我商量，并要我指导赞助，我当时非常高兴，曾鼓励了一番，嘱大家先来个健全的组织。上礼拜又接到耀翔先生的快信，要我今天来讲演，虽然落着大雨，也是义不容辞地由杭州赶来，想趁这个机会，重游旧地，与大家会晤会晤！

国难一天一天的严重，边疆的危机，也随着国难严重的程度而进展，尤其是西北方面。因为本身生产落后、文化衰颓、民族散涣、国防空虚的缘故，给帝国主义者以许多经济侵略、文化侵略、挑拨离间、乘虚而入的

* 原载于《西北问题》（季刊）1935 年第 1 卷第 4 期。——编者

良好机会。有志青年，正应联袂而起，步武张骞班超之后，到西北去，或者促进文化，或者兴办实业，或者改进政治，或者团结民族，或者建设国防……做一番救亡图存复兴中国的事业。凭着青年们丰富的智识，新颖的头脑，热烈的感情，吃苦耐劳、勇敢冒险的精神，去和那蕴藏丰富的大自然，诚朴天真的老百姓们切实合作，所得的结果，我相信一定比鄙视西北的要人所主张的以监犯游民开发西北的效果好得多哩！

过去也有不少的人到西北去，或者人数较少，或者缺乏组织，或者事前无精确的计划与考察的目标，所以虽然跑了几省，也不过是走马看花，旅行游览而已。西北的需要是什么，西北问题的重心在哪里，应该怎样地帮助西北人民和政府去建设新西北，还是弄不清楚，这样的考察，对西北是毫无益处的，各位是在国立大学教育系毕业，又多系南洋华侨的巨子，这番去考察西北，一定要免去前人的失败，而得到良好的结果，才算是不虚此一行呢！现在把我的意见给各位供献数点。

一、考察西北的条件

（一）生理的条件，是要身体健康，吃苦耐劳才行

因为西北的交通不便，有些地方虽说是有长途汽车，有时遇着天雨或陡坡车坏时，坐车的人，不但要下来走路，还得帮助车夫推拉汽车，身体不壮的人哪里能行？至于西北的旅店，也还不如东南各地的舒适雅凉，小店里的土炕，蝇蚤臭虫咬得你很难安眠，至于饮食，虽也有白米细面，但口味也绝不如上海的顺适，至于衣服，因路上尘土太大，布衣制服球鞋跑鞋最好没有，同时漂亮的西装，扫地的旗袍，和高跟鞋子，都很少需要。女同学们，应该特别注意。如此情形，若不能耐劳吃苦，哪里能行呢？

（二）心理的条件，是要同情西北，爱护西北才行

西北去过的人，往往有两种错误的感想，一种是觉得西北重山峻岭，气候不调，灾害频生，荒凉满目，就是费力去开发了，前途也无多大的希望，因而对西北的一切，都怀鄙视之意，作过分之批评，致引起西北人的反感。一种是觉得西北地大物博，蕴藏极富，大可以为国防工业之资源，不过是因为西北人民知识的落后，不知开发，以致呈今日之现象。于是将一切的过错，都推到西北人的身上。这两种错误的观念，非先打破，考察之后绝不能得到良好的结果。要知西北是中华民国的一部分，它的进步与落后，和整个中国的国民，政府的国策，有密切关系的，好像一个家庭里，小兄弟的懦弱无能，愚昧无知，不能专责备他自己，应先问老大的父兄们，是否已尽完了教养的责任？自己责任没有尽到是不应该说刻薄风凉话的，我们要到西北去以前，应该先有同情西北、爱护西北的观念，西北的荒凉，不用害怕，西北的宝藏，也不必乐观，丰富的宝藏，若不能负起责任来开发，终于埋在地下，或被帝国主义者攫去，荒凉的西北，只要国人大家负起建设的责任来干，如欧人经营美洲的一样，不久也要繁荣起来！所以我盼望大家到西北去时，应该同情西北，爱护西北，个个人都负起建设西北，开发西北的责任来才好！

二、考察西北的准备

（一）考察的目的

这次大家到西北去，除了游览风景，探访古迹而外，应该有个主要的目的，作为考察的对象，目的确定了再来做详细的计划，看用什么方法可以达到这个目的？以我看来，诸位是专习教育的，顶好考察目的，就定为教育，组织个“暨大西北教育考察团”。因为改进西北教育是目前最紧要的事，改进之先必须先对西北教育的实际情况，有详细之考察才行，但是专门考察教育的团体，现在还没有，诸位若果担任这个工作，一定能有很好的成绩呢。

（二）考察的方法

如决定以教育为考察的对象，然后就定考察的方法，我以为有五种方法，考察时可以用的：

（1）实地观察　到一个地方，对教育之设施，及学校中教学与训育之情形，凭自己之观察以明了其实在之状况。

（2）询问与谈话　在实地观察后，有时还不能充分的明了，必须询问才能得到详细情形，又如关于学校的历史，和由观察而得到的片段零碎知识，可与办学的人，用谈话的方式得一个大概的观念，或有系统的知识。不过问话时应该简单择要，使答者易于中肯，问话时的态度，也应诚恳和蔼，使人乐于回答才好！

（3）搜集现成材料　有时因为时间限制，不便长久谈话，或谈话后，也不能详尽时，便当搜集其现有的文字报告，或各项印刷品刊物统计表等，以作整理材料时之参考。

（4）表格调查　我们所要知道的问题，在观察询谈和搜集之材料中，尚不完备时，应用表格式的调查方法。先预备好各项表格，送给各机关或学校，使其按表填写，然后收集表格，整理统计，便能得到详细整齐的材料，不过制表时应注意的，也要简单明了，使填写的人，不费时力，不发生模棱两可及难于回答的问题才好！

（5）分工合作　教育问题，是很复杂的，有教育的行政问题、经费问题、教学问题、训练问题，社会教育问题，学校教育问题，就以学校教育而言，又有幼稚教育、小学教育、中学教育、大学教育、留学教育……在边地上还有更重要的蒙藏教育问题、回民教育问题等这样复杂的对象。若不事先分配工作，分别担任，势必重复挂漏，极费时间，难得良果，故分工合作，是极重要的！

三、注意之事项

（1）我们虽然是考察教育，但教育与社会是密切关联的，所以对各地的民情风俗、社会经济、政治情形及其他有关教育的事项，也应附带地考察清楚，以便作适当的结论，或改进的计划。

（2）西北教育因经费困难的关系，许多地方自不免落后，但在考察时绝不应露出轻视或讽笑的态度，处处应顾到西北之物质环境和社会环境，以同情的心理和蔼的态度，与他们讨论，如有批评或建议之处，亦应以诚恳的态度出之，绝勿在报纸上乱事批评，或批评到教育以外的事体，引起西北各界人士的恶感！

（3）考察的材料，应指定专人，分类整理，考察完毕，这些材料可在最短期间付印，以供热心西北教育者之参考，若不在考察之时同时整理，以后整理时，往往忘记遗漏就很不容易，很费气力了！

（4）路线问题　路线和时间经费都有关系，诸位既是利用春假去考察，回来后还要结束功课，考毕业，时间顶多也不过两月，两月之间要做完这工作，也只能在陕甘宁青察绥一带较大的城市中看看，不能到太远和交通不便的地方去，我以为最方便的路线，是由上海乘火车至陕西的潼关和西安，再由西安乘西兰路之公共汽车到兰州，由兰州乘汽车或架窝子到青海的西宁，再由西宁回兰州，由兰州乘木筏由黄河上顺流而下可抵宁夏，再由宁夏乘筏经黄河直抵包头，由包头乘平绥路火车可到绥远和察哈尔一带，然后由北平乘平浦车回来。在陕甘宁青察绥各省火车和汽车，所经过的城市有许多地方，也可以参观的，都可趁便下车参观考察！

（5）经费与用品　路线定后经费就易计算，依上行路线，火车汽车均依三等半价或七折计，旅行及各地考察时间以两月计，合膳宿费等，如无意外耽延，每人一百六十元足用，如能预备二百元更属宽裕，此可与学校及各方热心赞助此举者商筹之。刻下西北当局，对此类有组织有计划之青年考察团体，均乐赞助，如住居各地学校，或公共场所，乘公家的方便汽车，则更属宽裕。至于应用物品，除需用的图籍表格而外，夏令医药、绒绳棉衣，均应准备，以防天气变化及时疫流行。此外如摄影机、望远镜、留声机等，团体中如能携带一具，更足以助游兴，至于平常衣服，顶好一律服国货制成的学生装，很整齐方便！

总之，考察西北的各种准备，固应严密周详，同时吃苦耐劳的精神，和牺牲一切谋发展西北之信念，亦不可缺少，否则必难得良好之效果，此希望各位同学应特别注意者！又年来考察西北之青年，归来后即寂然无闻，余甚望各位考察之后，每人认定西北哪些地方，有哪些事情可做，然后自己想法子去干，若自己力量不足可与别人合起来做，或是介绍侨胞父兄到西北去做，这样考察才算有意义，有结果！与平常仅作空论和计划者不同。我们只要力所能及，总愿竭力帮忙，最后盼各位努力！祝各位成功！

开发西北谭 *

一、何以要谭开发西北？

自南洋群岛为各帝国主义者所分据，东北三省受暴日之势力强占以来，中国民族营商垦殖，发展经济的两条大道，遂无法通行。此后唯一之出路只有向西北行！以故开发西北，实今日当务之急；但是许多人对于此事，仍皆熟视无睹，听而不闻。吾人为唤醒国人注意鼓励研究兴趣，促进政府切实开发与资本家的热心投资起见，所以不惮唇舌之劳，来谭开发西北。空言喋喋，固不足以开发西北，然在目前之情形，亦只有从事开发西北空气之制造，舆论之鼓吹，本中山先生“知难行易”之旨，先事西北间之研究与计划，然后作实地调查，集资开发。兹就日常观感所及，略为谭述，如能借此以引起海内外同志之共鸣，作进一步之商榷与讨论，则又幸矣。

---

* 原载于《新西北》1932年第1卷第3、4期。——编者

二、西北之意义与范围

西北一词，含义笼统，在政治区划与地理书籍上，皆乏明确之概念。不过以其位置在吾国版图上居于西北，故称之为西北以与东南、东北、西南诸地相对称。兹先就地理方面而言之：就地理上看，西北是潼关以内，黄河以西，昆仑山、巴颜喀喇山、岷山、秦岭以北，葱岭阿尔泰山以东，萨扬岭、肯特山以南的一大块地方。除关中、汉中为平原外，其余诸地皆系高阜。论面积有一千六百三十四万余方里，约当全国土地（三千四百九十余万方里）五分之二强。论人口则合汉满蒙回藏各部约二千四百二十万。次就行政区划方面言：则包含陕西、甘肃、宁夏、青海、新疆、蒙古、绥远七省区之地，实全国宝藏最富之区域，吾人所谓开发西北者，即指这些省区而言也。

三、开发西北之理由

开发西北之理由甚多，兹举其最要者言：一为救济民生，一为巩固国防，一为发展文化，一为团结民族。就民生言，整个的中国，在帝国主义者铁蹄之下，辗转呻吟，而经济上所受的压迫更甚！年来国内各地，农村崩溃，经济破产，全国各地，都呈民不聊生之现象。西北各省除受帝国主义者之影响外，还有重大的天灾，奇离的人祸，重重压迫，久已将西北民众的生路断绝。因为生路的断绝，于是铤而走险，更酿成社会上杌陧不安之象，致西北民生更趋于无办法之一途。且自九一八及一·二八事变以来，东北与东南之失业民众，为数更多。徘徊歧途，嗷嗷待哺，若不赶速移民殖边，从事西北之开发，将何以遏乱萌而苏民困！且西北面积甚广，蕴藏甚富，即陕西一省之石油，若全量开发，可供世界五百年之用。他如河套、榆林、宁夏、西宁之肥沃，平凉、临夏之水力，绥远、宁夏之毛革，朝定、青海之食盐，陕甘各地之铜锡，蒙古、新疆之金玉，在在都为耕殖牧畜□商事业之凭依。苟能利用科学方法，分别开发，不仅西北民生得有出路，即东南失业问题，亦有相当之救济，同时国家之经济亦日益充裕，则一切建设救济事业，均可依次进行，故为救济民生，充实国力计，不得不开发西北。就国际言，东南门户，久已大开。帝国主义者之炮舰兵船，沿海各港，内河各湾，均可自由往来，通行无阻。自一·二八事变以来，更觉无险可守，无防可设，迁都洛阳，实非得已。然若徒事苟安旦夕，而不积极开发西北，以作长期抵抗之内府，则行见日寇炮弹不及之处，将有苏联飞机光临，英国炸弹爆发。盖西北壤接英俄，虎视眈眈，已非一日；徒以苏联社会主义之经济基础尚未巩固，英国资本主义自身之冲突尚多，故目前尚未动手。我政府与国人若不利用此时，以全力开发西北，巩固边防，以作长期抵抗之准备；则不数年后，新疆、青海、蒙古、甘、宁诸地，将继东北而沦亡，试问彼时，前有日美之压迫，后有英俄之侵略，国都又将迁往何处？抵抗又将凭借何物？故欲谋民族独立，国防巩固，不得不开发西北。就文化言，中国文化之发展，实由西北而东南，盖西北诸省，乃羲皇故里，文化泉渊。历代帝王自周秦以至隋唐，类多建都长安。典章文物，名胜古迹，随处皆是，各民族之贡献，各宗教之主张，均为推进东南文化之动力。故欲研究吾国固有之文化，保持精神之遗传，非积极开发西北不可。近年以来，因交通阻隔，不易于西洋之文明接触，复战乱频仍民穷财尽，地利不能开辟，教育难以发达，以致物质文明之程度与东南诸省大相悬殊。人祸一至，只知入山逃避，而不能作有组织之防预与抵抗。天灾若来，则求神拜佛，徒唤奈何。以故整个的西北民族遂屈服于大自然及军阀官僚暴力支配之下。今后若不积极开发西北，使文化输入便利，提高民众知识，将何以运用四权实现民治，以抵抗暴力，征服自然乎？再就民族之团结言，西北民族庞杂，汉满蒙回，羌藏杂居，风俗信仰，既各差异，语言行动，亦多不同，平居毫无联络，有事自难团结。年来蒙藏诸族之亲外犯内，回汉民族之细故惨杀，均足以妨碍我整个中华民族之团结而给帝国主义者以可伺之机会。苟能于最短期间，开发西北，使交通便利，接触较多，教育普及，通婚通语，耕植牧畜，工商振兴，则自能安居乐业，融洽一致。又何致自相残杀，受帝国主义者挑拨与利用？即就上述四点而言，可知开发西北实时势之需要刻不容缓者也。

四、开发西北之人才

任何事业，均需人才，开发西北是件很大的事业，当然要先有更多的、更专门的人才，庶足以言开发。关于开发西北的人才问题，我们可分作三项来讨论，即集中现有人才，造就将来应用的人才，与延聘外国的人才是。就第一项言，所谓集中现有人才者，即将吾国现有的实料人才集中起来，以便开发西北时之应用。吾国兴办教育三十余年，国内大学学习理科的学士以及国外毕业回来的理科硕士博士们，究竟共有多少？迄今还无确实的调查与统计！至于这些人才，有若干从事建设，有若干继续研究，也很少实地的调查与报告。吾们只见有很少数学理科的人因为有亲戚的引援，同乡的提携，而做官发财，此外大多数的理科硕士学士，连个教员或小职员也谋不到。这种用非所学和虚伪的人才过剩现象，不能不归咎于连年内争的影响及政治的窳败。自今以后，有志西北开发之同志，及政府或民众学术团体，应设法调查国内外毕业的实科人才。例如农林、气象、牧畜、病菌、土壤、害虫、兽医、制革、制毛、洗染、探矿、冶金、园艺，垦殖，水利，工程诸专家究有若干，分布何处？设法登记，俾有集中一处及聚会联络之机会，以便随时介绍西北，从事各项工作。其次将西北各省及国内大学理科毕业有志开发西北之青年，派赴国外，指定专科，俾获有精深之研究。同时在西北各地，多设殖边学校，矿务学校，牧畜改良学校俾中小学毕业生，即能做原有生产之改进工作。若欲做大规模之开发，国内人才感觉缺乏时，则不得不暂聘外国技师与专家，一俟数年之后，各项留学专门人才归国，则可资应用，毫无困难矣。

五、开发西北之经费

开发西北之重要元素，为人才与经费。关于人才者，已如上述，当进而研究经费之来源与使用。开发西北之事业既极伟大，则所用之资本亦自极多，此项巨额之经费自非个人之力量所克担负。吾人以为此种经费可自三方面而筹之，一为募集公债，一为华侨投资，一为上海金融界之投资。募集公债可分国内国外两种，年来国内各地天灾人祸，循环不息，农村崩溃，经济破产，以民众之力量，颇难应募此项巨额之债款，故政府若对西北有整个之计划，作大规模之开发，则非利用外资不可。若就局部之工商事业言，则以鼓励侨胞投资为宜。盖我侨胞年来在海外各地备受各帝国主义者之压迫与排挤，而以南洋群岛为尤甚，惟许多侨胞，宁受各帝国主义者之侵蚀而不敢到国内西北各省投资者。良以政府既乏保障，民众亦少扶助。又以对西北情形隔阂，故而趑趄不前。今后苟能说法使其对西北情形充分了解，政府予以切实之保障，则未始不能吸收尽量之侨资。其次则为沪上资本家之投资，盖中国今日之投资家，以国内政局之不安，久已集中上海。宁愿做种种冒险投机之事业，而不欲挟其少数之资金向内地谋发展，以致内地益形贫枯，而上海资本膨胀，无法生息。此种畸形之资本发展，影响国计民生者甚巨。今后应设法打破一般金融家近视之错误观念，务使其肯向内地投资，以期发展西北，调和各地之需要，流动全国之金融，苟能以巨量资本从事西北之开发，则将来所得利益，均在我国家我国民之身上矣。

六、开发西北之步骤

开发西北之步骤，吾人认为第一应使交通便利，第二应使农业改良，而开渠蓄水，种树防旱，尤为改进农业之先决条件。盖交通不便，则一切人才及工具之运输均感困难，将使开发之工作无从着手，故非先修道路不可。然若各地之农业未改进，生产不发达，则不但道路无有收入，且将运输国内国外之粮物，以济西北民众之穷乏，则亦非开发西北之利益。故须用科学方法，蓄水防旱，改良农业，使生产增加，民生富裕。同时创办生产教育，建设自卫新村，组织农村消费合作社，以减轻农民之负担。然后一方创办机器工业，一方开采各种矿产，此时方可移民殖边使其屯垦矣。

七、开发西北的先决条件

开发西北之理由与方法，如上述，当进而讨论开发西北之先决条件。此类条件，如不具备，则进行殊多困难，一切具成空谈。所谓先决条件者，即息内争，安政治，对投资者予以保障，使政府与人民切实合作是。就第一项言，内争如不早息，今日用兵，明日打仗，国家财政陷于绝境，人民心理，时在恐慌，何能做开发事业之计划，谁肯投资去办西北事业。至于西北各省军队之火拼，政权之争夺，更足以造成匪乱，为开发事业之障碍。年来政治黑暗，贪官污吏，乘机搜刮，苛捐杂税，名目繁多，人民已办之事业，且有不堪剥削，因而倒闭之象，又何敢从事新事业之开发与创办。即冒险投资，经营事业，一旦兵灾匪乱，则所有资本，非军人提走，即政客透支，人民投资，既无保障，则一切事业，虽明看厚利所在，亦不敢贸然投资，致遭损失。故政治不清明，政府无保障，则开发西北，亦系空谈。再开发事业，既属伟大，则非仅民众之力可以成功，必需政府，与人民切实合作，方能奏效。政府应先有整个的开发计划，将大规模及特殊性之事业，由国资来办，此外事业，由民资开发。务使利益为地方所有，资本能社会化，然及开发利益，不致为私人所独占，而形成剥夺土著、劳资仇视之现象。

八、开发西北声中国人应有之觉悟

就政府方面言，过去政府，对西北过于漠视，以故派往西北者，难免有野心军阀及贪污官僚。此辈专以个人之实力扩充，囊橐之充满为目的，毫无开辟富源，利便国民之思想。所以西北政治，历年多为军阀暴力所掠持，只知尽量搜刮，敲骨吸髓，民间生活，日益苦痛。人民对于外来之军人政客，视若蛇蝎，畏而逃之。因对贪污官吏之痛恨，连带摇动对于政府之信仰。一但倡言开发西北，则以为又将借口搜刮，遂毛骨悚然，设计避阻。此种现象，实为开发西北最大之阻力。故欲今后之进行顺利，中央政府与地方政府，均非彻底觉悟不可。即今后中央所派往西北之行政人员，除守土安民而外，当付以开发西北之全责。地方政府，亦应与地方人民，切实合作，共策进行，将来地方开发之后，所有利益，当然官民均享，政费有着，建设可期，生产增加，民生自裕。此政府方面应特别注意者也。至国内热心西北事业之人士，亦应了解西北地脊民贫，年来因军阀之压迫，与官僚剥削，已穷困不堪。若真对西北开发当先使西北人民生活有着，然后方移大多数人民向西北谋生。若为个人之利益，或借开发之名，再夺西北政权，以谋剥削西北之民众，压迫西北之民众，使开发西北之先锋，一变而为征服西北之帝国主义，则非西北人民所欢迎。即或成功，亦不过私人图得小利，无补于国计民生。此开发西北之同志，不可不注意者也。至于西北民众，亦应觉悟：（一）开发西北，利在全国，对真为国为民而开发西北者，应一致帮助。俾得顺利进行，免生误会。（二）应自己努力以新教育之力，提高一般人之知识与能力，特别注意生产教育，以作实业开展之基础。（三）西北人民应切实团结，严密组织，以防野心军人之压迫与贪官污吏之横行，以便完成自治，监督政府。（四）西北开发交通便利之后，东南之物质文明，易于输入，对物质文明吾人固极应接受，然因物质文明所发生之种种流弊，吾人应早为预防，使勿再发现于西北。例如骄奢淫欲之习，机巧诡诈之心，皆足以破坏吾西北人固有勤俭朴实之各种美德。此西北民众，应特别注意防御者也。最后吾又有不能已于言者。即开发西北声中国人切，忘东北之收复，东北沦亡，将近一载，除少数义勇军与敌肉搏奋斗为民族留一线之生机外，关内之驻军，未曾一至榆关，以谋失地之收复。各地抗日工作，亦多松懈。迩者，热河告警，平津动摇，华北军事长官，仍复按兵不动，设词索款，以与中央为难。夫以东北肥沃之地，财赋之源，多年经营之成绩，一朝之间，拱手送人而不谋武力收回。则眼前之大亏已吃，国家之元气大损，此时而言开发西北，则不免有畏难苟安，移人注意，掩人耳目之嫌。然事实上开发西北之困难，亦不见减于收复东北也。盖西北荒原万里石山沙地，虽云地中藏金，然以目前中国之人力财力，开发殊属不容易。吾人倡言“开发西北”，到“西北去”者，盖全以救济西北穷困，增加全国富力，调剂国内金融为目的，绝非投机取巧畏难苟安之意，盼我国内青年同志，明了此旨，共同努力，则国家富强，民族独立，庶有望焉。

民国二十一年八月十日草于郑州陇海路

陕西实业考察团招待所

开发西北问题*

本文系本年一月间在上海市教育局主办之上海市无线电播音讲演会所讲，曾于二月二日晨报星期时论栏内发表，唯开发西北问题，颇为复杂，非集思广益不为功！特再披露于此，以作发凡，盼热心西北诸同志，做进一步之商讨焉！

笔者志

“开发西北问题”是目前最足以引人注意的，也是政府认为极应进行的一件事；但是这个问题内容复杂，现在姑就其重要的部分，提出几点来说。

一、西北的范围与开发的意义

我们常听人说西北，究竟西北有多大，包括些什么地方？简单地说，西北是指长城以北，阿尔泰山以南，葱岭、昆仑山以东的这一块地方，包含着现在的察哈尔、绥远、陕西、甘肃、宁夏、青海、新疆、蒙古一带的

* 原载于《西北问题》（季刊）1935 年第 1 卷第 3 期。——编者

地方。面积差不多有中国的一大半，地方很高，气候很燥。人口稀少，种族复杂，生活简单，他们的知识现在虽然落后，但在过去曾有光荣灿烂的史绩；因为中华民族的文化和来源都发祥于西北，所以在历史上西北很重要的。请看古时的匈奴、鲜卑、突厥、西羌，等等，哪个不是凭借了西北高屋建瓴的地理形势向内地来侵略以图发展？

现在中国的国势日趋弱小，国际风云日趋险恶，东北四省已失，东南门户大开，西南西北都在帝国主义者重重包围、节节蚕食之中。目前要打算收复东北，非开发西北不可，要保卫东南，也非开发西北不可，要巩固西北和西南，更非赶快开发西北不可。现在西北，真是民族复兴点，国防生命线，比从前更加重要了！不过“开发西北”这个名词，许多人都在怀疑，因为西北既是民族文化发祥之地，何以现在还说开发？有人主张与其说“开发”，不如说“建设”。但就西北的实际情形而言，已经开发的地方固属不少，而地利未辟，宝藏未发，依然聚族游牧的地方却也很多。前者说开发固有不妥，后者说建设亦属不切，不过我觉得这两个名词各有好处，无妨并用。边区处女之地，则用开发，靠近内地各省，则用建设。因此说到开发时，须常常与建设并提，便是这种意思。

二、西北的现状和危机

目前西北的地位，确很重要，但就西北本身来看，却是危机四伏。以前人都认为西北是世外桃源，民国以来，国内各省迭有变乱，西北各省尚称平安。有时虽不免荒旱，但民间尚有殷户，储粮尚堪救济，大家虽贫也能相安。十八年后，则变乱迭兴，天灾人祸相继而来。据最近来人谈，西北情形更不得了，不但农村破产，民穷财尽，具黑毒弥漫，有弱国戕种之忧。所以现在的西北，仅穷弱两点，已足以使其自身崩溃。和国际势力的暗斗，一天一天地向严重尖锐的途径中发展。以这样穷苦的西北，哪堪再受外力的压迫！同时国际斗争的影响，使日本向内藏积极进攻，苏俄对新疆大肆包围，英国把青海划入西藏的范围，并努力向南疆推进，辅助各种伪组织之活动。在这种内忧外患交相侵迫的西北，他的寿命能延长多久，完全看政府与国人的努力挽救如何。

三、开发与建设的必要

西北目前的困难，在本身的穷困和帝国主义的侵略。我们要救济西北的穷困，要杜绝帝国主义的侵略，舍开发西北而外，再没有好办法。因为西北宝藏甚富，故强邻垂涎，争思染指。若果开发，则阿尔泰、叶尔羌、祁连山一带之金银，即可以作救贫建设之费用。天山南北、玉门、张掖、延长、肤施之石油，即可作交通国防及各项工业之需要。天山、祁连、贺兰、大青诸山及陇东、陕南各地之五金煤铁，即可作各种重要工业之原料。至若各地皮毛、药材、牲畜、木料，均可就地设厂，制成熟品，运销各处，抵制外货，所得利益，统作救济西北与建设西北之用。

四、开发与建设的困难

在开发与建设以前，须有详密之计划，专门之人才，充裕之经费，负责主持之人员，方能进行顺利，收宏大之效果。唯西北之事业宏大，需要的人才与经费也甚多，绝非如普通事业之轻而易举。因此开发西北问题中，便发生了经济困难问题、人才缺乏问题、开发计划与建设步骤等问题。

（一）经济问题

这个问题，最为重要。经济如无办法，一切开发建设，均成空话。现在西北各省和全国经济委员会及少数的银行家，虽已在着手开发和建设西北的工作，但是经费太少，效果甚微，我们觉得开发西北，非集中全国的财力作大规模的进行不可。应由政府奖励沪上金融界、实业界和海外侨胞组织开发西北投资团尽量向西北投资，同时发行开发西北公债，不足时尚可利用外资，如此经费充裕，一切进行方可顺利。

（二）人才问题

政府应设开发西北人才登记所，征集国内外专门技术人才，优予奖助，使赴西北各省，从事开发与建设工作。同时将研究西北及有关西北学术团体中之专门人才，亦予登记，以备征聘。此外在西北各省，应办开发西北干部人员训练学校，就当地之需要，收高中程度之学生，由各专家授以技术与事务上之学识及训练，以便担任协助开发西北之工作。

（三）计划与步骤

西北范围广大，物产丰富，开发建设，究应从何着手，如何进行，方最有效，自非详细研究，精密计划不可。政府应延聘大批专家先往西北各地作长时间的考察，然后再邀集对西北情形夙有研究及经验之人，共同商讨，决定整个的具体计划，逐步实行，方可收完善之效果。至于建设步骤，以交通事业为首要，西北交通之应先完成者，为包宁、陇海、伊兰诸铁路，而伊兰路东接陇海铁道，西抵新疆伊犁，更属重要。必须积极完成，方可应付太平洋上之事变，谋民族之复兴。

五、开发与建设的责任问题

开发与建设的事业，既甚伟大，其责任亦极重要，此种重责，绝非西北各省的少数人所能担负，应由全国各界的人士大家负责进行。集中全国的财力，联合党政军学商农工各界和具有开发建设专门技术的人才，向西北作整个的推进，然后西北的实业、文化、政治、国防及各种建设事业，方能有显著成绩，长足迈进。但这种领导的责任和推动的中心力量，仍在中央政府。政府果负起责任切实推进，则全国人民群策群力尽量捐助，庶能于最短时间，收较大的效果。若仅由民众或社会团体来呼喊，效果仍是极微小的！

最后我们可说：开发西北是复兴民族巩固国防的唯一出路，开发西北问题中最重要的是经济问题，人才问题和开发的计划与进行的步骤问题。这些问题，如能集中全国力量，便不难解决，这些问题果得解决，西北的前途自可乐观，中国的边防自然巩固了！

促进西北文化事业以便进行开发案*

理　由

西北为吾国文化发祥之地，年来因交通阻隔，灾害频繁，以致文化衰落，一切进行，均感困难，目前既欲开发西北，自应恢复西北文化，增进人民智能，则开发前途，方多便利。

办　法

一、请中央确定发展西北文化事业之经费。

二、请教部（一）厘定发展西北边区教育之整个计划；（二）多派专员赴西北各省观察，以便对西北现有之教育，作切实之援助与改进。

三、请政府在西安设一大规模之博物馆，搜集国内外有关文化之物品，及西北各省固有之文物，陈列该馆，以便研究之参考，及民众之展览。

四、在兰州设一健全之西北大学，以便甘青宁陕各省中学毕业生之就近升学，最好以目前之甘肃学院为基础，由中央拨款资助，俾得充实发

* 原载于《开发西北》1934 年第 2 卷第 3 期。——编者

展，成为西北之最高学府。

五、请政府在青海或兰州，筹设大规模之西北图书馆，以便西北人士进研高深学术之参考。

六、在西北各省，各设模范中学或师范学校一处，以作改进西北中等教育之先声，其经费请由庚款中拨给之（按中英庚款已有补助边区办理模范中学开办费之决议）。

七、在西北各县，广设补习学校及民众学校，授平民千字课，使西北民众，在最短时间，能识字阅报，增进常识。

八、各项办法原则，俟大会通过后，再推定专人草拟详细计划。

抗战建国与西北青年之责任*

青年是人类生活中最重要的一段，即是由儿童期过渡到成人期的关键。因此许多人认为青年是民族之花、国家之魂，是继往开来，改造社会的重心，是牺牲奋斗，民族革命的先锋。没有青年，民族便日趋于衰老，国家便日即于灭亡，社会上一切文化事业，行将中断。换言之，没有青年，便没有国家，没有民族，没有社会文化，人类的世界，也将从此毁灭。

青年的意义既如此重大，青年的地位又如此重要，则当此抗战建国之严重时期，凡我青年对国家对民族对社会所负之责任亦极重大。西北过去是民族文化之发祥地，现在是抗战建国之根据地，在文化、经济、民族上，郁有极大的意义。所以生长在西北的青年，对于现时之抗战建国复兴民族，应负特别重大之责任。兹略举数种，供献我西北青年同志之参考：

（一）负起复兴西北文化之责任

西北是中国文化发祥地。就历史上看，中国古代帝王皆建都西北，最早的是黄帝，《山海经》上说：“崐仑之墟，方八百里，实为帝之万都，有黄帝之宫。”其后民族生齿日繁，向东迁移，尧都平阳，舜都蒲坂，禹都

* 原载于《现代评坛》1939年第4卷第17、18期。——编者

安邑，这些地方，都在今日山西汾水流域。周时太王居于邠，迁于岐，文王时都丰，武王时都镐。秦都咸阳，汉都长安，皆在今之陕西渭水流域。东周东汉，始迁都于洛阳。东吴东晋方建都于南京。南宋之时乃迁都于杭州。历朝都城所在，即政治文化中心之所在。都城由西向东逐渐迁移，即中国文化由西北向东南流注。迄于今日，东南文化，长足迈进，所谓羲轩故里民族文化，反日形衰落。由于文化衰落，形成今日西北之满目荒凉，事事落后。不仅西北人士身受其害，对于整个民族国家之前途亦有重大之影响！我西北青年，应体念我祖先创业之艰难与过去文化之灿烂，努力于学术修养，负起复兴西北文化之责任，以增加抗战建国之力量！

（二）负起救济西北民生之责任

人生之主要目的，是生活。政治、文化、经济、国防之最后目的，无非为维持，为发展，为充实人民的生活。总理的三民主义，以民生主义为心核，亦此意义。西北在古代虽极繁荣，但因近代气候变迁，地质分化，文化东流，民智日衰，加以政治不良，乱变时起，数百年来，天灾人祸，纷至沓来，旧有建设，破坏无存，民间窖藏，搜刮殆尽。迄于今日，农村破产，失所流离者到处皆是，凡我来自各县乡村之青年同志，目击心伤，久已深切明了者，毋庸费词叙述。兹所言者，在如何救济此辈流离失所生活断绝之父老兄弟。西北表面上虽甚贫苦，然地下蕴藏尚富，金、银、铜、铁、铅、锡、煤、炭、石油、硫黄、石棉、盐类，到处皆有，此外蔬果、五谷、牛马畜牧，出产均好，我青年同志果能娴习各种科学技术，开发地下宝藏，改进畜牧农业，增加生产，裕民生活，富而后教，使之爱国，直接救济西北人民，即间接奠定西北抗战建国之基础。

（三）负起复兴西北民族之责任

西北民族，素称强健，《汉书》上谓“秦汉以来，山东出相，山西出将”。又谓“山西、天水、陇西、安定、北地，处势迫近羌胡，民俗修习战备，高上勇力，鞍马骑射”，可见西北人民自来强悍，勇敢善战。又如赵充国、李广、姜维、韩遂、马超父子和辛庆忌、隗嚣辈，均系历史上的西北名将。然自鸦片输入，流毒所至，男女老少之体魄日趋衰弱，遂成今日民族衰弱之现象。加以蒙、藏、汉、回信仰不同，习惯各异，虽同属黄帝子孙，然以感情隔阂，难免意见分歧，影响整个西北民族之进步与发展。今后凡我西北青年，应深入农村，广为宣传，使鸦片禁绝，小脚消灭，民族健康，自可恢复。更深入边区，在宗教信仰生活习惯不同之民族中工作，与边民通语言，通文字，通信仰，通习惯，通婚姻，使西北民族在文化上沟通，在血统上混合，造成不可分离之密切关系，构成新的民族，产生新的力量，复兴西北民族，即所以增加抗战建国之力量。

（四）负起保卫大西北之责任

西北山岭重叠，地势险要，高原沙漠，气候多变。自古以来，为军事上必争之地。秦破西戎，汉败匈奴，唐逐突厥，均以西北为战场，利用天时地利之优势，以获得最后之胜利。抗战以来，东南平原，多已放弃，西北一隅，益形重要，东接华北，南通西南，西经中亚，可通欧陆。在地理上有进可战退可守之利益，在经济上有矿产畜牧粮食皮毛之富源，在军事上有吃苦耐劳勇敢善战，长于骑射的蒙藏回汉诸战士，种种条件，将西北形成我中华民族抗战建国之根据地，复兴民族之根据地，西北之地位，如此重要，则我青年同志，对于保卫大西北之责任亦益形加重。西北青年生于西北，长于西北，祖宗坟墓在西北，田产庐舍在西北，因此绝不能让日本帝国主义者的污浊皮靴踏进我神圣的西北！保卫之道：应步步设防，处处布营，训练自我，组织民众、以血肉筑长城阻敌人前进，以精神建为壁垒，随处围歼敌人，不顾个人利害，不计牺牲代价，保卫大西北，即所以保卫抗战建国的根据地，亦即所以保卫复兴民族的根据地，盼我西北青年同志，深切认识，加倍努力！

民国二十八年四月二十四日于甘肃学院

欢迎上海国货商家到西北去 *

本文系在“上海中华国货产销合作协会”讲演。兹将所记，略为修正，在本刊布露，借表示欢迎所有上海国货商家到西北推销国货之意！按中华国货产销合作协会，系上海中国银行、中国化学工业社、美亚织绸厂、五和织造厂、华风电机厂、中华铁工厂、中华珐琅厂、南洋烟草厂、康元制罐厂、泰山砖瓦厂、章华毛织厂等八十余国货厂家所组织。由张公权、方液仙、蔡声白、杜重远、潘仰尧等负责进行，为目前上海国货界组织最完密，力量最雄厚之团体。吾人除欢迎此会到西北推销国货以确立国民经济在西北发展之基础外，对其他国货厂家及国货团体之愿赴西北各省，推销国货者，一律表示欢迎与赞助也！

维屏附志

诸位先生，诸位同志，今天承贵会邀兄弟来讲演，实在不敢当！不过兄弟仅代表西北问题研究会兰州分会和甘肃省政府诚恳地欢迎各位到西北

---

* 原载于《西北问题研究会会刊》1934 年创刊号。——编者

去推销国货！现在把我欢迎的意思分段陈述如下：

一、为什么欢迎各位到西北去

因为西北现在缺少国货，有些地方简直没有国货，既然没有国货，所以洋货便充斥市面，尤其痛心的，便是仇货的倾销，在东南热烈地作抵货运动之时，西北的仇货反利用机会得以畅销。大家都知道，做生意要善于利用机会，能放大眼光，抓住机会，定能获得厚利。现在上海的国货进步，一日千里，生产量也骤见增加，若不另找出路，则堆积上海的国货，销售将大感困难，同时外货以雄厚的资本势力，廉价倾销，给我们国货以重大的威胁，也是很可忧虑的一件事！所以各位如果能抓住了西北的需要，向西北去努力推销，这也是替自己的营业开一新的出路。其次就是欢迎各位到西北去实现各位的救国理想。各位都是国货商家，国货商家与一般商人是不同的，一般商人当然以获利为前提。为了获利之厚，不惜贩卖洋货，不惜偷贩仇货，不惜被爱国的群众捉起来游街、示众、唾骂……但是国货商家却不然他们的主要目的，都在提倡国货，救济国家。因为中国目前最危险的就是漏户日大，国民经济日趋枯竭，国计民生日趋疲惫。国货之推销日广，则一方可发展本国工商事业，一方可抵制外货之倾销，国民资本渐发达，国家漏户日趋减少。中国便得救了！还有点意思，就是欢迎各位作开发西北的先锋。开发西北，也是中国目前自救的唯一出路，所以许多人都在那里喊叫开发西北。但是开发西北要有实力才行，徒喊口号，是不行的，诸位有这样大的团体，这样厚的经济实力，如果决定将现有的国货拿到西北，廉价推销，使东南的经济流通西北，繁荣西北，救济西北，使此后的实业家追随了各位源源而来，各位便是开发西北的先锋队了，所以我欢迎各位到西北去的意思，就是要各位作开发西北的先锋，要各位实现自己国货救国的理想，要各位为替自己堆积如山的国货找一个新的出路呢！

二、西北的现状如何

西北的现状如何，这是各位急欲知道的，因为到西北去以前，定先要知道西北的情形才好准备。关于西北情形各位也许有人已经知道些，因为去年有个陇海铁路陕西实业考察团，这个团体邀了上海许多人参加。我记得当时参加的人，银行界有王彝嶟、卜文鉴；商界有胡厥文；新闻界有顾执中；文化团体有周尚；教育界有胡庶华和兄弟。后来兄弟又到甘肃和青海，彼时觉得这次大规模考察的结果，一定可引起沪上各界到西北热烈投资，经营各项新的开发事业的兴趣。不意今秋到陕时，才知道许多实业家仍是裹足不前，仅有很少数的银行家，经邵力子先生的特别邀请，才在陕西做了些棉业方面的投资，这种不踊跃的情形，实出我意料之外。及到了上海碰见许多朋友问时，才知道大家以为西北交通不便，又穷又乱，所以，都裹足不前。因为地方穷，购买力弱，便赚不了多少钱，又因为乱，有时若被土匪光顾，连本钱都会损失。既然如此，那么谁敢贸然前往！这话的确是事实，不过现在的情形却不然了！所以我在述说西北现状以前，先要将此点加以解释，以免大家误会。在去年暑假的时候，西北的土匪尚未肃清，旱灾疫疠，正在严重，同时陇南发生兵变，引起一时的不安，所以考察团的人，都认为尚谈不到投资与办实业。但是到了现在，却不大相同。自朱绍良先生主持甘省军政以来，与各方相处甚洽，西北局面，日趋巩固，境内的股匪已渐肃清。自杨万青、王结子诸匪首，相继被擒后，陇东大道，商旅已通行无阻。陇南方面，因系中央军第一师驻防，境内更无土匪。将来国货运输，无论由东路或南路走，都可得到当地驻军的安全保护。所以西北的乱象，现在大体可以说是没有了。谈到穷，固所不免。但对于生活必需的物件，仍然是很需要的。且在城镇都会地方，一般人也极讲究享受的，购买力仍然是很高。现在举例来说：就陕西财政之调查，前年由潼关入口的货物，仅纸烟一项，值三百多万元。此外西北各省行销的纸烟，尚有自绥远及北草地四川松磐碧口方面和陕南汉中一带输入的呢！合计起来，每年不下五六百万。但这些货物，都是外物，尤其是哈德门的香烟每元虽只买三四盒，但吸的人却很多。兄弟在青海塔尔寺考察时，见穷乡僻壤，都有哈德门烟内的画片，贴在墙壁上，其势力之大推销之广可想而知。再如罐头果肉食品，在甘青等地，每罐竟售到八角或一元以上，这些物件，虽如此之贵，但一般人仍多购买，以佐厨味或作送礼之用。如果劳同志去在兰州设个南洋兄弟烟草分厂，席同志在那里设个冠生园分厂，项同志在那里设个康元制罐分厂，采取当地的烟草、水果、肉料牛油等，装制良好，不但供给西北，抵制外货，尚可运销东南博得厚利，如此一定要发大财了！食品不过是货物的一种，至于其他物品，销售更多。据甘肃财政入的估计，甘肃省进口货物之中，以棉货、布匹、纸张等最多，约占百分之七十。皮革用具、瓷器货物约占百分之二十五。金器、竹器、化妆用品等占百分之十左右。由这个统计，也可看出西北虽然穷，但对生活必需的物品，购买力仍然很大，不过奢侈品的销售差些罢了！所以西北各省虽然是穷，但是国货运到那里，仍然是有销路的，如果宣传得法，引起民众爱国的热情，则销路更广，获利自当更厚！至于交通，当然不如京沪这些地方的便利，但由潼关乘汽车可直达兰州，路上如不遇雨不耽搁八九天一定可到。不过路面没有大马路这样平坦光滑，乘车的人要多受些辛苦了！同时欧亚航空已由京到兰，西达迪化，从上海到兰州，航寄贵重货品，当天可以接到。中央银行在兰州也设了分办事处，中交各行钞票也通用于西北。四省农民银行不久也要到兰州分设分行。陇海铁路，八月之内，也可通车至西安。如此看来，无论在货物输运、消息传递、金融汇兑、行旅往来，都很算便利了。我们国货商家是负有救国责任的，我们为了救国家救西北，应乘此时机到西北去；我们为了救自己也应该赶快到西北去！如果要等到西北的交通建设的如京沪一样舒服便利才去，那时候恐怕就用不着我们国货商家去了！

三、关于到西北去的种种问题

西北最近的实况大家既已明了，当然有不少的同志想到西北去！但如何去法，甘肃省政府能怎样帮助我们？西北问题研究会兰州分会能怎样帮助我们？这都应该提出来向诸位报告一下。

先说去的办法：要是大家愿意到西北去，顶好先联合许多同志厂家，组织一个国货展览团带上十几万块钱的国货，到西北去举行展览。以西安作起点，兰州作终点，先开一个小规模的展览会。若果这次展览的成绩佳，或兴趣好时，再作第二次大规模的展览，然后向青海西宁或宁夏方面推进。借着这个会把国货介绍到西北去，使西北爱国之士，得服用国货。同时各位也可借此机会，到中华民族的故乡里去白相白相！如果诸位对我的报告有怀疑时，无妨先组织一个小小的考察团体，到兰州去考察一趟，由陆路去，乘飞机来，也费不了许多的时间。经过调查之后，对西北的商情，更加明了，那时再去举行展览，则更有把握。

至于甘肃省政府方面，对诸位去举行国货展览，繁荣当地市面，当然表示十分欢迎！兄弟是甘肃省政府的一个职员，在将要离开兰州的以前，曾与四省政府的朱主席，和秘书长李勉堂先生，谈商过此事，他们都一致赞成。只要大家能去，他们力之所及总愿意尽量帮忙。当时也曾谈到免税和保护的问题，只要诸位能有冒险的精神，能耐劳吃苦到兰州去，货物经过的地方，都可由省府饬令驻军妥为保护。至于应纳的税捐，也可酌量减免。同时关于展览的地点，也曾同建设厅的刘厅长谈过。将来打算把城隍庙国货陈列馆的旧址，整理好供给诸位展览和住宿之用。至于货物的运费，在潼关以外，可与铁道部交涉，请其减免。潼关以内，有邵主席帮忙，一定也能酌予减收。总之诸位到兰州去举行国货展览，甘肃省政府一定可以给你们帮忙的！

其次说到西北问题研究会兰州分会方面，他们在我离开兰州以前，曾有一个议决案，嘱我欢迎上海国货商家到兰州来推销国货。因为该会的分子，除党政军商各界而外，大多数的人都是教育界的，他们天天讲抗日，教学生抵仇货，但眼前有的东西，却大半都是仇货。就拿日常使用的蜡纸来说，不买日货便没有用的。因此他们所感到的痛苦，尤其重大！不过当时只议决了这个原则，叫我去办，但无有详细的办法给我。不过就我所知，各位到兰州去，他一定是很能帮忙的。他们所帮的忙，大约是介绍宣传方面的工作。介绍方面，他们可把你们的国货介绍给各个学生，更叫各个学生介绍给他们家里的人们。另外他们还可以把你们的国货用口头或文字的宣传介绍给社会上一般人们。同时党部方面的同志，对提倡国货，平常也很热心。他们也是兰州分会的会员。他们在民国日报上，扩大纪念周上，以及对各民众团体演讲的时候，都可替你们宣传介绍。此外军界方面有杨德亮、绩范亭同志，他们对这些事情都非常热心，他们可向他们的兵士介绍，来买你们的国货。兰州分会的同志这样来给你们帮忙，那些货物，恐怕不到展览会开完，就要卖尽了！

四、对于到西北去的各位同志之希望

照上面所说，诸位到西北去推销国货，运费可以减少，税捐可以减免，沿途可以安全，到兰之后，又有公地居住展览，还有许多同志帮你们介绍宣传；这样便宜，一定可以获得厚利，大家都情愿尝试。不过请各位注意，到西北去，第一步先要有牺牲的精神，吃亏的勇气，绝不能先计利益之多寡。因为国货在西北民众脑膜上印象，十分薄弱，国货要能抵抗劣货，首当廉价出售，价廉物美，方能使一般民众欢喜购买，渐渐对国货发生信仰。政府之所以减免税捐，及种种优待者在此，研究会的同志们热心鼓吹者也在此。如标价太高，民众将览而不购，这样货物便卖不出去，有失政府提倡国货之原意，也非各位国货救国之本旨。故希望各位到西北去时，受了各种的优待，应当将货价降至最低之价格，才能得到民众之欢迎和社会之信仰。经过几次这样的展览之后，自然能打倒仇货，发展国货了！同时各位这次去，虽然得不了多大的利益，但也绝不至于亏本，因为各位将货物售出之后，不必把钱汇回，可在当地购买土货，如皮毛药材之类。回来的时候，自己带到上海出售，中间省去贩货商人的一层剥削，所得的利益，可以抵补展览中廉价出售之损失。如此办来，各位也获得利益，地方土产也有了销路，可说是两全其美了！

最后兄弟拿十二分的热诚，欢迎各位本着大无畏的精神，赶快到西北去作一个开发西北的先锋，以实现各位国货救国的理想！

兴修西北公路与开发玉门石油 *

本文的一部分，前年十一月间，曾发表过。最近因为经委会对西北公路虽已积极修筑，但对公路完成后的汽油问题，似尚无详细的计划，故特再披露，以供当局之参考，并促国人之注意！

编者志

一、西北交通之重要

西北为我中华民族文化发祥之地，历史光荣，物产丰富，唯以地接英俄，远隔中央，过来之注意未周，以致苛政病民，烟毒弥漫，叠相演变，酿成今日之危局。若不急图开发，以资挽救，不但有亡国之痛，亦且有灭种之忧。欲图开发，首重交通，交通便利，则一切事业，均可顺利进行，交通不便，则无论工商文化，军事运输，皆感困难，开发工作无从进行。

* 原载于《西北问题》（季刊）1936 年第 1 卷第 3 期。——编者

唯就目前西北之交通言，首应完成者，为陇海路及伊兰路。因此路为贯穿陕甘青新各省之唯一要道，左宗棠用兵新疆时，即已开辟，路基规模，略具雏形。以言重要，东连潼关，通内地各省之运输，西接俄壤，为国际贸易之出口。在国际上为中华民族之生命线，在建设上是开发西北之基本工作，这样重要的一条干路，自然要修铁道。万一财力不足，亦应以轻便铁道代之。至于公路，效用小而耗费大，即费力修成，亦不过对外人增加发财机会，西北的老百姓很难享到直接的利益。（因为目前的公路，仍多利用老百姓行骡车马车的道路修筑，公路修成的地方，便禁止老百姓骡马大车的通过。同时因西北汽油之贵，运费之高，老百姓之穷苦，绝没有钱坐汽车，或用汽车运输。以前赖牛马骡车运输的东西，公路成后，便只好用人力来肩挑或背负。这时公路的效用，仅供少数有钱的、游历西北的、开发西北的旅客们所享受，广大的西北民众哪有享受的可能？此点深盼主持修公路的专家们，想个切实补救的办法才好！）但现在政府计划的也是公路，经委会积极进修的也是公路。此种努力开辟西北交通的活动，吾们极力钦佩，但同时亦请注意两件事情：（一）把蕴藏在西北的石油赶快开发出来，以挽漏卮。（二）给西北的老百姓留下一条行走骡马大车的道路，以便他们通行运输！

二、公路完成后之汽油问题

公路完成，即须行驶汽车，而汽车汽油，皆仰给外国。据浙赣各省公路收入之统计，每年车油等费之消耗，在百分之六十五以上，换言之，即每年公路之收入，以百分之六十五以上之款项，送之外国。至于汽油一项，因其有关国防工业，所费尤多。据民国十八年至二十二年三月海关煤汽油进口统计：

民国十八年	64,779 千两

民国十九年	65,043 千两
民国廿年	79,757 千两
民国廿一年	56,954,554 金单位
民国廿二年	52,918,149 金单位
民国廿三年（一至三月）	58,432,180 金单位

西北各省距海较远，汽油之运价尤昂。以目前情形言，汽油一箱（两桶计十加仑），在上海只售七八元，到潼关则售十一二元，到西安售十四元，到兰州售二十五元，到西宁甘肃一带则售至四十元至六十元，俟西北万余里公路完成之后，每年汽车汽油之消耗数量，当更巨矣。如是则多成一公路，即不啻为帝国主义者多辟一财源，使本国金融日趋于穷枯，何贵乎有此公路哉？故吾人于完成西北公路之前，对石油问题不能不特别注意也。

三、世界石油与中国石油之比较

世界石油之产量，以美俄两国为最巨，美国现储之石油，约一万二千兆桶，俄国则有三千兆桶。我国现有之油量，据美国地质调查所之估计，约有一千三百七十五兆桶，约抵美国石油之九分之一，俄国二分之一，居世界油田国之第六位，其数目亦颇有可观。至其分布之状况，大抵由西北而东南，始于新疆之绥来、乌苏、青石峡、四盆沟，至甘肃之敦煌、玉门、酒泉，则分两支：一支南行入川，至嘉定、嘉陵、自流井诸区。一支东行，至陕西之延长、肤施、延川、甘泉、鄜县、宜君、栒邑、同官井南及安康一带，此特其较著者也。新疆因处地过远，无人注意，致启俄人之垂涎；陕西虽曾与美人合资开办，然因种种阻碍，未见大效；独甘肃玉门之石油，流露于地上者数十余年，未见国人注意，当此国难严重，需用孔急之秋，岂容久弃于地而举国患贫乎？

四、开发玉门石油之理由

笔者前岁代表国立暨南大学，参加陇海路陕西实业考察团，复因西北问题研究会之托，赴甘肃青海一带设立分会，做实际之考察。得悉甘肃敦煌酒泉一带，皆有石油，而玉门石油，则自然溢出泉外，土人取来，不经提炼，即可燃烧，兼作膏车滑机之用。至于其质据甘肃建厅化验之结果，所含煤油有百分之七十，汽油有百分之十四至十六，诚世界上最佳之油矿。惟含量如何，未经专门之测量，殊不敢武断，姑就油脉之分布而推度之为数亦当不少。因我国石油之分布，既系由新疆而甘肃，由甘肃而陕西四川，则甘肃油矿，适据油脉之中心，其数量之畅旺，亦在理想之中。且其地当甘肃之重冲，东距兰州约一千六百三十里，西至猩猩峡七百余里，此路因驻军之修筑，亦可勉强通行汽车。出猩猩峡至哈密迪化，则更平坦，汽车通行亦更易，欧亚航线，亦取道于此，并在酒泉武威设站，是交通方面，尚称方便，将来汽油销运 ，亦不感困难。按石油为国家富强之资，世界各国，因石油缺乏，急谋向产业落后之国家作油田之侵略，德日诸国，因本国缺乏油矿，遂拼命研究在泥炭褐炭及页岩中提取石油之方法，我甘肃玉门之天然石油，既如此之佳，乌能不积极设法开采，而令外人垂涎觊觎，横发野心哉？爰将甘肃玉门县赤金堡等处之石油矿详细情形，胪述如下，深盼政府国人，共同注意，酌集重金，而作进一步之钻探，以期挽回利权，巩固国防，则不仅西北之利，亦全国之福也。

五、甘肃玉门县之石油

甲、赤金堡石油矿之详情

甘肃石油之分布，西起敦煌玉门，东至酒泉张掖山丹一带，占有数县，面积甚广，其自然溢流于地面者，亦不止玉门一县，兹先就玉门县赤金堡而言。

（一）赤金堡石油矿之沿革

同治年间，赤金堡土人，入山采金，往来石油河畔，发现石缝中浸出黑色油质，试燃可着，附近居民，掘坑勺取，名石油泉。民国初年，有比国人某，垂涎此矿，议与某巨绅合办，因未邀省城批准，议遂寝。查此矿产地为官有，赤金堡土人，往取油质者，历时已久，该堡都司营，年抽油捐二千斤，民国十七年春，都司裁撤，改由肃州城防司令部游击队收捐，此该矿沿革之大概情形也。

（二）矿区之位置

本矿区在赤金堡东南九十里石油河左岸一带，实居祁连山阴（亦名南山），约占面积十方里。西北距玉门县治一百九十里，东北距酒泉县治（即肃州）二百三十里，再东至省城一千六百三十里。

（三）运输之情形

石油河源出祁连山，该山春冬积雪不消，石油亦冻结地内，不能采运，至夏日水涨时，油始融出。采油土人由河中取油，装入桶内，用人力或骡马，输送至岸，再由油商自备大车，运至赤金堡，分销各处，惟石油泉东北绕白杨河至惠回堡七十里，亦可通大车，但道路不甚平坦耳。

（四）地质之大概

石油河两岸，被水冲成深谷，宽约二百尺，高约三百尺，地层构造，稍为显露。上层土质，与砾沙参杂，厚约二百六十尺，中层红色页岩，厚约一百尺，下层灰色砂岩，厚约八百尺。石油沿河东岸砂岩中流出，长约三百尺，地层走向，平均北偏东四十五度，倾斜极缓，向北五度，山上周围，岩石极少，亦无石油痕迹，惟山东坡红色页岩下，有黑色石油流出，油质颇浓厚，因名干油泉。以上两处油泉，高度相差有限，推测油源，存储山南半部，因地层受压过大，造成一大储油背斜层，石油河附近，植物间或有之，距产煤地方亦不远，由是证明油质原为有机物，因受特别变

故，遂致腐臭而造成者，地质年代，似为石炭纪也。（参阅赤金堡石油矿及石油泉照片）

（五）石油之成分

采取从石油泉渗出之石油，曾在玉门县化验，因天气严寒，分析成绩颇低。及带至省城化验，石油泉石油，含汽油百分之一六点五，煤油百分之七十；干油泉含汽油百分之十四点五，煤油百分之七十。查汽油系挥发油，为油中之最有价值者，成分超过百分之十以上者，即是最佳石油矿；但因遇空气挥发之故，恐不能代表真正之成分，他日正式开凿时，或能获得较佳之石油，亦未可知。

（六）土人取油之现况

石油河一带，有大小油泉四十一个，产油最旺者只六十五，适值严冬，气候在冰点下十二三度，石油浸出极少。赤金堡土人，合四大股采取油质计，张际云、杨天和各占一大股；陈芝和、茹克风、李石如、张锡五共占两大股。冬日只雇一工人看守油泉，至四五月间，油渐外出，六七八等月，产油最多，每股各雇二至四人取油，每隔五日轮流一次，九月以后，油日形减少。石油产额，虽无确实统计，除山水冲去不计外，就各方面调查估计，全年约出油五万斤云。

（七）油价与销路

玉门石油，因不知提炼，本地土人，用以点灯。每百斤售钱十串文，（每洋一元易钱三串三四百文）运出境外，每担纳统捐洋三元。高台临泽张掖三县，多系土路，木轮大车，若膏石油，则不易干，故销售颇多，兰州制造局、造币厂、织呢厂、电报局，亦多购此油以膏机器，因其价较外国运来者便宜也。

乙、玉门县白杨河村石油矿之详情

（一）矿区之位置

该矿区在白杨河村南四十里石油沟地方，约占面积六方里，西距石油河约四十里，北距惠回堡八十里，均可通大路直达肃州。

（二）地质之大概

石油沟宽约五尺，深十余丈，长二里许。右岸上层系黄土，厚约六尺，下层为灰色砂岩，厚约四百尺，山水冲刷日久，石油从砂岩中流出，油质颇浓厚，与干油泉石油相似。左岸为红色页岩，灰色砂岩，造成厚约九百尺地层，走向平均北偏东四十五度，倾斜向南约十五度。沟西南里许为红色页岩地层，较产油处高出二百余尺，亦是储油区域。此处石油含汽油百分之十五点五，煤油百分之七十，与石油泉干油泉两处石油成分相同，确系最佳石油矿，颇有钻探之价值。

（三）出油之现况

石油沟一带地方为官有，掘井三四十丈不得水，民国十六年始发现石油。出油处长约一千尺，共有油泉六个，冬日严寒，无石油渗出，夏日产油最旺，惜山水冲下过急，油质多被水冲去，全年约出油二千斤。白杨河村国民学校年收麦稞六斗（每斗三十余斤），其他采用方法与销售价值，均与石油泉干油泉两处石油无甚差异。

六、关于开发玉门关石油之刍见

关于玉门县石油矿之情形及亟待开发的理由，已叙述甚详。我们亟盼望热心西北的同志们，大家鼓吹提倡促其早日实现。更盼望负有建设西北责任的全国经济委员会，及仆仆风尘，曾在西北考察过的宋子文氏用银行公司的力量，来开发玉门的石油，以补救将来公路完成后巨量之损失。此外还有几点刍见，胪陈如下，希望有志开发者之注意！

（一）玉门石油，无论政府筹资开发，或商民鸠资合办，或于必要时借外债开发，吾人均甚欢迎。唯鉴于陕西石油开发之往事，故不赞成与外人合资办理。即以借债而言，亦盼勿借某野心国之债，使彼帝国主义之经济势力得侵入西北，致酿成异日之各种纠纷与危机也。

（二）无论国办民办，第一步应先聘请富有经验之石油专家，勘察地质，详测各地石油之储量；然后依油量之多寡，定开采之资本与规模。

（三）就现有天然涌油之各泉，加以凿钻，使泉眼深大，涌出便利，借悉各泉在油脉中之位置，及所含油量之多寡。

（四）先将已涌出各泉中之石油，用新法提炼，运至肃州，作飞机汽车之试用。成绩如佳，俟产量多时，再将肃州至凉州兰州之汽车路，予以整理，俾便作进一步之运销。

（五）在采取现有油泉中之石油，对原来以取油为生之土人，应全数雇用，并负责维持其原有之生活，至提炼出售，成绩佳良，获有巨利时，应予土人以若干分之红利。

（六）如探察结果，决定大规模开采时，应以若干分经费，在当地办一采冶专科学校，以造就下级干部之人才。将来产油广销时，应以提出百分之二十以上之利润，作办理当地教育之经费。如此做法，吾人相信当地之民众，必能十分欢迎以助其成功也。

民国廿四年补正于首都雍园

兰大现况 *

大学是研究学术的最高机构，是发展现代文化的核心，西北过去没有大学，所以西北文化不能如东南各省这样的迅速进步。兰州大学于民国三十五年九月正式成立就是适应西北社会文化上之迫切需要，在这短短的一年半时间内，它已规模粗具，内容充实，奠定了发展西北文化之基础。

（一）兰大的规模

兰州大学，是以甘肃学院为基础而改设的，过去的甘院，即今之兰州大学法学院，有法律、政治、经济、银行、会计等学系及司法组，书记官专修科等，改大后有医学院（旧日的西北医学院），兽医学院，文理学院等，除兽医学院已单独设立外，文理学院有国文、历史、地理、物理、化学、动物、植物、数学、俄文、边语等学系，此外当有几个先修班，给当地及边疆学生补修功课，此外尚有附属中学及小学等。

（二）兰大的建筑

兰大的校址是兰州城内的举院，是左宗棠设科取士的老地方，富有历

---

* 原载于《陇铎》1948 年第 2 卷第 2 期。——编者

史和文化的意义，面积宽广，建筑伟大，改大以后，规模较大的房子一律保存利用，另建大楼三座即祁连堂、天山堂、贺兰堂，各院系教室，办公室，实验室均在此处，又建中山堂，做集会及体育活动之所，皋兰堂为学生住宿之所，此外扩大操场，整修道路，补苴罅漏，皆工程之小者，本年计划兴建五岳堂，做新生宿舍，积石堂作存书库，至昆仑堂则视经费情形，或于明年兴建，三年以内，当可完成全部建设工作也。

（三）兰大的设备

兰大接收甘院图书杂志共计不过五万册，一年以来陆续扩充，已达十余万册，过去多线装中文书籍，现在英德法日回藏文书均有，只西文杂志，已有二百余种，将旧日大礼堂已改做阅览室，同时可容五百人看书，便利学生不少。至各项仪器药品已购到不少，化学药品，可供四年之需用，显微镜有四十多架，同一时间供八十多人之研究和实验，前几月美国援华红十字会及教育部又拨给兰大医学院不少的器材药品，现存上海还未运去，而美国订购仪器二十八箱，最近全部到沪，已派刘事务主任，赴沪接运。新办一年半的大学在这样困难的财政和交通情况之下，能有这样的设备也就算不错了！

（四）兰大的教授

有了房屋和图书仪器的设备，还得有好的教员来指导学生的学习与研究。兰大辛校长交游甚广，对于聘请教授，极为努力，但因为交通复杂，地方太远，遭受了不少的困难，有些人往往为兰州的气候和瓜果所吸引，慨然飞去，每因物质条件之不足，终不能久留。其久留兰州者，多是对西北有深切之认识及与校长有深厚之交情，不惜牺牲一切，为兰大前途奋斗努力者！去年因为教育部有令，不许政治经济银会各系招新生，有几位教授因此离开了兰州，现在已陆续添聘齐全，各科系的功课均已开齐，又因为目前西北较为安定，近数月来，新到教授副教授讲师有二十多位。外传“每系只有一位教授或讲师，和只见走出去，不见添进来”，均非事实。八年抗战，阻塞了留学的道路，许多好教授多已改业，在国内各大学普遍都感觉到缺乏教授的时候，兰州大学，还要拿很严格的标准，在东南各省选聘负有声誉的教授，真是一件极不容易的事情，最近还有五位教授在京沪两地，待机飞兰，他们为发展西北文化而努力的精神值得我们钦佩！

（五）兰大的学风

在全国各地，学潮澎湃的今日，大家一定很关心兰大的学风，我可以说，兰大的学风很好！因为大部分学生是西北当地人，所以都很诚朴，能吃苦耐劳，埋头苦干，又因为有许多长江和珠江流域的同学互相切磋，所以活泼民主自由平等的气氛充满了学校，由学生的各种课外活动和民主墙上的许多议论以及自治会选出低年级的女生做理事长，可作明证！同时因为图书设备的充分，好学的学生常在阅览室实验室中埋头钻研，养成了一种良好的读书风气！学生的活动，能遵守学校的规约，这也是堪以告慰各位的！

目前的困难，就是很多穷苦的自费学生，因物价波动影响，不能维持伙食，寒假中曾由学校商同各省在兰同乡会予以帮助，现在正与西北行辕及省府筹商助学运动以资补救，还希望社会和舆论予以赞助！

以上所说，都是事实，一年半的短短时间，尤其在物资艰难，经费拮据环境中能有这样的情况，已属不易。兰大之所以得有今日：一方面固由于辛校长苦干实干快干的精神，和任劳任怨不顾一切的魄力，一方面亦由于地方人士与政府机关的热心协助，拨校址，购材料，借款项，校内校外，共同努力所致，兰大是个一岁半的婴儿，身体弱小，责任重大，复兴西北文化，发展西北文化，沟通东西文化，造就建设西北干部人才，都是他应尽的责任！他过去得到地方人士之助得以诞生，今后的发展与进步，更需要西北社会人士之多多帮助，帮助他就是帮助西北文化，就是促进西北建设，这一点刚出土茁壮而脆嫩的文化幼苗，绝经不起恶风暴雨的摧残！希望各方赞助兰大，更希望大家爱护兰大。

兰州大学的过去现在与将来*

今天贵行原是约请敝校辛校长来讲话，辛校长因为有要事不能来参加，临时改由兄弟来代替，本人一面感到兰大成立以后，一切情形，实需要地方各界人士多了解，并望获得大家的协助，同时自己也很愿意借机会和各位先生见见面。所以能参加贵行今天的纪念周，自己是觉得十分兴奋。顺便报告兰大的一切情形，题目是：兰州大学的过去现在与将来。兰大是最近才成立的西北最高学府，各界人士对之都很关心，在兰大的前身甘肃学院时代，就与省银行发生了很密切的关系，省行的朋友们对敝校历来就有不少的协助，而且甘院毕业的同学，也有不少的在贵行服务。我们想大家对现在兰大的现况，一定比别人还关心，所以本人才选了这样一个题目来讲，同时对于贵行对敝校历年来的帮助，表示谢忱！

国立兰州大学的前身是国立甘肃学院，甘肃学院的前身是省立甘肃学院，省立甘肃学院的前身又是甘肃大学，甘肃大学的前身是中山大学，中

---

* 原载于《甘行通讯》1947年第188、189期。系时任兰州大学秘书长的郭维屏在总行国文纪念周的演讲，由喻君洁记录。——编者

山大学的前身是法政专门学校。这是兰大过去的历史，法政专门学校，在民国初年，为本省造就不少的法律和经济人才，现在服务法界的还有不少的人，法政学校历届毕业的人很多，而附中毕业的学生也不少，所以兰大虽然是新成立的学校，但是过去的悠久的历史和成绩是值得称道的。

在国立甘院未改兰大之前，一般人均感到一个学院的经费、设备、人才均不足以适应现在西北社会的要求。过去兄弟服务甘院时，七八年来就感到甘院须要改国立，西北学生大多家庭清寒，改国立之后，学生可以领公费，这样许多贫寒的学生都可以深造，所以兄弟竭力运动促成改为国立。到了改为国立之后，不惟学生可以领公费，而学校的设备也渐渐的充实了。但是到了现在，仍然感到一个学院，不足以适应社会的要求，才请求中央以甘院为基础，扩充为国立大学。有的人认为兰州的专门学校多，主张合并农专、医专、师院、甘院为兰大，这个主张获得不少人的赞同，本省的几位参政员和省政府都向中央建议，要求设立甘肃大学，后来经行政院会议通过设立国立兰州大学。为什么校名要叫兰州大学而不用甘肃大学呢！在行政院的意思，恐怕别的未设大学的省份援例要求设立。本来国家行政稳固健全，经费充裕，教育发达之后，一省设一大学是应该的，可是目前不能办到。取名兰州大学，意思是一个大学设在兰州，并不是专门为甘肃设立的，西北各省如甘、宁、青、新的人都可以进。在行政院决定设立兰大的时候，是决定由西北师范学院、甘肃学院和西北医专等三院合并成立。到了辛校长发表以后，各校的情势又发生了变化。师院的一部分学生要求回到北平师院，同时一部分教职员和同学要求师院独立设置，不合并兰大。关于这个问题，兄弟个人及社会一部分有关的人士，对于西北师院独立设置表示赞同。我们认为独立设置的理由有几点：一、现在西北师范规模完备，有教育、文、理三学院，学生有一千余人，可以独立。二、西北各地中学教师缺乏，需要积极为地方训练师资，虽然在兰大设有教育系，但是学生所学的偏重教育行政，不如师院所训练的文、理各科教员，因为师院文、理各科的学生，除了本门主课之外，还要学教学法和教育心理等课，是为中等学校训练的专门教育人才，而与普通大学的文、理等科的学生所学是有分别的，所以师院有自己的特点，有自己的使命与意义。而且师院合并兰大之后，兰大不能单独重偏教育学院，要各院平均发展，这样反于师院多年所建立基础动摇了，未免可惜。三、对于学生的待遇，师院因为系造就教师，为的服务教育，所以学生都是全完公费，在大学其他各院的学生，不一定是全官费，若是师院合并兰大之后，文、理等院学生转入兰大各院，则照教部规定有百分之二十无公费，这样许多贫寒学生，就要失学，这于苦寒的西北学生，是一个打击。因为这三点原因，我们为了西北中等教育的师资缺乏，为了维护师范教育制度的独立，为地方减少麻烦，所以竭力主张西北师范学院独立，不必与兰大合并，而辛校长也同意这个主张，他在汉口遇见师院黎院长锦熙谈及这个问题，黎院长也同意。后来经过辛校长与教育部力争，才将师院划出，允其单独设立。兰大另设文、理学院，这一段是兰大成立的经过。现在兰大的文理学院是合并在一起办的，甘院的法律等系成立法学院，农专同为当初就未计划合并，现在医专并入了成为医学院。在这时候联合国救济总署有一位□□，问到西北来观察一次，到南京后向中央建议，认为中国目前急需要一兽医学校，中央极表同意。令农业、教育、国防三部计划设立，由教育部主办。当时拟设在南京，后来辛校长向教育部建议，在兰大可另设立一兽医学院，不必在南京单独设立，得到了中央的同意。所以说在兰大计有文理学院、法学院、医学院、兽医学院等四个学院。

兰大经过积极筹备之后，八月一日正式成立，准备在九月十六日上课，后来新生到得迟，至十一月十八日才完全正式上课，在一个极短的筹备期中，学校就能正式成立上课，这是辛校长的领导有方，学校同人大家努力的结果。

关于新生的招收，今年分在兰州、西安、汉口、京沪四区招生。招生完毕之后，曾经有认为甘肃籍的学生名额少，而表示不满。其实在学校方面，有许多的困难，在校方也知道为了适应地方需要。在第一年将甘籍考生考取的标准放宽，而在事实上也放宽了很多。今年各地招考，西安、武汉、京沪三区的标准定得相当的高。南京是以中央大学为标准，汉口是以武汉大学为标准，而且总平均分数要在四十分以上，但在兰州十几分就取，而且取的还有两门功课是零分的。在校方认为只有一门专长的都录取，为地方造就特殊专门人才。可是连这样的降低标准，因为本省中等教育落后的缘故，及格的还是很少。现在校中感到因各地学生程度不齐，而授课困难，为了补救，只有将新生按程度的高低分为甲乙丙丁四班，分班教授，连国文、英文等主要功课都是如此。今年的招生校中对于甘籍学生的问题，已尽了最大努力，通融办理，煞费苦心，但是，社会一部分不了解实情的人士还对学校不谅解。其实今年因为是初成立，为适应地方，对甘籍学生的标准，已是例外地放宽了，以后只希望本省中等教育逐渐进步，学生程度提高，以后不再以本年为例，同时还望各界人士多谅解学校困难。

关于经费方面，现在用的还是原有各院的经费，兰大新的预算，行政院还没有审核通过，按照校中编制的预算，这半年是七千多万元。目前大部分费用是靠开办费在维持，行政院批准的开办费是三十亿，现在才拨到十亿，已用去了六亿元，这六亿中图书仪器占了二亿五千万元，目前还在继续购买。建筑材料用去了三亿元，这还是在前数月就买好的，若照目前的价格，要值十五亿元。兽医学院的开办费中央准拨发二十亿元，院址定在本市西郊，待款项到后就开始兴建。现在向中央领款颇感困难，靠开办费维持不是长久之计，只有望行政院早日确定本校预算，照预算按时拨发。

至于兰大的将来，我们感到对国家对地方都是任务重大，未来的建国工作地方建设，学校都要负责，要为国家训练各部门的人才。现在是以文理学院为基础，将来还要设立工学院，地点已决定在土门墩。为了适应边疆需要，还拟创立边疆语文等科系，教授蒙、藏、回等语文，在目前已开设了一个俄文先修班。

上面讲的，是兰大过去现在及将来的大概情形，学校是刚成立，非常需要各方面的协助，省银行在近数年中有极辉煌的进步，我们希望省行一本过去协助本校的热忱给兰大以更大的协助，而兰大也为省行造就金融经济的专门人才。

后记

2019年是兰州大学110周年校庆，为了展现兰大人110年坚守、奋斗精神，传承百年兰大的学术文化和独树一帜的学术文脉，推出了《兰大百年萃英文库》。郭维屏先生以其学术成就和对兰州大学发展做出的重大贡献，学术作品入选文库之一种。本卷的筹备工作从2018年底开始，因时间久远有些资料很难收集，编者从兰州大学档案馆、兰州大学图书馆收集了部分资料，还有部分材料是从网上的各类数据库中搜集的，特别是一些著作几乎成孤本了，在各兄弟单位和各界朋友、以及郭维屏后人的大力协助下，经过半年多的辛苦劳动才得以成书。在此我们谨向甘肃省档案馆、甘肃省博物馆、甘肃省图书馆给予我们的支持和帮助表示深深的谢意！

郭维屏先生的家属郭南海、郭西海、郭伟、郭玄、郭春海、郭菲力等，给予本书大力支持，提供了不少珍稀资料。兰州大学郭芜君、王望旺、王莹、张鑫、单美玲、李春蓉、王丹、魏军霞、申和田，以及四川大学中国藏学研究所郎鹏参与了校对和录入工作。商务印书馆高度重视，在本书出版的各个环节，精心把关。在本书付梓之际，在此一并向家属、师友和出版单位致以谢意。

由于时间仓促，本书只收录了郭维屏的部分论著，且因我们才疏学浅，书中难免会有差错与不足，敬请各位指正！

陈　艳　焦艳妮

2019年8月16日于兰大明道楼